高职高专"十一五"规划教材

★ 农林牧渔系列

生物统计与试验设计

SHENGWU TONGJI
YU SHIYAN SHEJI

吴占福　王艳立　主编

化学工业出版社

·北京·

内 容 提 要

本教材共十章，包括绪论、数据资料的整理、数据资料的特征数、概率及其理论分布、平均数差异显著性检验——t检验、方差分析、次数资料分析——χ^2检验、简单相关与回归、协方差分析、畜牧兽医试验设计等内容，并附有常用统计数学用表，同时在相关章节中还融入了运用Excel软件进行统计分析的实例。第一至三章是学习生物统计学的基础知识，第四至九章是统计分析方法，第十章是试验设计的基础知识，为便于理解，书中编入了大量与专业相关的例题，还编入了SAS统计软件和SPSS统计软件的应用方法简介。

本书适用于高职高专院校畜牧、兽医、兽药生产、饲料加工、卫生检验等专业，也适合于生物技术专业及广大农林牧渔业科技工作者阅读。

图书在版编目（CIP）数据

生物统计与试验设计/吴占福，王艳立主编．—北京：化学工业出版社，2010.5(2016.9重印)
高职高专"十一五"规划教材★农林牧渔系列
ISBN 978-7-122-08054-7

Ⅰ．生… Ⅱ．①吴…②王… Ⅲ．生物统计-高等学校：技术学院-教材 Ⅳ．Q-332

中国版本图书馆CIP数据核字（2010）第050605号

责任编辑：梁静丽　李植峰　　文字编辑：周　倜
责任校对：蒋　宇　　装帧设计：史利平

出版发行：化学工业出版社（北京市东城区青年湖南街13号　邮政编码100011）
印　　装：大厂聚鑫印刷有限责任公司
787mm×1092mm　1/16　印张12¼　字数300千字　　2016年9月北京第1版第4次印刷

购书咨询：010-64518888(传真：010-64519686)　售后服务：010-64518899
网　　址：http://www.cip.com.cn
凡购买本书，如有缺损质量问题，本社销售中心负责调换。

定　　价：26.00元

高职高专“十一五”规划教材★农林牧渔系列
建设委员会成员名单

高职高专“十一五”规划教材★农林牧渔系列
编审委员会成员名单

高职高专“十一五”规划教材★农林牧渔系列建设单位

（按汉语拼音排列）

安阳工学院
保定职业技术学院
北京城市学院
北京林业大学
北京农业职业学院
本钢工学院
滨州职业学院
长治学院
长治职业技术学院
常德职业技术学院
成都农业科技职业学院
成都市农林科学院园艺研究所
重庆三峡职业学院
重庆水利电力职业技术学院
重庆文理学院
德州职业技术学院
福建农业职业技术学院
抚顺师范高等专科学校
甘肃农业职业技术学院
广东科贸职业学院
广东农工商职业技术学院
广西百色市水产畜牧兽医局
广西大学
广西农业职业技术学院
广西职业技术学院
广州城市职业学院
海南大学应用科技学院
海南师范大学
海南职业技术学院
杭州万向职业技术学院
河北北方学院
河北工程大学
河北交通职业技术学院
河北科技师范学院
河北省现代农业高等职业技术学院
河南科技大学林业职业学院
河南农业大学
河南农业职业学院
河西学院
黑龙江农业工程职业学院
黑龙江农业经济职业学院
黑龙江农业职业技术学院
黑龙江生物科技职业学院
黑龙江畜牧兽医职业学院
呼和浩特职业学院
湖北生物科技职业学院
湖南怀化职业技术学院
湖南环境生物职业技术学院
湖南生物机电职业技术学院
湖南省出入境检验检疫局
吉林农业科技学院
集宁师范高等专科学校
济宁市高新技术开发区农业局
济宁市教育局
济宁职业技术学院
嘉兴职业技术学院
江苏联合职业技术学院
江苏农林职业技术学院
江苏畜牧兽医职业技术学院
江西生物科技职业学院
金华职业技术学院
晋中职业技术学院
荆楚理工学院
荆州职业技术学院
景德镇高等专科学校
丽水学院
丽水职业技术学院
辽东学院
辽宁科技学院
辽宁农业职业技术学院
辽宁医学院高等职业技术学院
辽宁职业学院
聊城大学
聊城职业技术学院
眉山职业技术学院
南充职业技术学院
盘锦职业技术学院
濮阳职业技术学院
青岛农业大学
青海畜牧兽医职业技术学院
曲靖职业技术学院
日照职业技术学院
三门峡职业技术学院
山东科技职业学院
山东理工职业学院
山东省贸易职工大学
山东省农业管理干部学院
山西林业职业技术学院
山西农业大学
商洛学院
商丘师范学院
商丘职业技术学院
深圳职业技术学院
沈阳农业大学沈阳农大高职学院
苏州农业职业技术学院
温州科技职业学院
乌兰察布职业学院
厦门海洋职业技术学院
仙桃职业技术学院
咸宁学院
咸宁职业技术学院
信阳农业高等专科学校
延安职业技术学院
杨凌职业技术学院
宜宾职业技术学院
永州职业技术学院
玉溪农业职业技术学院
岳阳职业技术学院
云南农业职业技术学院
云南热带作物职业学院
云南省普洱农业学校
云南省曲靖农业学校
云南省思茅农业学校
张家口教育学院
漳州职业技术学院
郑州牧业工程高等专科学校
郑州师范高等专科学校
中国农业大学
周口职业技术学院

《生物统计与试验设计》编写人员名单

主　　编　吴占福　王艳立

副 主 编　胡天正　邱文然　温　萍　刘海斌

编　　者　（按姓名汉语拼音排列）

官丽辉　河北北方学院

胡天正　玉溪农业职业技术学院

雷建伟　昆明市农业学校

李海龙　辽宁职业学院

刘海斌　河北北方学院

邱文然　辽宁职业学院

王立辛　辽宁医学院动物科学技术学院

王艳立　辽宁农业职业技术学院

温　萍　辽宁农业职业技术学院

吴占福　河北北方学院

武翠芳　玉溪农业职业技术学院

张国强　安阳工学院

郑陶生　永州职业技术学院

序

当今，我国高等职业教育作为高等教育的一个类型，已经进入到以加强内涵建设，全面提高人才培养质量为主旋律的发展新阶段。各高职高专院校针对区域经济社会的发展与行业进步，积极开展新一轮的教育教学改革。以服务为宗旨，以就业为导向，在人才培养质量工程建设的各个侧面加大投入，不断改革、创新和实践。尤其是在课程体系与教学内容改革上，许多学校都非常关注利用校内、校外两种资源，积极推动校企合作与工学结合，如邀请行业企业参与制定培养方案，按职业要求设置课程体系；校企合作共同开发课程；根据工作过程设计课程内容和改革教学方式；教学过程突出实践性，加大生产性实训比例等，这些工作主动适应了新形势下高素质技能型人才培养的需要，是落实科学发展观，努力办人民满意的高等职业教育的主要举措。教材建设是课程建设的重要内容，也是教学改革的重要物化成果。教育部《关于全面提高高等职业教育教学质量的若干意见》（教高［2006］16号）指出“课程建设与改革是提高教学质量的核心，也是教学改革的重点和难点”，明确要求要“加强教材建设，重点建设好3000种左右国家规划教材，与行业企业共同开发紧密结合生产实际的实训教材，并确保优质教材进课堂。”目前，在农林牧渔类高职院校中，教材建设还存在一些问题，如行业变革较大与课程内容老化的矛盾、能力本位教育与学科型教材供应的矛盾、教学改革加快推进与教材建设严重滞后的矛盾、教材需求多样化与教材供应形式单一的矛盾等。随着经济发展、科技进步和行业对人才培养要求的不断提高，组织编写一批真正遵循职业教育规律和行业生产经营规律、适应职业岗位群的职业能力要求和高素质技能型人才培养的要求、具有创新性和普适性的教材将具有十分重要的意义。

化学工业出版社为中央级综合科技出版社，是国家规划教材的重要出版基地，为我国高等教育的发展做出了积极贡献，曾被新闻出版总署领导评价为“导向正确、管理规范、特色鲜明、效益良好的模范出版社”，2008年荣获首届中国出版政府奖——先进出版单位奖。近年来，化学工业出版社密切关注我国农林牧渔类职业教育的改革和发展，积极开拓教材的出版工作，2007年年底，在原“教育部高等学校高职高专农林牧渔类专业教学指导委员会”有关专家的指导下，化学工业出版社邀请了全国100余所开设农林牧渔类专业的高职高专院校的骨干教师，共同研讨高等职业教育新阶段教学改革中相关专业教材的建设工作，并邀请相关行业企业作为教材建设单位参与建设，共同开发教材。为做好系列教材的组织建设与指导服务工作，化学工业出版社聘请有关专家组建了“高职高专‘十一五’规划教材★农林牧渔系列建设委员会”和“高职高专‘十一五’规划教材★农林牧渔系列编审委员会”，拟在“十一五”期间组织相关院校的一线教师和相关企业的技术人员，在深入调研、整体规划的基础上，编写出版一套适应农林牧渔类相关专业教育的基础课、专业课及相关外延课程教材——高职高专“十一五”规划教材★农林牧渔系列。该套教材将涉及种植、园林园艺、畜牧、兽医、水产、宠物等专业，于2008～2010年陆续出版。

该套教材的建设贯彻了以职业岗位能力培养为中心，以素质教育、创新教育为基础的教育理念，理论知识“必需”、“够用”和“管用”，以常规技术为基础，关键技术为重点，先进技术为导向。此套教材汇集众多农林牧渔类高职高专院校教师的教学经验和教改成果，又得到了相关行业企业专家的指导和积极参与，相信它的出版不仅能较好地满足高职高专农林牧渔类专业的教学需求，而且对促进高职高专专业建设、课程建设与改革、提高教学质量也将起到积极的推动作用。希望有关教师和行业企业技术人员，积极关注并参与教材建设。毕竟，为高职高专农林牧渔类专业教育教学服务，共同开发、建设出一套优质教材是我们共同的责任和义务。

介晓磊

前言

生物统计与试验设计是畜牧兽医类专业的专业基础课程，是数理统计原理和方法在生物学中的应用。其主要目的是培养学生具有畜牧兽医试验设计的能力和对试验资料进行统计分析处理的能力。为进一步适应21世纪市场经济和我国高职高专农林牧渔类教育的发展、满足高职高专教学改革和人才培养的需要，在高职高专农林牧渔类“十一五”规划教材建设委员会和编审委员会的指导、支持下，在全国范围内遴选组成了《生物统计与试验设计》教材编写委员会，组织编写本书。本书是高职高专“十一五”规划教材★农林牧渔系列分册之一。

在编写过程中，根据高职高专农业院校畜牧、兽医等专业培养目标和相应教学计划的要求，按照“必需、够用”的原则，由浅入深、循序渐进地介绍了畜牧生产和科学研究中常用的统计分析方法和试验设计方法。教材内容在坚持科学性、系统性的基础上，突出应用性，加强实践性，力求编写出具有农业院校高职高专特色的教学用书。既保持课程内容的系统性，又遵循难易适度、循序渐进的教学规律；既有广泛的适用性，又具有时代特征。

本教材共十章，包括绪论、数据资料的整理、数据资料的特征数、概率及其理论分布、平均数差异显著性检验——t检验、方差分析、次数资料分析——χ^2检验、简单相关与回归、协方差分析、畜牧兽医试验设计等内容，并附有常用统计数学用表，同时在相关章节中还融入了运用Excel软件进行统计分析的实例。第一～三章是学习生物统计学的基础知识，第四～九章是统计分析方法，第十章是试验设计的基础知识。为适应我国高职高专农业教育的不断革新，还编入了SAS统计软件和SPSS统计软件的应用方法简介。教材内容授课学时约为50～65学时。在编写中注意突出重点，阐述清楚概念与基本方法，并列举大量与专业密切相关的例题，语言简洁通俗，便于自学。

本书适用于高职高专院校畜牧、兽医、兽药生产、饲料加工、卫生检验等专业，也适合于生物技术专业及广大农林牧渔业科技工作者阅读。

由于编写时间与编写人员水平所限，书中不妥之处在所难免，恳请读者批评指正！

编　者

第四章　概率论及其理论分布 …… 031

第五章　平均数差异显著性检验——t 检验 …… 045

第六章　方差分析 …… 062

第一章 绪 论

【知识目标】

- 掌握生物统计与试验设计的概念。
- 掌握常用术语的概念与生物统计的功用。

【技能目标】

- 能区分总体与样本、参数与统计量、准确度与精密度。

第一节 生物统计与试验设计的概念

一、生物统计

生物统计（biometry）是数理统计在生物科学中的应用，是用数理统计的原理和方法分析和解释生物界各种现象与数量资料的一门学科。即借助于数理统计的理论和方法，对生产和试验调查所得到的有变异的数据做出正确的判断，找出内在的客观规律，再以生物学观点加以解释。随着生产和科学技术的发展，生物统计的应用日益广泛，逐渐成为处理数据的必需手段。生物统计是研究如何科学地搜集、整理和分析数据的统计分析方法，具有很强的实用性。

人们从事动物生产和科学研究的对象总是预研究事物的一部分（样本），例如测定畜禽的生产性能时不可能测定全部品种，而只能抽取部分个体；药物的疗效观察也只能用少数畜禽做试验，而人们希望了解的是事物全体（总体）的特征特性。运用生物统计方法就能由部分推断全体，由个别推断一般，这种研究方法称为统计推断，是生物统计的重要内容之一。生物统计处理的数据要求具有质的共同性，不同质的事物或现象混在一起统计，会得出荒谬的结果；但是同质的研究对象不可避免地存在数量方面的差异，例如同品种的奶牛，即使被观察牛只的性别、年龄相同，但它们之间在体重、体尺等方面也各不相同。生物统计的任务就是要认识有变异的事物或现象。自然界的事物或现象间总是互相联系的，生物统计就是要研究它们间的相互关系，揭示其客观规律，从一事物或现象的观察预测另一事物或现象的发生，为充实理论和生产服务。

二、试验设计

试验设计（experimental design）是指试验研究工作进行前应用生物统计原理，制定试验方案，选择试验动物，合理分组，使人们可以利用较少的人力、物力和时间，获得多而可靠的信息资料，得出科学的结论。生物统计与试验设计是不可分割的两部分。试验设计需要以统计的原理和方法为基础，而正确设计试验又为统计方法提供了丰富可靠的信息，两者紧密结合推断出较为客观的结论，不断地推动动物科学、动物医学、水产业和科学研究的发展。

广义的试验设计是指试验研究课题的整体设计，也就是指整个试验计划的拟订，包含课题名称、试验目的，研究依据、内容及预期达到的效果，试验方案，供试单位的选取、重复数的确定，试验单位的分组，试验的记录项目和要求，试验结果的分析方法，经济效益或社会效益的估计，已具备的条件，需要购置的仪器设备，参加研究人员的分工，试验时间、地点、进度安排和经费预算，成果鉴定，学术论文撰写等内容。狭义的试验设计主要是指试验单位（如试验的畜、禽）的选取、重复数目的确定及试验单位的分组。生物统计中的试验设计主要指狭义的试验设计。合理的试验设计能控制和降低试验误差，提高试验的精密度，为统计分析获得试验处理效应和试验误差的无偏估计提供必要的数据。

第二节　生物统计与试验设计的主要内容

生物统计与试验设计是畜牧兽医等专业的主要专业基础课之一。其主要目的是培养学生具有动物科学试验设计的能力和对试验资料进行统计分析处理的能力，是为了学习后续专业课程打好基础。

本课程的内容主要分为以下几个方面。

一、资料的整理及统计分析

由生产或试验所得的数据资料（data）是很多的，需要加以整理和分析。整理的内容主要是检查原始数据的完整性、正确性，作次数表和统计图。并从资料中计算出 3 个主要的统计量，即平均数、标准差及标准误，用这些统计量来估计总体的参数，分析资料的集中性（以平均数来表示）、离中性（以标准差来表示）以及平均数的可靠性（以标准误大小来表示），作为初步统计分析。

二、显著性检验

由于所获得的资料仅是一个样本，与总体间必然有一定差异，因此，必须检验样本统计量的可靠性，看它是否能代表总体，以及样本均数之间的差异主要是由处理效应（treatment effect）引起的，还是主要由试验误差（experimental error）所造成。这在统计上称为显著性检验（test of significance）。

显著性检验的方法很多，常用的有以下 3 类。

1. 平均数间差异显著性检验

1908 年，英国统计学家哥塞特（W. S. Cosset，1876—1937）首次以“学生”（student）为笔名，在《生物计量学》杂志上发表了《平均数的概率误差》，又连续发表了《相关系数的概率误差》（1909）、《非随机抽样的样本平均数分布》（1909）、《从无限总体随机抽样平均数的概率估算表》（1917）等论文。这些论文的完成，为“小样本理论”奠定了基础，同时也为以后的样本资料的统计分析与解释开创了一条崭新的路子。由于哥塞特开创的理论使统计学开始由大样本向小样本、由描述向推断发展；提出了著名的 t 检验的方法和理论，因此，有人把哥塞特推崇为推断统计学的先驱者。

在分析资料时，经常要对两组平均数进行比较，比较平均数之间是否存在着显著性的差异，即检验差异由偶然性引起的可能性有多大？如是小样本则常用 t 检验法，如是大样本则用 u 检验法。检验时要注意唯一差异性，即注意是否具有可比的基础。

2. χ^2 检验

1900 年毕尔生独立地提出 χ^2 检验（卡方检验），又重新发现了 χ^2 分布，并提出了有名的“χ^2 检验法”。毕尔生获得了统计量 $\chi^2=\sum$(实际次数－理论次数)^2/理论次数，并证明了当观察次数充分大时，χ^2 总是近似地服从自由度为（$k-1$）的 χ^2 分布，其中 k 是表示所划分的组数。在自然现象的范围内，χ^2 检验法运用得很广泛，经费雪补充，成为了小样本推断统计的早期方法之一。χ^2 检验是属性资料的统计检验方法。有许多性状不能用直接测量的方法加以衡量，一般称为属性性状。例如，在猪的杂交试验中，子代毛色的黑与白，性别中的公与母，以及药物试验中的治愈或无效，均可以应用属性统计检验方法。通过对具有相同属性的计数来分析、检验它实际的观测值是否与理论值相符。

3. 方差分析——*F* 检验法

方差分析（analysis of variance，AOV）又名变量分析，是由英国统计学家费雪（R. A. Fisher，1890—1962）于1923年提出的。方差分析在科研工作中极为重要，特别是在多因素试验中，可以帮助人们分析出起主导作用的变异来源。方差分析从数学模型上看有固定模型（fixed model）、随机模型（random model）和混合模型（mixed model）3种。进一步列出方差分析的各自的期望均方（expected mean squares，EMS），从而估计出各种效应值，是近代生物统计学科的发展。

三、相关与回归

统计相关法是由高尔登创造的。关于相关研究的起因，最早是他因度量甜豌豆的大小，觉察到子代在遗传后有“返于中亲”的现象。1877年他搜集大量人体身长数据后，计算分析高个子父母、矮个子父母以及一高一矮父母的后代各有多少个高个子和矮个子子女，从而把父母高的后代高个子比较多、父母矮的后代高个子比较少这一定性认识具体化为父母与子女之间在身长方面的定量关系。1888年，高尔登在“相关及其主要来自人体的度量”一文中，充分论述了“相关”的统计意义，并提出了高尔登相关函数（即现在常用的相关系数）的计算公式。研究两个变量之间相互关系的密切程度，称为相关（correlation），以相关系数来表示。例如黄牛胸围与体重存在着一定程度的相关，胸围越大，其体重也可能越大。

1870年，高尔登在研究人类身长的遗传时发现高个子父母的子女，其身长有低于他们父母身长的趋势；相反，矮个子父母的子女，其身长却往往有高于他们父母身长的趋势，从人口全局来看，高个子的人“回归”于一般人身长的期望值，而矮个子的人则作相反的“回归”。这是统计学上“回归”的最初含义。1886年，高尔登在论文《在遗传的身长中向中等身长的回归》中，正式提出了“回归”概念。回归（regression）是指两个或两个以上的变量存在着从属关系，即一个变量变化时，引起另一个变量的相应变化，它们的关系可以从量的方面加以估算，这就是回归分析。

变量之间的关系可以是线性的，也可以是非线性的；可以是一元的，也可以是多元的。所谓多元相关与回归是指多个变量对某一个变量的影响，这在研究一些复杂的问题时很有用处。例如猪的瘦肉率受很多因素影响，为了估测瘦肉率，可以利用多因素间的相关关系来建立多元回归方程式，从而估计出某一头猪的瘦肉率。

四、试验设计

自1923年起，费雪（R. A. Fisher，1890—1962）陆续发表了关于在农业试验中控制试验误差的论文。1925年他提出随机区组法和拉丁方法，到1926年费雪发表了试验设计方法的梗概，这些方法在1935年进一步得到完善，并首先在卢桑姆斯坦德农业试验站中得到检验与应用，后来又被他的学生推广到许多其他科学领域。

费雪在创建试验设计理论的过程中，提出了十分重要的“随机化”原则。他认为这是保证取得无偏估计的有效措施，也是进行可靠的显著性检验的必要基础。所以，他把随机化原则放在极其重要的地位，“要扫除可能扰乱资料的无数原因，除了随机化方法外，别无他法”。1938 年，他和耶特斯合作编制了有名的 Fisher Yates 随机数字表。利用随机数字表保证总体中每一元素有同等被抽取的机会。这样，费雪就把随机化原则以最明确、最具体化的形式引入统计工作与统计研究中。

费雪在统计发展史上的地位是显赫的。这位多产作家的研究成果特别适用于农业与生物学领域，但它的影响已经渗透到一切应用统计学，由此所提炼出来的推断统计学已越来越被广大领域所接受。因此，美国统计学家约翰逊（P. O. Johnson）于 1959 年出版的《现代统计方法：描述和推断》一书中指出：“从 1920 年起一直到今天的这段时期，称为统计学的费雪时代是恰当的”。方差分析是对多个平均数进行比较的一种统计检验方法，它的基本特点是把试验的总变异剖分为各个不同变异来源的变量，然后把处理均方与误差均方进行比较计算 F 值，使处理的真实效应显示出来。

本书第十章重点讨论畜牧兽医试验设计原则、方法和要求，以及试验计划和方案的拟订，还分别介绍了一些常用的试验设计方法，如完全随机设计、配对设计、随机单位组设计、拉丁方设计、交叉设计、调查设计。

第三节　生物统计与试验设计常用术语

一、总体与样本

总体（population）是指根据研究目的确定的、符合指定条件的研究对象的全体。它是由相同性质的（个体）成员所构成的集合。构成总体中的个体是有限的称为有限总体，构成总体中的个体是无限的称为无限总体。总体所含个体（单元）的多少称为总体容量，以 N 表示。例如研究北京白鸡的产蛋量，凡是按饲养管理手册饲养的各地的北京白鸡个体的产蛋量构成一个总体。可见，总体是由相对同质的个体（单元）构成的。

样本（sample）是指从总体中抽取一定数量的个体所组成的集合。样本所含个体（单元）的多少称为样本容量，以 n 表示。通常以样本容量 30 为界，$n>30$ 的称为大样本，$n<30$ 的称为小样本。生物统计要求由总体抽取一部分个体应遵循“随机抽样”的原则，随机就是总体中的所有个体均有同等机会被抽到。随机抽到的那部分个体就称为随机样本，这个抽样过程称为随机抽样。

二、参数与统计量

参数（parameter）是指由总体计算的用来描述总体的特征性数值。它是一个真值，通常用希腊字母表示，如总体平均数以 μ 表示，总体标准差以 σ 表示。

统计量（statistics）是指由样本计算的用来描述样本的特征性数值。它受抽样波动的影响，是总体参数的估计值，常以英文字母表示，如样本平均数为 $\bar{x}$，样本标准差为 S。

三、误差与错误

误差（error）是指试验中由无法控制的非试验因素所引起的差异。它是不可避免的，试验中只能设法减少，而不能消除。误差按来源可分为两类，一类为随机误差（random error）也叫偶然误差，这是由许多无法控制的内在和外在的偶然因素所引起的差异，它具有随机性质，在试验中即使小心管理也难以完全消除，它影响试验的精密度，只有用增加试验重复、合理分组等措施来减少随机误差；另一类为系统误差（systematic error），也叫片面误差（lopsided error），这是由试验条件不一致造成的。如试验动物的初始条件（年龄、初始重、性别、健康状况等）相差较大，饲料种类、品质、数量、饲养条件未控制相同所引起。系统误差影响试验的准确度。这两类误差可统称为试验误差，是难以避免的非本质性的差异，不同于处理条件所造成的实质性差异。试验误差的来源包括3个方面：一是试验材料的固有差异；二是饲养管理和操作技术上的不一致所引起的差异；三是外界条件的差异。例如在同一处理组内，试验动物尽管做到在性别、年龄、体重等方面的一致，但试验结果同组不同个体在指标效应上仍有差异，这就是上述两类误差造成的。虽然难以避免，如果设计更为合理，可以减少试验误差，提高精密度与准确度。

错误（mistake）是指试验或调查观察时由于过失等人为作用所造成的差异，在试验中是完全可以避免的。如粗枝大叶、读错刻度、记错数据和仪器不准确等。只要责任心强、细心操作、遵循设计的标准和方法，错误是可以避免的，也是应该消除的。

四、精密度与准确度

精密度（precision）是指试验或调查中同一试验指标或性状的重复观察值彼此的接近程度。若观测值彼此接近，即任意两个观测值 x_i、x_j 相差的绝对值 $|x_i-x_j|$ 小，则观测值精密度高；反之则低。好比打靶，弹点密集靶上某处叫射击的精密度高；弹点散开，叫精密度低。试验观察中各次测量值接近即试验误差小，其精密度高，重复测量值间不接近即试验误差大，其精密度低。

准确度（accuracy）是指试验或调查中某一试验指标或性状的观察值（统计量）与真值（或总体参数）之间的接近程度。设某一试验指标或性状的真值为 μ，观测值为 x，若 x 与 μ 相差的绝对值 $|x-\mu|$ 小，则观测值 x 的准确度高；反之则低。好比打靶，每发子弹（每次观察值）都命中或接近靶心（真值），叫准确度高，否则，准确度低。

准确度与精密度不是相等的概念，统计上以统计量接近参数的程度衡量准确度，以统计量的变异程度衡量精密度。

第四节　生物统计与试验设计的功用

生物统计与试验设计已经广泛地应用于动物生产和科学研究中，其主要功用可以归纳如下。

一、提供整理与描述数据的科学方法

由试验或调查所得到的数据不仅是大量的，而且也是杂乱的，很难从中提取有用的信息。生物统计能够提供科学的整理方法，将数据化繁为简，使之系统化、条理化，同时提供具体的描述方法，或用图表，或用简单的数值或用公式来阐述数据资料的内在规律、事物的本质及其彼此的关系。例如，面对大量的某品种奶牛产奶量的原始数据，很难从这些杂乱的数据中看到什么规律，只有通过科学的整理与描述，才能了解该品种奶牛各胎产奶量的一般情况及各胎产奶量高低的变化规律，以及胎次产奶量的变异特征，是指导奶牛生产有用的

信息。

二、提供由样本推断总体的科学方法

调查或试验研究所取得的数据都属样本资料。例如调查某品种奶牛的产奶量，可能取50头或100头奶牛产奶量的数据。这些数据只是该品种奶牛总体的一部分。试验研究某配套肉鸡饲喂发酵血粉的增重效果，可能取100只或500只肉鸡供试，试验的结果也仅是该肉鸡总体的一部分鸡的饲喂效果。这都是样本的数据，在一定程度上可以反映总体，但用样本数据确实地反映总体特征还有偏差，即存在抽样误差。由于样本与总体间有内在联系，所以由样本推论总体是可能的。生物统计就是用这种内在联系，提供了由样本推断总体的科学方法。

三、提供鉴定试验处理效应的科学方法

研究两种商品肉猪饲料配方的饲喂试验，供试猪100头，在品种、性别、年龄、初始重等条件一致情况下随机分为两组，每组50头，各喂一种配方饲料，试验结束后观察其增重与饲料消耗。由于前述“试验误差”的存在，该试验结果不同程度地混有试验误差，那么两组试验猪在试验指标上的差异是试验误差造成的非本质差异，还是因饲料配方不同所造成的本质性差异？生物统计可以提供鉴别试验处理效应的科学方法，将试验结果的两类差异予以区分，从而获得可靠的结论。

四、提供相关和回归分析的科学方法

客观事物是普遍联系的，人们在日常生活和科学研究中，经常可以看到有些事物间存在着一定的关系。例如动物体重与日龄的关系，日龄越大，其体重也可能越大。动物生产中为了方便饲养管理，常常把幼畜成批集中断奶。由于出生日期不同，同一天断奶的幼畜生长日龄往往不同，这样它们的体重就不好比较，需要校正到同一日龄的体重。根据体重与日龄的关系，先求出体重依日龄的回归方程，并用回归方程算出各日龄体重估计值，而后以标准断奶日龄的体重估计值与各日龄体重估计值的比值作为校正系数。生物统计学提出了相关和回归分析科学方法。

五、提供调查或科学试验设计的原则

无论调查研究还是科学试验，事先都应有周密的计划和合理的试验设计，否则就不可能得到正确可靠的结果。例如调查某品种奶牛的产奶量，仅取少数几头奶牛为调查对象，显然是不够的；但头数过多，人力、物力又造成浪费。即使头数不少，若集中于某一地域取样，其代表性就差。科学试验也涉及试验分组、试验动物的选择、组内试验动物多少等若干问题。生物统计可以从理论上提供如何设计试验和如何实施试验的原则，可以做到尽量降低试验误差，使试验结果能代表总体，而且从试验所得的数据中能够无偏地估计出试验处理效应和误差效应的估值，能够最大限度保证以较少的投入获得多而正确的结论。

六、提供制订规划和进行决策需要的依据

动物生产中制订育种计划时，常常要规划出经若干年的选育，某个经济性状提高到何等水平，这就必须将大量资料经过统计学处理，得到某些表型参数与遗传参数，在此基础上估测经选育后该性状改进的程度；在市场经济体制下，动物养殖场既要考虑利润，也要考虑畜

产品的滞销以及资金周转能力，就必须首先充分地做好市场调查，经过统计分析取得依据，以正确决定饲养动物的规模及其畜产品的数量。上述两例说明，在养殖业中生产的决策与规划的制订离不开生物统计分析。因此，生物统计与试验设计是一门实用性强的科学，应当深入地、正确地理解其概念和熟练掌握其方法，树立起统计思想。

【本章小结】

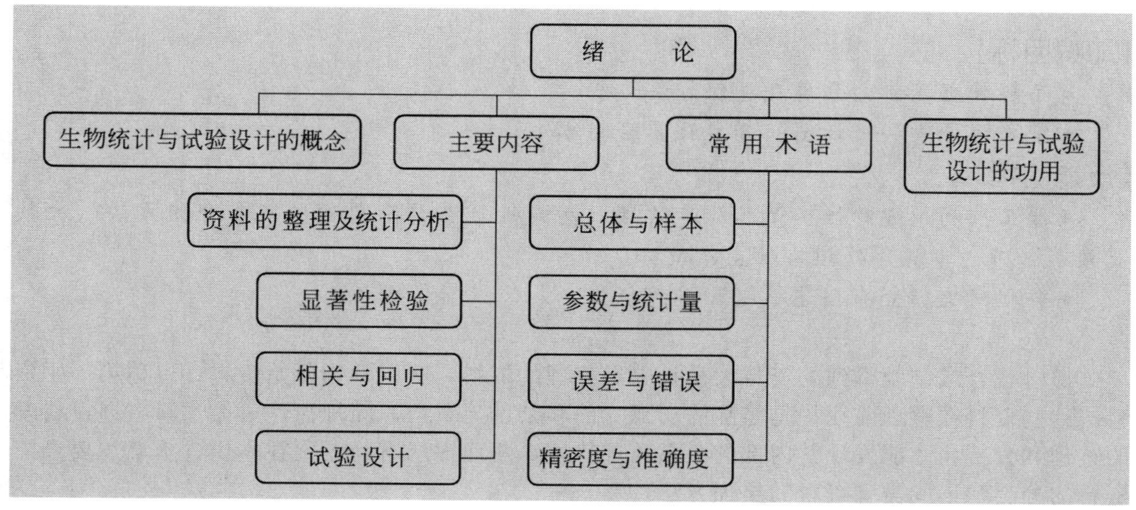

【习　题】

1. 什么叫生物统计？生物统计在动物生产和科学研究中有哪些功用？
2. 解释下列术语：①总体与样本；②参数与统计量；③精密度与准确度；④错误与误差。
3. 生物统计工作中的准确度与精密度有什么区别？

第二章　数据资料的整理

【知识目标】

- 了解数据资料的分类及整理方法。
- 掌握统计表和统计图的分类及其绘制方法。

【技能目标】

- 能正确利用连续性变量和非连续性（间断性）变量资料的整理与分组方法（次数或频率分布的步骤）处理畜牧生产数据。
- 会利用次数分布描述数据资料的特征。

通过调查或试验得到的资料大都是未经整理的资料，所以称为原始资料，也称第一手资料。这些资料在整理前往往是零乱的、孤立的和杂乱无章的，无规律性可循。只有通过科学的整理和分析，才能发现其内部的联系和规律性，从而揭示事物的内在本质。本章主要介绍资料的分类和不同类型资料的整理方法。

第一节　数据资料的来源、检查核对与分类

根据不同的研究方法，数据资料的来源也各不相同，但是不管数据来自于什么途径，都要保证数据的真实性和客观性。正确地进行资料的分类是资料整理的前提。

一、数据资料的来源

1. 生产记录

在饲料生产过程中，原料的来源、品种和批次；每次投料的数量；加工过程中温度的高低和维持时间的长短；产品贮存的温度、湿度及时间等，都需要认真地进行记录，并以产品生产档案的形式进行归档。这些资料以数据资料的形式记载，为改进饲料产品质量和产品保质研究等提供第一手资料。

2. 调查记录

调查是获得数据资料的一个重要手段，根据调查的范围又可分为普查和抽样调查，当样本数量不大时可以采用普查的方式，获得全部数据资料。而对于大批量的样本来说一一进行调查是不可能的。从一批产品中随机抽取少量产品（样本）进行调查，以判断该批产品是否合格，称为抽样调查。采用抽样调查可以显著地节省工作量，尤其适合破坏性试验（如检验不同品种猪的屠宰率）以及散装产品（如颗粒状饲料）的品质检验。

3. 试验记录

在一种新产品（饲料或疫苗）的规模生产之前，一般都要经过试验研究阶段，在该阶段必须按照新工艺的设计方案进行试验，并取得试验数据。通过对所得数据资料的分析，最后判定新产品的工艺是否成功，能否投入规模化生产。

二、数据资料的检查与核对

数据资料在整理之前一般要对原始资料进行检查、核对，分辨真伪，力求完整、正确；看原始记录是否有遗漏或重复，各个项目是否填写完整，以检查资料的完整性；看全部项目填写的数据是否正确，各项目间、数据间有无矛盾，是否合理，以检测资料的正确性。

三、数据资料的分类

通过调查或试验所得到的数据资料根据被观察或测量对象的性质不同，可以分为数量性状资料和质量性状资料。

1. 数量性状资料

数量性状是指能够以测量、计量或计数的方式表示其特征的性状。观察测定样品的数量性状而获得的数据就是数量性状资料。由于所研究的生物性状特征各不相同，观察记载数据资料的方式不同，通常将数据资料分为计量资料和计数资料两种。

(1) 计量资料　计量资料是通过一定的测量手段得到的数量性状资料，即用度、量、衡等计量工具直接测定的数量性状资料。其数据是用长度、容积、质量等来表示，有固定的单位，如体高（cm）、体重（kg）、绵羊产毛量（kg/只）等。这种数据资料各个观测值不一定是整数，可以取带有小数的任何数值，其小数位数的多少由度量工具的精度而定，数据之间的变异是连续性的。因此，计量资料也可称为连续型数据资料。

(2) 计数资料　计数资料是通过计数或查数的方法获得的数量性状资料。该数据资料的各个观察值只能用整数表示，在两个相邻整数间不得有任何带小数的观察值出现。如猪的产仔数、鸡的产蛋数、鱼的尾数、牛的牙齿数等，这些观察值只能用整数表示，各观察值间是不连续的，因此，计数资料也可称为间断型数据资料。

2. 质量性状资料

质量性状是指能观察到而不能测量的，只能用文字来描述其特征的性状，如被毛颜色、动物性别、病畜用药后的效果等。观察样品的质量性状而获得的资料就是质量性状资料。这类性状本身不能直接用数值表示，要获得这种数据资料，必须对其作数量化处理，转化成计数资料，然后再进行统计分析。其方法主要有以下两种。

(1) 统计次数法　在一定的总体或样本中，将观察单位按性质或类别分组，然后统计各组出现的观察单位次数，以次数作为质量性状的数据。例如，在研究猪的毛色遗传时，白猪与黑猪杂交，统计子二代中白猪、黑猪和花猪的头数。又如，测定某种兽药的疗效，根据被测家畜用药后的反应，可分为治愈、有效、无效及死亡四组，然后将被测家畜按这四组归类，清点各组次数。具体统计见表 2-1。

表 2-1　某兽药对家畜治疗效果的统计

治疗效果	次数(f)	频率/%
治愈	30	30
有效	45	45
无效	22	22
死亡	3	3
合计	100	100

类似于表 2-1 中的由质量性状数量化得来的资料又可称为次数资料。

(2) 等级评分法　对某一质量性状，因其类别不同，可以划分为若干等级分别给予评分，再统计次数。例如，在研究猪的肉色遗传时，常用的方法是将屠宰后 2h 的眼肌横切面与标准图谱对比，由浅到深分别给予 1～5 分的评分，以便统计分析。又如，在研究牛的有角和无角遗传时，用 0 表示无角，用 1 表示有角，然后统计次数，根据计数资料的统计方法进行统计分析。

第二节　数据资料的整理与分组

收集原始资料的目的就是要通过统计分析得到一个正确的科学结论，而在统计分析之前数据资料是凌乱无序的，需要进行整理。根据资料中观测值的多少，确定是否分组整理，从而便于分析。观测值少的小样本（$n \leqslant 30$）可以不用分组，只需将资料中观测值由小到大顺序排列，即整理成变异数列，便可以一目了然地看出数据资料的集中趋势和变异情况及分布规律。对于资料中观测值较多的大样本（$n>30$），就需要将观测值分成若干组，从而得到资料中各观测值在各组中出现的次数，通过次数可以看出资料的分布情况。统计学上把经过数据整理后得到的反映随机变量在各组内的分布情况表格，称作次数分布表。

根据数据资料的性质，数据资料的整理可以分为以下两种方法。

一、计数资料的整理与分组

计数资料基本上采用单项式分组法进行整理，它的特点是用样本变量观察值进行分组，将数据资料中每个观察值分别归入相应的组内，然后制成次数分布表。现以表 2-2 中 60 枚受精种蛋孵化出雏鸡的时间（天）为例，说明计数资料的整理。

表 2-2　60 枚受精种蛋孵化出雏鸡的时间　　单位：天

21	20	20	21	23	22	22	22	21	22	20	23	22	23	22	19	22	23	18	24
24	22	19	22	21	21	21	22	22	24	22	21	21	22	22	23	22	22	25	19
21	22	22	23	22	23	22	22	22	23	23	22	21	22	20	22	21	23	19	24

小鸡出壳时间在 18～25 天范围内变动，有 8 个不同的观察值。用各个不同观察值进行分组，共分为 8 组，可得表 2-3 形式的次数分布表。

表 2-3　60 枚受精种蛋出雏时间的次数分布

孵化时间/天	次数(f)	孵化时间/天	次数(f)
18	1	23	10
19	4	24	4
20	4	25	1
21	11	合计	60
22	25		

从表 2-3 可以看出：种蛋孵化出雏时间大多集中在 21～23 天，以 22 天的最多，孵化时间较短（18～20 天）和较长（24～25 天）的都较少。

计数资料观察值较多时，变异范围较大，若以每一观察值为一组，则组数太多，而每组内包含的观察值太少，资料的规律性不易显示出来。对于这样的资料，可扩大为以几个观察值为一组，适当减少组数，这样资料的规律性就较明显，做成次数分布表，对资料进一步计算分析也比较方便。例如，研究某品种 150 只蛋鸡每年每只鸡产蛋数（原始资料略），其变异范围为 201～300 枚。这样的资料如果以每个观察值为一组，则组数太多，如间隔 10 枚为一组，则可使组数适当减少。经初步整理后分为 10 组，资料的规律性就比较明显，见表 2-4。

表 2-4　150 只蛋鸡每年产蛋数的次数分布

产蛋数/枚	次数(*f*)	产蛋数/枚	次数(*f*)
201～210	2	261～270	15
211～220	10	271～280	14
221～230	15	281～290	6
231～240	28	291～300	3
241～250	30	合计	150
251～260	27		

从表 2-4 可以看到，大部分蛋鸡的年产蛋数在 231～260 枚，但也有少数蛋鸡每年产蛋数少到 201～210 枚，多到 291～300 枚。

二、计量资料的整理与分组

由于计量资料属于连续型资料，所以不可能按计数资料的归组方法进行，一般采用组距式分组法。分组时需要先确定全距、组数、组距、组中值及各组上下限，然后按照观测值的大小将每个观测值分别归入相应的组内。现以 100 头牛犊初生体重的原始资料（表 2-5）为例，来说明计量资料具体的整理方法和具体整理步骤。

表 2-5　100 头牛犊的初生体重　　单位：kg

34.3	41.3	39.6	32.1	37.1	29.9	44.5	37.8	32.4	41.4
47.4	23.1	43.7	33.4	36.6	33.8	36.5	42.6	39.6	27.6
27.3	38.2	42.0	38.7	36.5	40.6	47.9	38.2	35.1	28.3
20.5	35.8	28.2	37.6	47.9	32.5	26.5	41.8	38.2	30.0
36.2	36.8	29.7	44.0	38.1	37.4	27.8	26.5	33.4	39.3
37.7	34.9	37.1	35.4	45.9	48.6	38.4	40.9	29.6	42.6
38.5	36.2	23.4	39.6	25.2	51.0	41.2	44.2	28.4	45.6
34.0	31.4	30.6	33.8	51.2	27.2	29.7	38.4	45.7	36.2
28.7	38.7	34.1	44.0	25.3	36.5	31.5	42.6	43.7	38.2
42.6	29.6	40.9	38.4	48.6	45.9	35.4	29.2	36.8	33.5

1. 求全距

全距是资料中最大值与最小值之差，又称极差，用 R 表示，即 $R=\max(x)-\min(x)$，其中 x 为观测值。表 2-5 中最大体重为 51.2kg，最小体重为 20.5kg，所以 $R=51.2-20.5=30.7$（kg）。

2. 确定组数

组数要适当，视样本含量及资料的变动范围大小而定。如增多组数会使组距变小，减小组数则组距增大；另外，分组越多所得的统计量越精确，但不便于计算，如分组过少，则计算出的统计量的精密度较差。表 2-6 给出了不同样本含量资料的组数，可供确定组数时参考。

表 2-6　样本含量与分组数参考标准

样本含量	组数	样本含量	组数
30～60	6～8	200～500	12～17
60～100	8～10	>500	17～30
100～200	10～12		

100 头牛犊初生体重资料可初步确定分为 11 组。

3. 确定组距

每组中的最大值与最小值的差称为组距，一般用符号 i 来表示。等组距分组时，组距的计算公式为：组距＝全距/组数。

本例中，i＝30.7/11＝2.79≈3

4. 确定组中值

组中值是指每一组的中点值，是该组的代表值。为了避免第一组归组后数据太多，且能较正确地反映资料的规律性，第一组的组中值以接近或等于资料中的最小值为好，一般取整数或易计算的小数。当组距确定后，只要第一组的组中值确定了，后面各组的组中值就等于前一组组中值加上组距。

根据以上原则，本例中最小值为 20.5，第一组的组中值可确定为 21。第二组组中值为 21＋3＝24，第三组为 24＋3＝27，依此类推。

5. 确定组限

各组的最大值与最小值称为组限。最小值称为下限，最大值称为上限。为了能把各个数据都能够归入相应的组中去，各组要确定好明确的界限。确定组限时要注意第一组的下限不能大于资料中的最小值，最后一组的上限不能小于资料中的最大值。组限可以通过下列公式求得。

组下限＝组中值－1/2 组距　组上限＝组中值＋1/2 组距＝组下限＋组距

本例中，第一组的下限为 21－(1/2×3)＝19.5；第一组的上限也就是第二组的下限为 21＋(1/2×3)＝22.5；第二组的上限也就是第三组的下限为 22.5＋3＝25.5，……表达时，第一组组限用“19.5～”表示，第二组组限用“22.5～”表示，依此类推。分组时将等于组上限的数值归为下一组。

在分组后所得的实际组数，有时和最初确定的组数会稍有不同，如第一组下限和资料中的最小值相差较大或实际组距比计算的组距小，则实际分的组数将会比原定组数多，反之则少。出现这种情况时稍加调整即可，并不会影响到后面的计算和分组。

6. 制作次数分布表

分组结束后，将资料中的全部观测值按照数值大小逐一进行归组，统计每组内所包含的观测值个数，作为各组的次数，即做出次数分布表（表 2-7）。

三、次数分布图

为了使数据资料的特征和整体变化趋势更直观，更加一目了然，常常把次数分布表作成次数分布图。常用的次数分布图有散点图、折线图、条形图、柱形图及圆饼图等。图形的选择取决于数据资料的性质，一般情况下，计量资料采用柱形图和折线图，计数资料、质量性状资料常采用条形图或圆饼图，而散点图可以用来表示动态变化情况。

表 2-7　100 头牛犊初生体重次数分布

组限	组中值	次数(f)	组限	组中值	次数(f)
19.5～	21	1	37.5～	39	18
22.5～	24	4	40.5～	42	12
25.5～	27	9	43.5～	45	10
28.5～	30	11	46.5～	48	5
31.5～	33	11	49.5～	51	2
34.5～	36	17	合计	—	100

1. 绘制次数分布图的注意事项

① 要有合适的标题。标题写在图的下方，标题前面要有图号。标题内容简明扼要，能

概括图的内容。

② 散点图、折线图和柱形图的横、纵坐标上要有刻度和单位，刻度要均匀等距。纵横轴长度之比为 5∶7 较合适，比例太大或太小都不合适。

③ 条形图、柱形图要求纵坐标从 0 开始，否则易造成错觉。

④ 比较不同事物时用不同的线条和颜色来表示，并附上图例。

2. 常用次数分布图的绘制方法

（1）散点图　散点图又称散点分布图，是以一个变量为横坐标，另一变量为纵坐标，利用散点（坐标点）的分布形态反映变量统计关系的一种图形。散点图不仅可传递变量间关系类型的信息，也能反映变量间关系的明确程度，可以用于所有类型的数据资料。

以表 2-7 数据为例，利用横轴表示各组的组中值以代表组别，纵轴表示各组次数的直角坐标系，在各组组中值的垂线上，按各组次数应占的高度作一点，即成散点图。用 Excel 软件绘制的具体步骤如下。

① 选中要处理的数据资料，即各组组中值及相应的次数。

② 点击“插入”选择“图表”，或点击快捷方式“”，弹出“图表向导—4 步骤之一—图表类型”对话框，在此选择图表类型“散点图”，得到图 2-1，还可以根据需要再次选择子图表的类型，本例选择最上方普通的“散点图”。

③ 点击“下一步”，得到数据散点图的图表源数据对话框，见图 2-2，输入数据区域，选择系列产生在列。

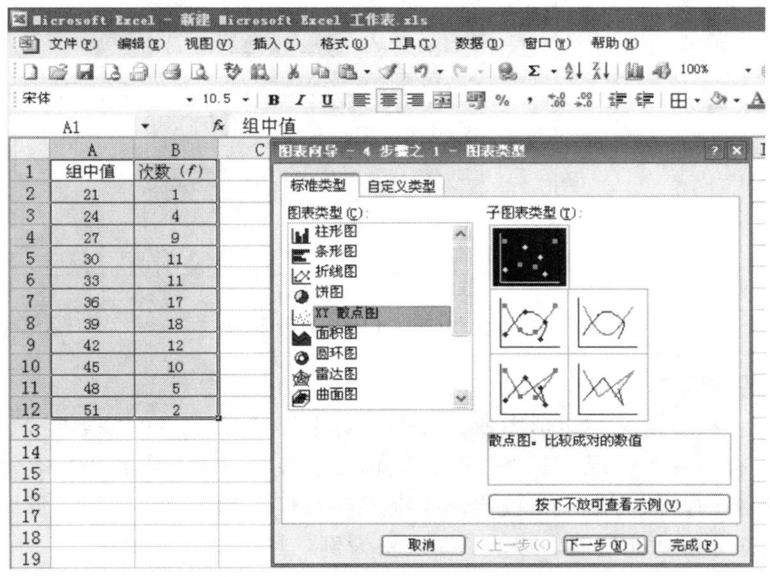

图 2-1　选择图表类型

④ 点击“下一步”，得到图表选项对话框。在图表选项中可以对坐标轴 X 轴和 Y 轴的代表意义进行标注，还可以对坐标轴、网格线及图例是否显示进行设置，另外，对于图中的“散点”所代表的数据是否显示也可以进行设置。

⑤ 点击“下一步”，确定图表位置，本例选择“作为其中的对象插入”。

⑥ 点击“完成”，即完成了散点图的绘制，见图 2-3。

从散点图中可以很直观地看出，体重在 35～40kg 区域范围的牛犊占多数，而 30kg 以

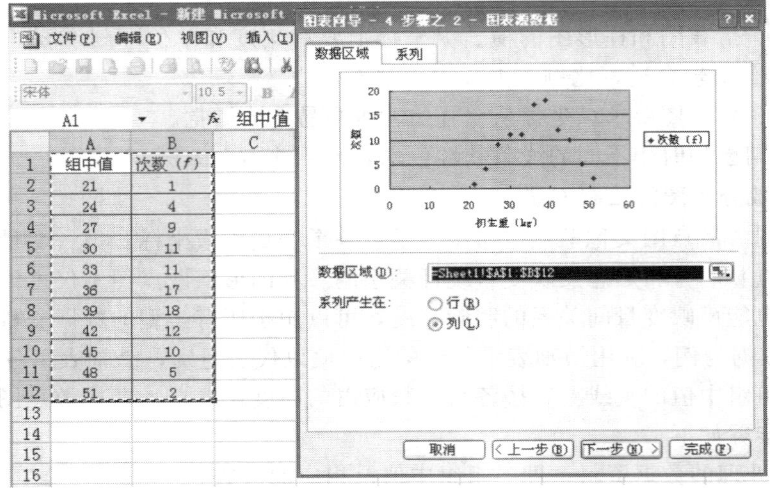

图 2-2 图表源数据

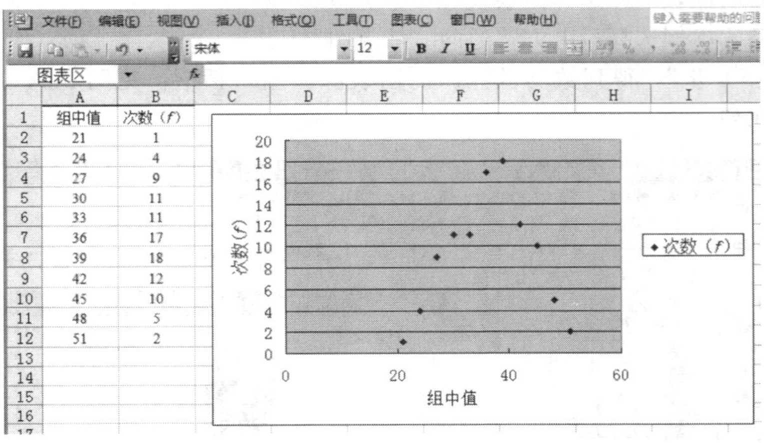

图 2-3 用 Excel 绘制的散点图

下和 45kg 以上的牛犊占少数。

（2）柱形图　柱形图又称矩形图或直方图，对于计量资料，可以根据次数分布表绘制出柱形图以表示资料的分布情况。其做法是：横轴表示各组组限，纵轴仍然表示次数，以各组组限为宽度，各组的次数为高度，按比例绘制成垂直相连的柱形，即为柱形图。此图可以用 Excel 软件的数据分析功能绘制，以表 2-5 资料为例，具体绘制步骤如下。

① 将原始数据和组限输入 Excel 工作表，如图 2-4 所示。

② 选择“工具”菜单中的“数据分析”功能，如图 2-5 所示。如果没有则点击“加载宏”加载分析工具，没有安装则需重新安装 office 软件，安装时选择安装分析工具。

③ 点击“数据分析”后，选择“直方图”，如图 2-6 所示。

④ 点击“确定”弹出直方图对话框，见图 2-7，在输入区域中输入原始数据区域即从第一个数值“34.3”到最后一个数值“33.5”，在接受区域中输入组限所在区域，选择“标志”和“图表输出”。根据需要选择图表输出选项。选择好点击“确定”即得到“直方图”，见图 2-8。

Microsoft Excel - 新建 Microsoft Excel 工作表

	A	B	C	D	E	F	G	H	I	J	K
1	100头牛犊的初生体重										组限
2											19.5
3											22.5
4	34.3	41.3	39.6	32.1	37.1	29.9	44.5	37.8	32.4	41.4	25.5
5	47.4	23.1	43.7	33.4	36.6	33.8	36.5	42.6	39.6	27.6	28.5
6	27.3	38.2	42	38.7	36.5	40.6	47.9	38.2	35.1	28.3	31.5
7	20.5	35.8	28.2	37.6	47.9	32.5	26.5	41.8	38.2	30	34.5
8	36.2	36.8	29.7	44	38.1	37.4	27.8	26.5	33.4	39.3	37.5
9	37.7	34.9	37.1	35.4	45.9	48.6	38.4	40.9	29.6	42.6	40.5
10	38.5	36.2	23.4	39.6	25.2	51	41.2	44.2	28.4	45.6	43.5
11	34	31.4	30.6	33.8	51.2	27.2	29.7	38.4	45.7	36.2	46.5
12	28.7	38.7	34.1	44	25.3	36.5	31.5	42.6	43.7	38.2	49.5
13	42.6	29.6	40.9	38.4	48.6	45.9	35.4	29.2	36.8	33.5	52.5

图 2-4 数据输入

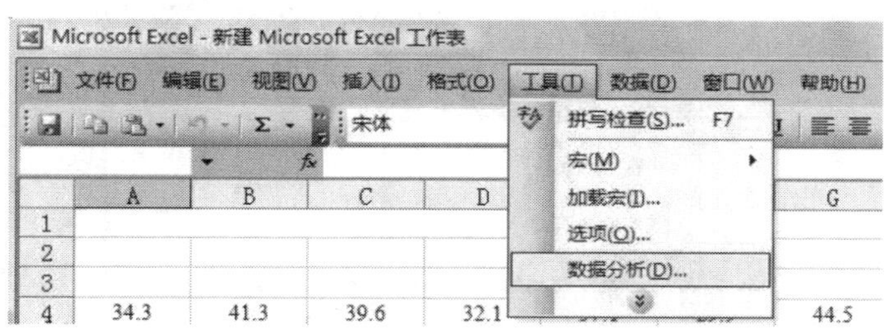

图 2-5 Excel 的数据分析功能

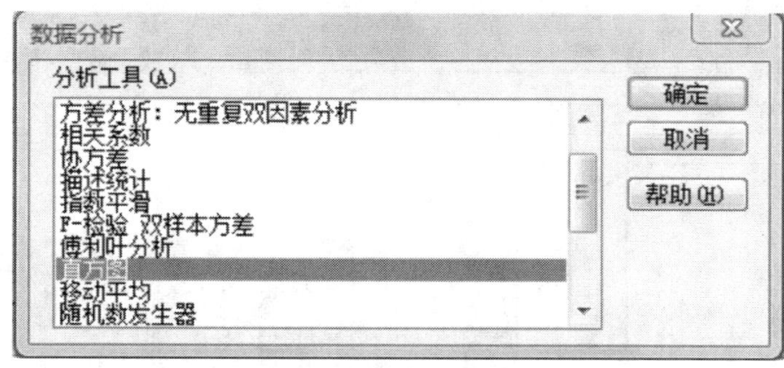

图 2-6 数据分析对话框

⑤ 将图 2-8 中的直方图用“图表选项”“数值轴格式”等 Excel 图表处理功能进行处理即得到以组限为横坐标，以次数为纵坐标的矩形图，图 2-9 即为表 2-5 资料的矩形图。

(3) 折线图 对于计量资料，可以根据次数分布表做出次数分布折线图。具体做法与散点图类似，不同之处是，在散点图的基础之上用线段依次连接各点，即可得次数分布折线图。图 2-10 为用 Excel 软件绘制的表 2-5 资料的折线图。

(4) 条形图 条形图适用于计数资料和质量性状资料，用以表示这些变量的次数分布状况。一般其横坐标标注组中值或分组组别，纵坐标标注次数 (f)。如果只涉及一项指标，则采用单式条形图；如果涉及两个或两个以上的指标，则采用复式条形图。

(5) 圆饼图 圆饼图适用于计数资料和质量性状资料，用以表示这些变量中各种性状或

	A	B	C	D	E	F	G	H	I	J	K
1	100头牛犊的初生体重										组限
2											19.5
3											22.5
4	34.3	41.3	39.6	32.1	37.1	29.9	44.5	37.8	32.4	41.4	25.5
5	47.4	23.1	43.7	33.4	36.6	33.8	36.5	42.6	39.6	27.6	28.5
6	27.3	38.2	42	38.7	36.5	40.6	47.9	38.2	35.1	28.3	31.5
7	20.5	35.8	28.2	37.6	47.9	32.5	26.5	41.8	38.2	30	34.5
8	36.2	36.8	29.7	44	38.1	37.4	27.8	26.5	33.4	39.3	37.5
9	37.7	34.9	37.1	35.4	45.9	48.6	38.4	40.9	29.6	42.6	40.5
10	38.5	36.2	23.4	39.6	25.2	51	41.2	44.2	28.4	45.6	43.5
11	34	31.4	30.6	33.8	51.2	27.2	29.7	38.4	45.7	36.2	46.5
12	28.7	38.7	34.1	44	25.3	36.5	31.5	42.6	43.7	38.2	49.5
13	42.6	29.6	40.9	38.4	48.6	45.9	35.4	29.2	36.8	33.5	52.5

直方图
输入
输入区域(I)：$A$4:$J$13
接收区域(B)：$K$1:$K$13
标志(L)
输出选项
输出区域(O)：
新工作表组(P)：
新工作薄(W)
柏拉图(A)
累积百分率(M)
图表输出(C)
确定
取消
帮助(H)

图 2-7 直方图对话框

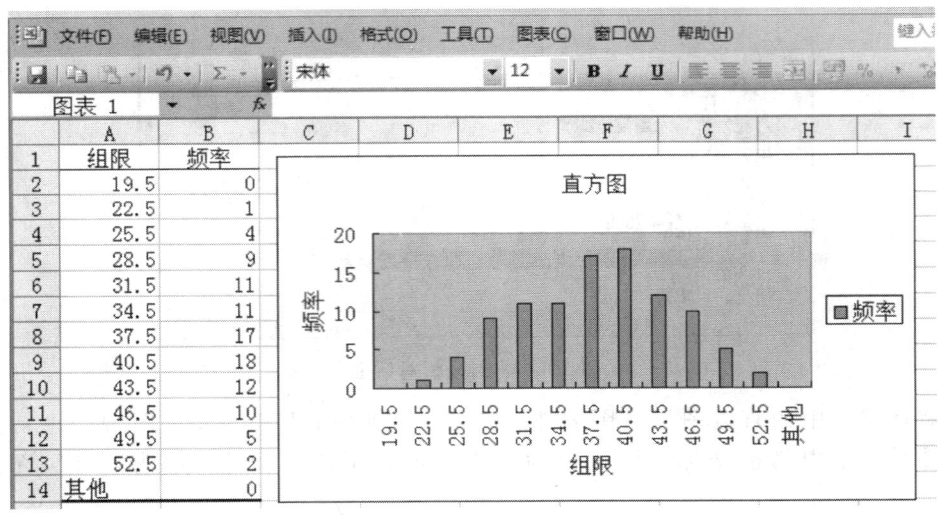

	A	B
1	组限	频率
2	19.5	0
3	22.5	1
4	25.5	4
5	28.5	9
6	31.5	11
7	34.5	11
8	37.5	17
9	40.5	18
10	43.5	12
11	46.5	10
12	49.5	5
13	52.5	2
14	其他	0

图 2-8 直方图完成图

各组数据观察值在总观察个数中的百分比。把圆饼图的全面积看成100%，按各类别、等级的构成比将圆饼面积分成若干份，以扇形面积的大小分别表示各类别、等级的比例。绘制圆饼图时，应注意以下几点：

① 圆饼图每3.6°圆心角所对应的扇形面积为1%；

② 圆饼图上各部分按资料顺序或大小顺序，顺时针方向排列；

③ 圆饼图中各部分用线条分开，注明简要文字及百分比。

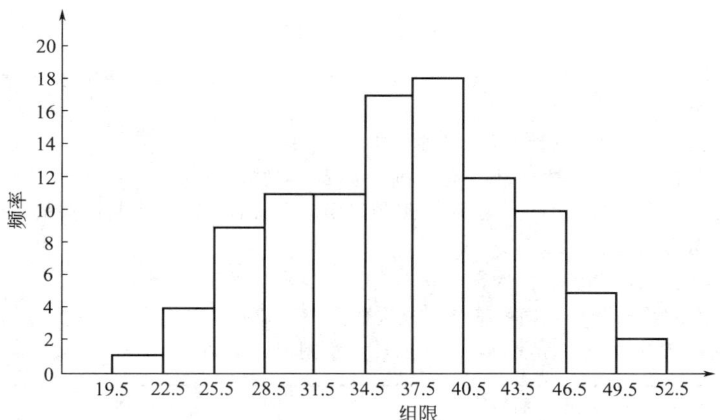

图 2-9　表 2-5 资料的次数分布矩形图

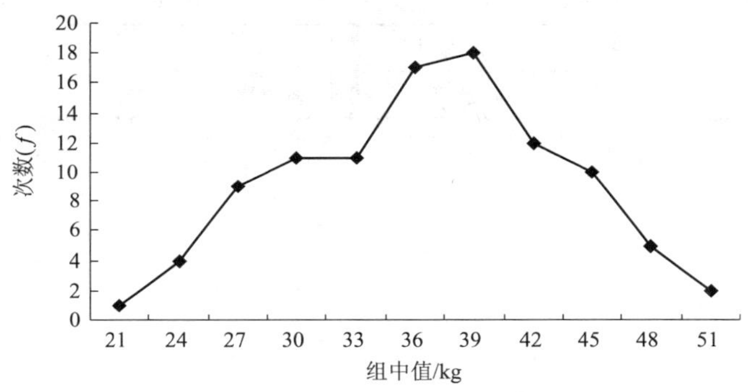

图 2-10　表 2-5 资料的次数分布折线图

【本章小结】

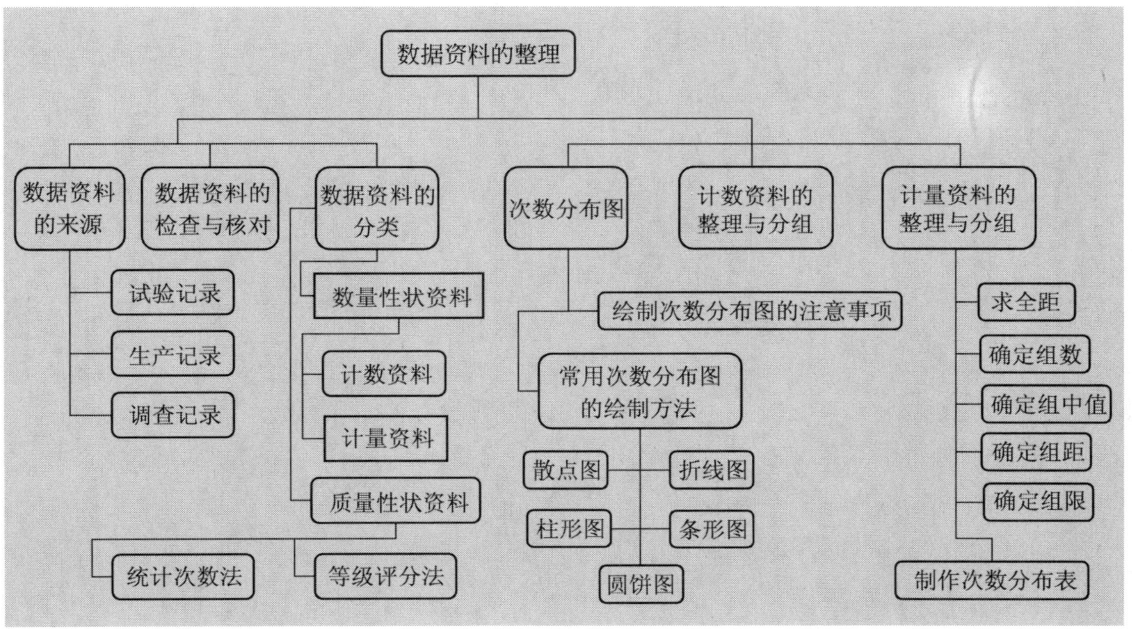

【习　　题】

1. 数据资料来源于哪些方面？
2. 资料可以分为哪几类？它们有何区别与联系？
3. 资料整理的目的是什么？简述计数资料和计量资料的整理方法。
4. 在对计量资料进行整理时，为什么第一组的组中值以接近或等于资料中的最小值为好？
5. 如何制作次数分布表？
6. 常用次数分布图有哪些？绘制次数分布图时，应注意什么？
7. 利用表 2-1 中的数据资料，试将其整理成次数分布表，并绘制直方图和折线图。
8. 测得某饲料的营养成分的含量如表 1 所示，请绘制成圆饼图。

水分	蛋白质	脂肪	矿物质	其他
60.0%	15%	3%	2%	20%

9. 2008 年调查辽宁省 5 个城市绒山羊的增长情况（与 2007 年相比），见表 2，请绘成条形图。

城　　市	营口市	朝阳市	阜新市	辽阳市	抚顺市
增长率/%	22.6	13.8	18.2	31.3	9.5

第三章　数据资料的特征数

【知识目标】

- 理解各统计量的概念。
- 熟悉各统计量的用途。
- 掌握算术平均数、标准差及变异系数的性质与计算方法。

【技能目标】

- 能熟练地计算基本统计量，并正确地应用基本统计量。
- 会运用 Excel 软件进行常用统计量的计算。

应用次数分布表与次数分布图可以形象而直观地表示资料分布的两个明显特征，即集中趋势和离散趋势。集中趋势指数据资料向中间值集中或靠拢的趋势；离散趋势指数据资料远离其中心的趋势，也称离散程度或变异程度。为了更简单、更精确地描述数据资料的特征，本章在数据资料整理的基础上，对数据资料进行初步分析，重点介绍平均数、标准差与变异系数 3 个常用统计量，前者用于反映资料的集中趋势，后两者用于反映资料的变异程度。

第一节　平　均　数

一、平均数的意义

平均数是反映数据资料的集中趋势的统计量，用来表明资料中各观测值相对集中的中心位置，可以作为资料的代表值与其他资料进行比较。在畜牧兽医、水产生产实践和科学试验中，经常应用平均数描述或比较各种技术措施的效果、畜禽某些数量性状的指标等。平均数种类较多，统计学中常用的主要有算术平均数、几何平均数、调和平均数、中位数及众数，其中最常用的是算术平均数。

二、平均数的计算方法

1. 算术平均数

算术平均数是指资料中各观测值的总和除以观测值个数所得的商，简称平均数或均数，记为 $\overline{x}$。算术平均数的计算有直接法和加权法，可根据样本大小及分组情况而确定其计算方法。

（1）计算方法

① 直接法　主要用于样本含量 $n \leqslant 30$，未经分组资料平均数的计算。设某一资料包含 n 个观测值：x_1，x_2，…，x_n，则样本平均数 $\overline{x}$ 可通过式(3-1) 计算：

$$\overline{x}=\frac{x_1+x_2+\cdots+x_n}{n}=\frac{\sum_{i=1}^{n} x_i}{n} \tag{3-1}$$

式中 $\sum$——总和符号；

$\sum_{i=1}^{n} x_i$——从第一个观测值 x_1 累加到第 n 个观测值 x_n。

当 $\sum_{i=1}^{n} x_i$ 在意义上已明确时，可简写为 $\sum x$，式(3-1) 即可改写为：

$$\bar{x}=\frac{\sum x}{n} \tag{3-2}$$

【例 3.1】 在某猪场的仔猪生长效果试验中，测得 10 头仔猪的日增重分别为 200g、220g、235g、260g、285g、240g、280g、210g、205g、190g，求其平均日增重。

解 由于 $\sum x=200+220+235+260+285+240+280+210+205+190=2325$，$n=10$ 代入式(3-2)，得：

$$\bar{x}=\frac{\sum x}{n}=\frac{2325}{10}=232.5\ (\text{g})$$

即 10 头仔猪平均增重为 232.5g。

总体平均数通常用 μ 表示，有限总体的平均数为：

$$\mu=\frac{\sum_{i=1}^{N} x_i}{N} \tag{3-3}$$

式中 N——总体所包含的个体数。

总体平均数 μ 作为参数是很难得到的，因此统计学中常用样本平均数 $\bar{x}$ 作为总体平均数 μ 的估计量，并已证明样本平均数 $\bar{x}$ 是总体平均数 μ 的无偏估计量。

② 加权法 对于样本含量 $n\geqslant 30$ 且已分组的资料，可以在次数分布表的基础上采用加权法计算平均数，计算公式为：

$$\bar{x}=\frac{f_1x_1+f_2x_2+\cdots+f_kx_k}{f_1+f_2+\cdots+f_k}=\frac{\sum_{i=1}^{k} f_ix_i}{\sum_{i=1}^{k} f_i}=\frac{\sum fx}{\sum f} \tag{3-4}$$

式中 x_i——第 i 组的组中值；

f_i——第 i 组的次数；

k——分组数。

第 i 组的次数 f_i 是权衡第 i 组组中值 x_i 在资料中所占比重大小的数值，因此 f_i 称为 x_i 的“权”，加权法也由此而得名。

【例 3.2】 将 100 枚鲜鸡蛋三聚氰胺含量（单位：mg/kg）资料整理成次数分布表（见表 3-1），利用加权法求其平均数。

表 3-1 100 枚鲜鸡蛋三聚氰胺含量次数分布

组 别	组中值(x)	次数(f)	fx	组 别	组中值(x)	次数(f)	fx
1.95～	2.0	3	6.0	2.35～	2.4	24	57.6
2.05～	2.1	6	12.6	2.45～	2.5	6	15.0
2.15～	2.2	26	57.2	2.55～	2.6	3	7.8
2.25～	2.3	32	73.6	合计	—	100	229.8

解 将表中数据代入公式(3-4)得：

$$\bar{x}=\frac{\sum fx}{\sum f}=\frac{229.8}{100}=2.298\ (\text{mg/kg})$$

即这100枚鲜鸡蛋三聚氰胺平均含量为2.298mg/kg。

计算来自同一总体的若干个样本的平均数时，如果样本含量不等，也应采用加权法计算。

【例3.3】 某牛群有黑白花奶牛1000头，其平均体高为137cm，而另一牛群有黑白花奶牛600头，平均体高为140cm，如果将这两个牛群混合在一起，其混合后平均体高为多少？

解 此例两个牛群所包含的牛的头数不等，要计算两个牛群混合后的平均体高，应以两个牛群牛的头数为权，求两个牛群平均体高的加权平均数，即：

$$\bar{x}=\frac{\sum fx}{\sum f}=\frac{137\times1000+140\times600}{1600}=138.125\ (\text{cm})$$

即两个牛群混合后平均体高为138.125cm。

(2) 算术平均数的基本性质

① 样本各观测值与平均数之差的和为零，即离均差之和等于零。

$$\sum_{i=1}^{n}(x_i-\bar{x})=0$$

或简写为

$$\sum(x-\bar{x})=0$$

证明：

$$\begin{aligned}\sum(x-\bar{x})&=(x_1-\bar{x})+(x_2-\bar{x})+\cdots+(x_n-\bar{x})\\&=(x_1+x_2+\cdots+x_n)-n\bar{x}\\&=\sum x-n\frac{\sum x}{n}\\&=\sum x-\sum x\\&=0\end{aligned}$$

② 样本各观测值与平均数之差的平方和最小，即离均差平方和最小。

$$\sum_{i=1}^{n}(x_i-\bar{x})^2<\sum_{i=1}^{n}(x_i-a)^2\qquad(\text{常数 }a\neq\bar{x})$$

或简写为

$$\sum(x-\bar{x})^2<\sum(x-a)^2$$

证明：

$$\begin{aligned}\sum(x-a)^2&=\sum[(x-\bar{x})+(\bar{x}-a)]^2\\&=\sum[(x-\bar{x})^2+2(x-\bar{x})(\bar{x}-a)+(\bar{x}-a)^2]\\&=\sum(x-\bar{x})^2+2(\bar{x}-a)\sum(x-\bar{x})+n(\bar{x}-a)^2\end{aligned}$$

$\because \sum(x-\bar{x})=0\quad \therefore \sum(x-a)^2=\sum(x-\bar{x})^2+n(\bar{x}-a)^2$

而 $\bar{x}\neq a$，所以 $n(\bar{x}-a)^2>0$，故得 $\sum(x-\bar{x})^2<\sum(x-a)^2$

2. 几何平均数

几何平均数是指 n 个观测值乘积的 n 次方根，记为 G。它主要应用于畜牧业、水产业的生产动态分析，畜禽疾病及药物效价的统计分析。如畜禽、水产养殖的增长率，抗体的滴度，药物的效价，畜禽疾病的潜伏期等偏态分布资料，用几何平均数比用算术平均数更能代表其平均水平。其计算公式如下：

$$G=\sqrt[n]{x_1x_2x_3\cdots x_n}=(x_1x_2x_3\cdots x_n)^{\frac{1}{n}}\tag{3-5}$$

为了计算方便，可将各观测值取对数后计算其算术平均数，得 $\lg G$，再求 $\lg G$ 的反对数即G值，公式如下：

$$G=\lg^{-1}\left[\frac{1}{n}(\lg x_1+\lg x_2+\cdots+\lg x_n)\right] \tag{3-6}$$

【例 3.4】 已知某羊场辽宁绒山羊2002～2007年各年度的存栏数与增长率（见表3-2），试求其年平均增长率。

表 3-2 某羊场辽宁绒山羊各年度存栏数与增长率

年度	存栏数	增长率(x)	lg$x$	年度	存栏数	增长率(x)	lg$x$
2002	1000	—	—	2005	1950	0.30	−0.523
2003	1200	0.20	−0.699	2006	2730	0.40	−0.398
2004	1500	0.25	−0.602				$\sum \lg x=-2.222$

解 利用公式(3-6)求年平均增长率：

$$\begin{aligned}G&=\lg^{-1}\left[\frac{1}{n}(\lg x_1+\lg x_2+\cdots+\lg x_n)\right]\\&=\lg^{-1}\left[\frac{1}{4}\times(-0.699-0.602-0.523-0.398)\right]\\&=\lg^{-1}(-0.5555)=0.2783\end{aligned}$$

即年平均增长率为27.83%。

【例 3.5】 4头猪的血清抗体效价分别为1∶10、1∶100、1∶1000、1∶10000，求血清抗体的平均效价。

解 $\lg G=\frac{1}{4}\times(\lg 10+\lg 100+\lg 1000+\lg 10000)=\frac{1}{4}\times(1+2+3+4)=2.50$

$G=\lg^{-1}2.50=316.23$

即血清抗体的平均效价为1∶316.23。

3. 调和平均数

资料中各观测值倒数的算术平均数的倒数，称为调和平均数，记为H，即：

$$H=\frac{1}{\frac{1}{n}\left(\frac{1}{x_1}+\frac{1}{x_2}+\cdots\frac{1}{x_n}\right)}=\frac{1}{\frac{1}{n}\sum\frac{1}{x}} \tag{3-7}$$

调和平均数主要用于反映畜群不同阶段的平均增长率或畜群不同规模的平均规模。

【例 3.6】 研究猪胚胎发育的试验，测得仔猪初生重为1401g，其胚胎在前1/3时期的生长速度为5.49g/天，中1/3时期的生长速度为35.92g/天，后1/3时期的生长速度为29.19g/天，试求其平均生长速度。

解 利用公式(3-7)求平均生长速度：

$$H=\frac{1}{\frac{1}{3}\times\left(\frac{1}{5.49}+\frac{1}{35.92}+\frac{1}{29.19}\right)}=\frac{1}{\frac{1}{3}\times 0.2442}=\frac{1}{0.0814}=12.29\ (\text{g/天})$$

即猪胚胎的平均生长速度为12.29g/天。

利用该平均速度计算猪胚胎发育的时间为1401÷12.29≈114（天），说明用调和平均数计算出的猪胚胎平均生长速度与事实相符。

4. 中位数

中位数是指资料内所有观测值从小到大依次排列后位于中间位置的观测值，简称中数，记为M_d。它从位置上描述资料的数量水平，具有简单明确的特点。当所获得的数据资料呈偏态分布时，中位数的代表性优于算术平均数。中位数的计算方法因资料是否分组而有所不同。

（1）未分组资料中位数的计算方法　对于未分组资料，先将各观测值由小到大依次排列。

① 当观测值个数 n 为奇数时，$(n+1)/2$ 位置的观测值，即 $x_{(n+1)/2}$ 为中位数：

$$M_d=x_{(n+1)/2}。$$

② 当观测值个数为偶数时，$n/2$ 和 $n/2+1$ 位置的两个观测值之和的 1/2 为中位数，即：

$$M_d=\frac{x_{n/2}+x_{(n/2+1)}}{2} \tag{3-8}$$

【例 3.7】 测定 11 尾青鱼肝糖含量得 20mg/g、21mg/g、23mg/g、23mg/g、25mg/g、25mg/g、26mg/g、27mg/g、28mg/g、30mg/g、32mg/g，求其中位数。

解　此例 $n=11$，为奇数，则：

$$M_d=x_{(n+1)/2}=x_{(11+1)/2}=x_6=25\ (\text{mg/g})$$

即青鱼肝糖含量的中位数为 25（mg/g）。

【例 3.8】 8 头杜洛克猪的瘦肉率分别为 62.3%、62.8%、63.5%、63.9%、64.1%、64.4%、64.8%、65.0%，求其中位数。

解　此例 $n=8$，为偶数，则：

$$M_d=\frac{x_{n/2}+x_{(n/2+1)}}{2}=\frac{x_4+x_5}{2}=\frac{63.9\%+64.1\%}{2}=64.0\%$$

即 8 头杜洛克猪的瘦肉率的中位数为 64.0%。

（2）已分组资料中位数的计算方法　若资料已分组，编制成次数分布表，则可利用次数分布表来计算中位数，其计算公式为：

$$M_d=L+\frac{i}{f}\left(\frac{n}{2}-c\right) \tag{3-9}$$

式中　L——中位数所在组的下限；

i——组距；

f——中位数所在组的次数；

n——总次数；

c——小于中数所在组的累加次数。

【例 3.9】 某猪场 70 头繁殖母猪窝产仔数整理成次数分布表（如表 3-3 所示），试求其中位数。

表 3-3　70 头繁殖母猪窝产仔数次数分布

窝产仔数/头	次数(f)	累加头数/头	窝产仔数/头	次数(f)	累加头数/头
8～	2	2	12～	17	55
9～	6	8	13～	12	67
10～	10	18	14～	3	70
11～	20	38			

解　由表 3-3 可见，$i=1$，$n=70$，因而中位数只能在累加头数为 38 所对应的“11～”这一组，于是可确定 $L=11$，$f=20$，$c=18$，代入公式(3-8)，得：

$$M_d=L+\frac{i}{f}\left(\frac{n}{2}-c\right)=11+\frac{1}{20}\times\left(\frac{70}{2}-18\right)=11.85\ (\text{头})$$

即该场母猪窝产仔数的中位数为 11.85 头。

5. 众数

众数记为 M_0，对于未分组资料，出现次数最多的那个观测值称为众数；对于已分组资料，出现次数最多一组的组中值称为众数。例如表 3-3 中，次数最多一组的组中值为 11.5，即该资料的众数为 11.5。

6. 五种平均数之间的关系

① 上述五种平均数中，算术平均数、几何平均数是最常用的平均数。对于同一个资料，算术平均数大于几何平均数，而几何平均数又大于调和平均数，即 $H<G<\overline{x}$。

② 在完全对称分布的情况下，算术平均数、中位数及众数三者重合为一点，即 $\overline{x}=M_d=M_0$。

③ 当次数分布呈偏态分布时，中位数不受极端值的影响；算术平均数因受极端值的影响，其位置偏于长尾方向；众数为次数最多的一点，位置处于高峰处。所以在偏态分布时，M_d 居中，$\overline{x}$ 和 M_0 居两边。在次数分布为正偏态时，$M_0<M_d<\overline{x}$；在次数分布为负偏态时，$\overline{x}<M_d<M_0$。

第二节 标 准 差

一、标准差的意义

只用平均数描述资料的特征是不全面的，因为平均数对资料代表性的强弱依赖于资料的变异程度。如果资料的变异程度小，则平均数对样本的代表性强；如果资料的变异程度大，则平均数的代表性弱。因而还需引入表示资料的变异程度大小的统计量。

极差（全距）指资料中最大值与最小值之差，记为 R，它是表示资料变异程度大小的最简单的统计量。例如，随机抽测 10 头甲、乙两品种母猪的产仔数，其结果见表 3-4。

表 3-4 甲、乙两品种母猪的产仔数 单位：头

品 种	产 仔 数										总和	平均产仔数
甲品种	8	4	15	12	18	17	8	14	9	5	110	11
乙品种	14	8	11	9	11	12	10	14	13	8	110	11

由表 3-4 看出，甲和乙两品种的平均产仔数是相同的，看不出差异情况，但进一步研究可知两个样本的变异程度并不相同。$R_{甲}=14$，$R_{乙}=6$，即甲品种产仔数的变异程度大于乙品种。极差仅与资料中最大值和最小值有关，只能反映资料的最大离散程度，而不能代表样本各观测值间的变异程度。因此统计学上引入了标准差，标准差是从各个观测值与平均数之差的大小来观察变异程度的一个统计量。

二、标准差的计算方法

1. 公式来源

为了准确地表示样本内各个观测值的变异程度，首先求各观测值与平均数的差，即离均差 $(x-\overline{x})$。但是，因为离均差之和为零，即 $\sum(x-\overline{x})=0$，所以不能表示资料的变异程度。为了解决离均差正负抵消的问题，统计学上先将各个离均差平方，即 $(x-\overline{x})^2$，再求离均差平方和，即 $\sum(x-\overline{x})^2$，简称平方和，记为 SS。由于平方和随样本大小而改变，为了消除样本大小的影响，用平方和除以样本含量，即 $\sum(x-\overline{x})^2/n$，求出平方和的平均数，它可以较好地表示各个观测值的变异程度。统计学证明，对于小样本资料，在求离均差平方和的

平均数时，分母用 $n-1$，可以使样本统计量与总体参数更接近。因此，采用统计量 $\sum(x-\overline{x})^2/(n-1)$ 表示资料的变异程度。该统计量称为均方，又称样本方差，记为 MS 或 S^2，公式如下：

$$S^2=\frac{SS}{df}=\sum(x-\overline{x})^2/(n-1) \tag{3-10}$$

式中　$n-1$——自由度，用 df 表示。

自由度指资料中能够自由活动的观测值的个数，其计算公式为 $df=n-k$，n 表示样本含量，k 表示计算过程中使用的限制条件的个数。在计算方差时，因为受离均差之和为零这一个条件的限制，其中 $n-1$ 个离均差可以自由变动，所以在此 $df=n-1$。

相应的总体参数叫总体方差，记为 σ^2。对于有限总体而言，σ^2 的计算公式为：

$$\sigma^2=\frac{\sum(x-\mu)^2}{N} \tag{3-11}$$

由于样本方差的单位是原观测值单位的平方，为了与平均数配合使用，使二者单位一致，应求出样本方差的平方根，将平方单位还原。统计学上把样本方差 S^2 的平方根叫做样本标准差，记为 S，即：

$$S=\sqrt{\frac{\sum(x-\overline{x})^2}{n-1}} \tag{3-12}$$

相应的总体参数叫总体标准差，记为 σ。对于有限总体而言，σ 的计算公式为：

$$\sigma=\sqrt{\sum(x-\mu)^2/N} \tag{3-13}$$

在统计学中，常用样本标准差 S 估计总体标准差 σ。在实际应用中常以 $\overline{x}\pm S$ 的形式描述某一资料的特征。

2. 计算方法

(1) 直接法　对于未分组或小样本资料，可利用直接法来计算标准差。

由于

$$\begin{aligned}\sum(x-\overline{x})^2&=\sum(x^2-2x\,\overline{x}+\overline{x}^2)\\&=\sum x^2-2\overline{x}\sum x+n\,\overline{x}^2\\&=\sum x^2-2\,\frac{(\sum x)^2}{n}+n\left(\frac{\sum x}{n}\right)^2\\&=\sum x^2-\frac{(\sum x)^2}{n}\end{aligned}$$

所以式(3-12) 可改写为：

$$S=\sqrt{\frac{\sum x^2-\frac{(\sum x)^2}{n}}{n-1}} \tag{3-14}$$

【例 3.10】 利用表 3-4 中的数据求 10 头乙品种母猪产仔数的标准差。

解　其中 $n=10$，$\sum x$ 与 $\sum x^2$ 的计算见表 3-5。

表 3-5　乙品种母猪产仔数标准差计算

项目	观测值										总和
x	14	8	11	9	11	12	10	14	13	8	$\sum x=110$
x^2	196	64	121	81	121	144	100	196	169	64	$\sum x^2=1256$

将表 3-5 中数据代入式(3-14)，得：

$$S=\sqrt{\frac{\sum x^2-(\sum x)^2/n}{n-1}}=\sqrt{\frac{1256-110^2/10}{10-1}}=2.26\ (\text{头})$$

即 10 头乙品种母猪产仔数的标准差为 2.26 头。

(2) 加权法　对于已制成次数分布表的大样本资料，可利用次数分布表，采用加权法计算标准差。计算公式为：

$$S=\sqrt{\frac{\sum f(x-\overline{x})^2}{\sum f-1}}=\sqrt{\frac{\sum fx^2-(\sum fx)^2/\sum f}{\sum f-1}} \tag{3-15}$$

式中　f——各组次数；

x——各组的组中值；

$\sum f$——样本含量，$\sum f=n$。

【例 3.11】 求【例 3.2】中 100 枚鲜鸡蛋三聚氰胺含量（mg/kg）的标准差。

解　根据表 3-1，fx^2 计算见表 3-6。

表 3-6　100 枚鲜鸡蛋三聚氰胺含量标准差计算

组别	组中值(x)	次数(f)	fx	fx^2	组别	组中值(x)	次数(f)	fx	fx^2
1.95～	2.0	3	6.0	12.00	2.35～	2.4	24	57.6	138.24
2.05～	2.1	6	12.6	26.46	2.45～	2.5	6	15.0	37.50
2.15～	2.2	26	57.2	125.84	2.55～	2.6	3	7.8	20.28
2.25～	2.3	32	73.6	169.28	合计	—	100	229.8	529.6

将表 3-6 中的$\sum f=100$、$\sum fx=229.8$、$\sum fx^2=529.6$ 代入式(3-15)，得：

$$S=\sqrt{\frac{\sum fx^2-(\sum fx)^2/\sum f}{\sum f-1}}=\sqrt{\frac{529.6-229.8^2/100}{100-1}}=0.124\ (\text{mg/kg})$$

即 100 枚鲜鸡蛋三聚氰胺含量的标准差为 0.124mg/kg。

三、标准差的性质

标准差是反映资料变异程度的一个最基本的统计量，方差、变异系数以及在第四章将要介绍的标准误的计算都与之有关。其性质如下。

① 标准差的大小受资料中每个观测值的影响，如观测值间变异大，求得的标准差也大，反之则小。

② 在计算标准差时，将各观测值加上或减去一个常数，其数值不变。

③ 当每个观测值乘以或除以一个常数 a 时，则所得的标准差是原来标准差的 a 倍或 $1/a$倍。

④ 在资料服从正态分布的条件下，资料中约有 68.26%的观测值在平均数左右一倍标准差（$\overline{x}\pm S$）范围内；约有 95.43%的观测值在平均数左右两倍标准差（$\overline{x}\pm 2S$）范围内；约有 99.73%的观测值在平均数左右 3 倍标准差（$\overline{x}\pm 3S$）范围内。也就是说全距近似地等于 6 倍标准差，可用 $R/6$ 来粗略估计标准差。

第三节　变异系数

一、变异系数的意义

变异系数是表示各观测值变异程度的另一个统计量。它是标准差与平均数的比值，记为 CV。当进行两个或多个资料变异程度的比较时，如果度量单位与平均数相同，可以直接利用标准差来比较。如果单位和（或）平均数不同时，比较其变异程度就不能采用标准差，而需采用变异系数来比较。变异系数可以消除单位和（或）平均数不同对两个或多个资料变异程度比较的影响。

二、变异系数的计算方法

变异系数的计算公式为：

$$CV=\frac{S}{\overline{x}}\times 100\% \tag{3-16}$$

【例 3.12】 已知夏南成年公牛体重 $\overline{x}_1=850\text{kg}$，$S_1=50.23\text{kg}$；成年母牛体重 $\overline{x}_2=600\text{kg}$，$S_2=44.65\text{kg}$。试计算它们的变异系数，并比较其变异程度的大小。

解 此例观测值虽然都是体重，单位相同，但它们的平均数不相同，只能用变异系数来比较其变异程度的大小。

夏南成年公牛体重的变异系数 $CV_1=\frac{50.23}{850}\times 100\%=5.91\%$，夏南成年母牛体重的变异系数 $CV_2=\frac{44.65}{600}\times 100\%=7.44\%$，所以夏南成年公牛体重的变异程度大于成年母牛。

注意：变异系数的大小，同时受平均数和标准差两个统计量的影响，因而在利用变异系数表示资料的变异程度时，最好将平均数和标准差也列出。

第四节　应用 Excel 软件计算资料的特征数

一、利用 Excel 软件的插入函数功能计算统计量

具体步骤如下。

① 将数据输入 Excel 工作表的同行或同列中。

② 在“插入”菜单中选择“函数”或点击编辑栏前边的“fx”。

③ 在相应的对话框中选择所需的函数（见图 3-1）。

④ 输入数据区域，点击确定即可。

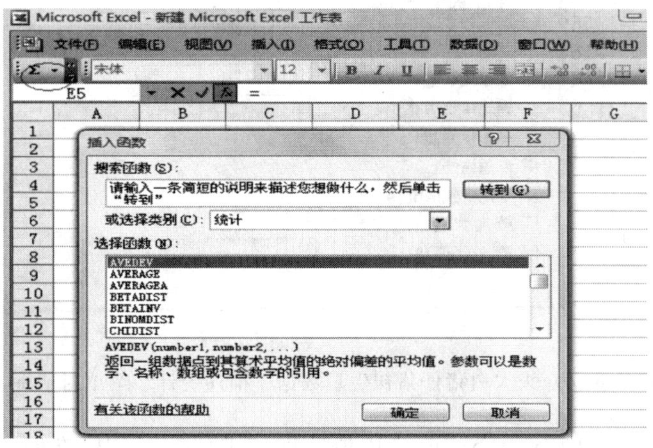

图 3-1　Excel 插入函数对话框

二、利用 Excel 软件的数据分析功能计算统计量

【例 3.13】 10 头大白猪仔猪初生重资料如下：1.25kg、1.30kg、1.35kg、1.34kg、1.21kg、1.65kg、1.35kg、1.15kg、1.40kg、1.60kg，计算 10 头大白猪仔猪的各项统计量。

解 具体步骤如下。

① 将样本 10 头大白猪仔猪初生重资料输入工作表中的同一行或同一列中。

② 在工具菜单中选择“数据分析”命令，在“分析工具”列表框中，选择“描述统计”选项；然后单击“确定”按钮（见图 3-2）。

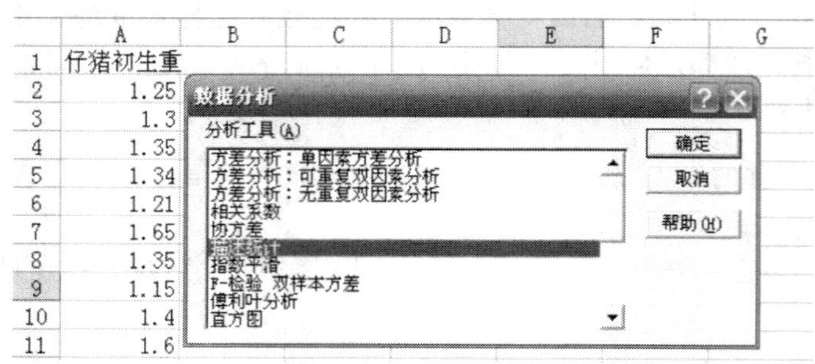

图 3-2 10 头大白猪仔猪初生重数据及分析菜单对话

③ 在“描述统计”对话框中，根据输入数据的分组方式是按行排列，还是安排列表，选择“逐行”或“列表”，选定“输入区域”、“输出区域”。根据需要选择“汇总统计”、“平均数置信度”等选项，然后点击“确定”（见图 3-3），即可显示出分析结果（见图 3-4）。

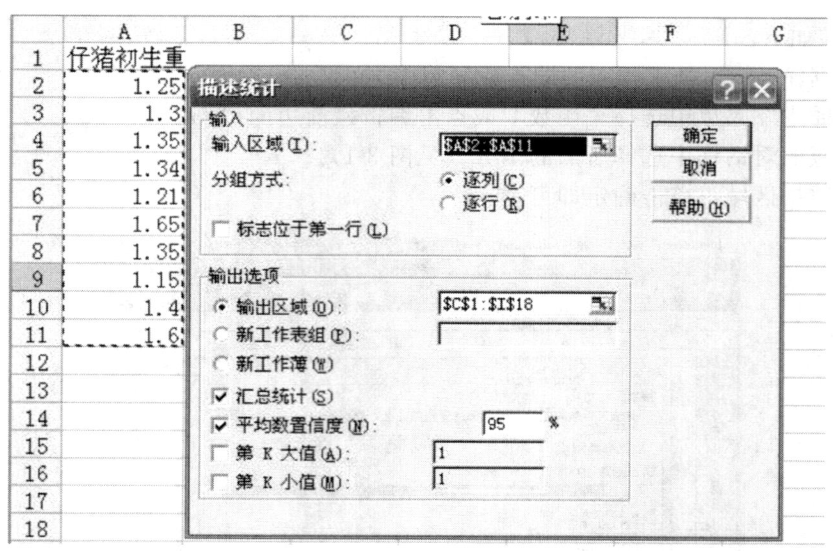

图 3-3 10 头大白猪仔猪初生重数据“描述统计”菜单对话框

这里的“标准误差”即 $S_{\bar{x}}=S/\sqrt{n}$，“中值”即“中位数”，“标准偏差”即“标准差 S”，“区域”即“全距”。

	A	B	C	D
1	仔猪初生重		仔猪初生重	
2	1.25			
3	1.3		平均	1.36
4	1.35		标准误差	0.050133
5	1.34		中值	1.345
6	1.21		模式	1.35
7	1.65		标准偏差	0.158535
8	1.35		样本方差	0.025133
9	1.15		峰值	0.15365
10	1.4		偏斜度	0.839501
11	1.6		区域	0.5
12			最小值	1.15
13			最大值	1.65
14			求和	13.6
15			计数	10
16			置信度(95.0%)	0.113409
17				

图 3-4　描述统计数据分析结果

【本章小结】

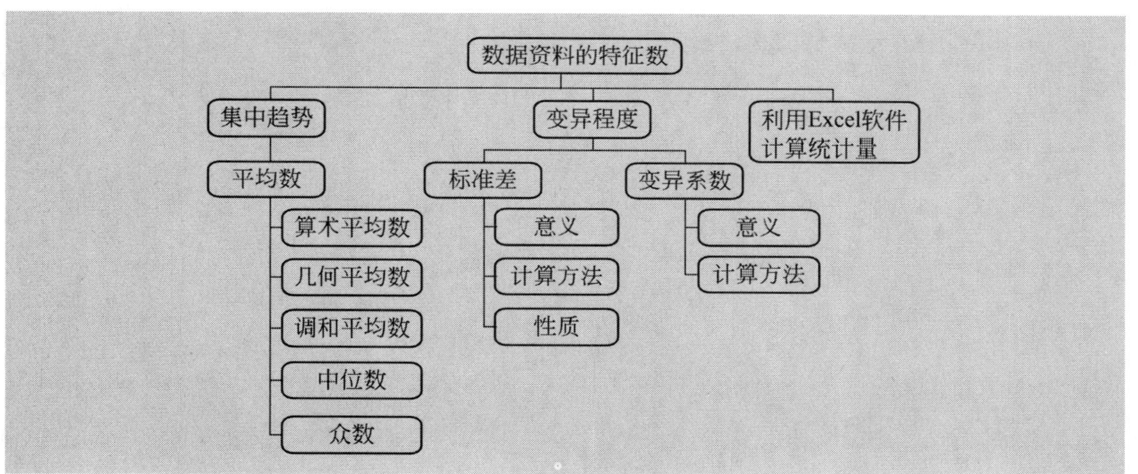

习　　题

1. 用来反映资料的集中趋势、变异程度的统计量各有哪些？

2. 生物统计中常用的平均数有几种？各在什么情况下应用？

3. 算术平均数有哪些基本性质？

4. 何谓标准差？标准差有哪些特性？

5. 何谓变异系数？什么情况下需使用变异系数比较资料间的变异程度？

6. 采用甲型流感病毒的活疫苗对猪进行鼻腔喷雾法预防，免疫后采血测定血凝抑制抗体滴度，数据如下：10，50，40，30，35，60，70，30，20，25，70，35，20，求滴度的平均值。

7. 用某种药物救治 10 只中毒的小白鼠，它们的存活时间（天）记录如下：8、8、8、10、10、7、13、10、9、14，试计算平均存活时间。

8. 随机观测 10 尾鲢鱼的体长（cm）资料：56、56、58、59、60、60、61、63、65、68。试计算这 10 尾鲢鱼体长的平均数、标准差和变异系数。

9. 随机测量了 120 头某品种 6 月龄母猪的体长，经整理得到次数分布表（见表 1）。试利用加权法计算其平均数、标准差与变异系数。

表 1　120 头某品种 6 月龄母猪体长资料的次数分布　　单位：cm

组　别	组中值(x)	次数(f)	组　别	组中值(x)	次数(f)
80～	84	2	112～	116	20
88～	92	10	120～	124	15
96～	100	29	128～	132	13
104～	108	28	136～	140	3

10. 调查甲、乙两地某品种成年牛的体高（cm）见表 2，试比较两地成年牛体高的变异程度。

表 2

甲地	137	133	130	127	129	136	132
乙地	128	130	129	131	132	129	130

第四章　概率论及其理论分布

【知识目标】

- 理解概率论的统计定义。
- 理解小概率事件实际不可能性原理。
- 理解随机变量的概念及其概率分布。
- 掌握两种重要的概率分布（二项分布和正态分布）。
- 掌握样本平均数的抽样分布概念及其特点。
- 理解 t 分布的形成及特点。

【技能目标】

- 会使用函数计算器计算样本平均数。
- 会查标准正态分布表和 t 分布表。

随机变量与概率分布是概率论中的主要内容，是统计学的理论基础。为了便于理解统计分析的基本原理和应用方法，本章在介绍概率论中基本概念的基础上，重点介绍生物科学研究中常用的几种随机变量的概率分布——正态分布、二项分布及样本平均数的抽样分布和 t 分布。

第一节　概　　率

一、概率的统计定义

1. 随机事件

在自然界和生产实践中，可以看到各种现象发生。这些现象归纳起来可以分为两大类：一类是在同一条件下出现的结果是不变的，即在保持条件不变的情况下，重复进行试验，其结果总是确定的。其中，在一定条件下必然发生的现象，称为必然事件。例如，水在标准大气压下加热到100℃必然沸腾。相反，在一定条件下必然不发生的现象，称为不可能事件。例如，没有水，鱼儿能生存。另外一类现象是事前不可能预测其出现的结果，即在保持条件不变的情况下，重复进行试验，其结果未必相同，在一次试验中每一种可能出现的结果称为随机事件。对于随机事件，如果要研究它的规律性，必须通过大量重复观察、调查或试验，度量在相同条件下发生这类事件的可能程度。

2. 概率即频率的稳定

在相同条件下进行 n 次重复试验，如果随机事件 A 发生的次数为 m，那么 m/n 称为随机事件 A 的频率。

例如某养鸡场对同一批种蛋在相同条件下进行孵化，表 4-1 中记录了孵化结果。

从表 4-1 可看出，随着试验次数（即入孵种蛋数）的增多，“孵化一枚种蛋孵出鸡雏”

表 4-1 种蛋孵化试验结果

入孵种蛋数/枚	10000	12000	13000	15000	15000	15000
出雏数/只	9651	11952	12532	14468	14481	14472
孵化概率	0.965	0.966	0.964	0.965	0.965	0.965

这个事件发生的频率越来越稳定地接近0.965，也就是该养鸡场本批种蛋“孵化一枚种蛋孵出鸡雏”的概率为0.965。

当试验重复数 n 逐渐增大时，随机事件A的频率越来越稳定地接近某一数值 p，那么就把 p 称为随机事件A的概率，记为 $P(A)=p$，这样定义的概率称为统计概率。概率是一个能够度量事件发生可能性大小的数量指标，这一指标是事件本身所固有的，且不随人的主观意志而改变。在一般情况下，随机事件的概率 p 是不可能准确得到的。通常以试验次数 n 充分大时随机事件A的频率作为该随机事件概率的近似值。即：

$$P(A)=p\approx m/n(n\text{ 充分大}) \tag{4-1}$$

3. 概率的性质

① 对任意随机事件A，总有 $0\leqslant P(A)\leqslant 1$。

② 必然事件的概率为1，$P(\Omega)=1$。

③ 不可能事件的概率为0，即 $P(\phi)=0$。

二、小概率事件实际不可能性原理

随机事件的概率从数量上反映了一个事件发生的可能性的大小。即 $P(A)$ 愈大，事件A就愈容易发生；相反 $P(A)$ 愈小，事件A就愈不易发生，如 $P(A)$ 接近于零，说明事件A很难发生，或者发生机会非常少，以至于实际上可以认为它是不可能发生的。在统计学上，把概率小于0.05，0.01，0.001的事件称为小概率事件，把小概率事件在一次试验中看成是实际不可能发生的事件称为小概率事件实际不可能性原理，简称小概率原理。如果假设了一些条件，在这个假设下正确地计算出事件A的概率很小，但在实际一次试验中事件A竟然出现了，那么，就可以认为这个假设是不正确的，从而怀疑或否定这个假设。小概率原理是统计分析中进行假设检验（显著性检验）的基本原理，在后面的章节中将详细叙述它的应用。

第二节 概率分布

一、随机变量

随机事件可以用数字来表示，例如，产品质量检验中，假设有10件产品，其中有4件是次品。现从中任取4件，引入一个变量 X，令 X 表示取出的4件产品中所含次品的件数。则“$X=0$”表示事件“有0件次品（即全部都是合格品）”；“$X=1$”表示事件“有1件次品，有3件合格品”；“$X=2$”表示事件“有2件次品，有2件合格品”……又如，一粒种子的发芽情况调查，可以作这样的规定：如果种子发芽就记为1，不发芽就记为0。这时，若引入变量 X 表示这粒种子的发芽情况，则“$X=0$”表示事件“种子发芽”，“$X=1$”表示事件“种子不发芽”。

上述两例中的变量 X，它依试验结果而随机取值，取不同的值代表不同的随机事件。这种表示随机事件的变量称为随机变量。在实际工作中，经常见到两类随机变量是离散型随机变量和连续型随机变量。

二、离散型随机变量的概率分布

1. 定义

若随机变量 X 的所有可能取值可以一一列举出来，则称 X 是一个离散型随机变量。

2. 离散型随机变量的概率分布

对离散型随机变量 X 来说，描述它的主要有两个要素，一个要素是它的所有可能取值，另一个要素是取这些值的概率，这两个要素构成了离散型随机变量的概率分布。

设离散型随机变量 X 的所有可能取值为 x_1，x_2，…，取这些值的概率依次为 p_1，p_2，…,其概率分布的表示方法有两种。

（1）公式法 $P\{X=x_i\}=p_i$

（2）分布列

X	x_1	x_2	……
P	p_1	p_2	……

离散型随机变量 X 的概率分布有以下两个基本性质。

性质 1 $p_i \geqslant 0$（$i=1$，2，3，…）

性质 2 $p_1+p_2+\cdots=1$

【例 4.1】 对一枚种蛋进行孵化，其可能结果只有两种，即“孵出小鸡”与“未孵出小鸡”。若用变量 X 表示试验的两种结果，则可用 $x=0$ 表示“未孵出小鸡”，$x=1$ 表示“孵出小鸡”。利用表 4-1 数据写出随机变量 X 的概率分布。

解 由题意可知变量 X 为离散型随机变量，根据表 4-1，$P(X=0)=0.965$，则 $P(X=1)=1-0.965=0.035$。

随机变量 X 的概率分布可表示为

X	0	1
P	0.965	0.035

三、连续型随机变量的概率分布

1. 定义

若随机变量 X 的所有可能取值为某一区间内的实数，则称随机变量 X 为连续型随机变量。

2. 连续型随机变量的概率分布

连续型随机变量（如身高、体重、蛋重）的概率分布不能用分布列来表示，因为其可能取的值是不可数的。改用随机变量 X 在某个区间内取值的概率 $P(a \leqslant x < b)$ 来表示。

现对图 2-9 100 头牛犊初生体重资料次数分布图进行分析，可以设想，如果样本取得越来越大（$n \rightarrow +\infty$），组分得越来越细（$i \rightarrow 0$），某一范围内的频率将趋近于一个稳定值——概率。这时，频率分布直方图各个直方上端中点的连线——频率分布折线将逐渐趋向于一条曲线，换句话说，当 $n \rightarrow +\infty$、$i \rightarrow 0$ 时，频率分布折线的极限是一条稳定的函数曲线，见图 4-1。对于样本是取自连续型随机变量的情况，这条函数曲线将是光滑的。这条曲线排除了抽样和测量的误差，完全反映了犊牛初生重的变动规律。这条曲线叫概率分布密度曲线，相

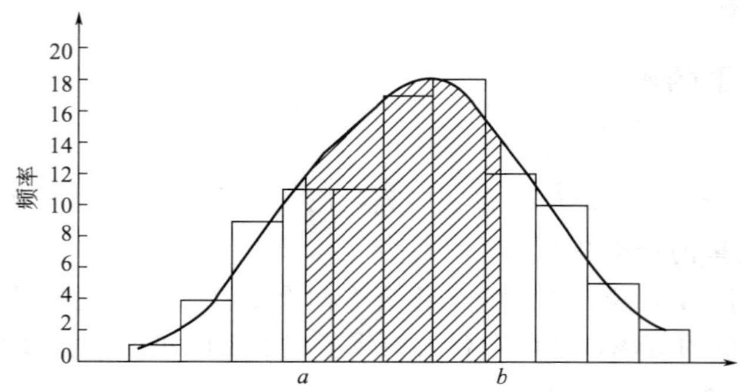

图 4-1　100 头牛犊初生重资料概率分布曲线

应的函数叫概率分布密度函数。若记牛犊初生重概率分布密度函数为 $f(x)$，则 x 取值于区间 $[a,b)$ 的概率为图中阴影部分的面积，即

$$P(a \leqslant x < b) = \int_a^b f(x)\mathrm{d}x \tag{4-2}$$

式(4-2) 为连续型随机变量 x 在区间 $[a,b)$ 上取值概率的表达式。可见，连续型随机变量的概率由概率分布密度函数确定。此外，连续型随机变量概率分布还具有以下性质。

① 分布密度函数总是大于或等于 0，即 $f(x) \geqslant 0$。

② 当随机变量 x 取某一特定值时，其概率等于 0，即

$$P(x = c) = \int_c^c f(x)\mathrm{d}x = 0 \qquad (c\ 为任意实数) \tag{4-3}$$

因而，对于连续型随机变量，仅研究其在某一个区间内取值的概率，而不去讨论取某一个值的概率。

③ 在一次试验中随机变量 x 的取值必在 $-\infty < x < +\infty$ 范围内，为一必然事件。所以

$$P(-\infty < x < +\infty) = \int_{-\infty}^{+\infty} f(x)\mathrm{d}x = 1 \tag{4-4}$$

式(4-4) 表示分布密度曲线下、横轴上的全部面积为 1。

第三节　正 态 分 布

正态分布是一种连续型随机变量的概率分布，在生物统计中占有很重要的地位。生物学领域中有许多随机变量是服从或近似服从正态分布的，如家畜的体重、身高、产奶量等。还有许多随机变量的概率分布在一定条件下以正态分布为极限分布，通过某种转化后服从正态分布，然后对其进行分析统计。

一、一般正态分布

若连续型随机变量 x 的密度函数为

$$f(x) = \frac{1}{\sqrt{2\pi}\sigma} \mathrm{e}^{-\frac{(x-\mu)^2}{2\sigma^2}} \qquad (-\infty < x < +\infty) \tag{4-5}$$

则称 X 服从正态分布，记作 $x \sim N(\mu, \sigma^2)$，其中 μ 为平均数，σ^2 为方差。相应的概率分布函数为

$$F(x) = \frac{1}{\sigma\sqrt{2\pi}} \int_{-\infty}^{x} \mathrm{e}^{-\frac{(x-\mu)^2}{2\sigma^2}} \mathrm{d}x \tag{4-6}$$

正态分布密度函数的图像叫做正态曲线，如图 4-2 绘出了 3 条正态曲线，它们的 μ 值相同，σ 值分别为 2、1 及 0.5。

由图 4-2 可以看出正态曲线具有以下特点：

① 曲线关于直线 $x=\mu$ 对称；

② σ 越大则曲线越平坦，σ 值越小则曲线越陡峭；

③ 正态曲线在 $x=\mu$ 处取最大值，此时 $f(\mu)=\dfrac{1}{\sigma\sqrt{2\pi}}$。

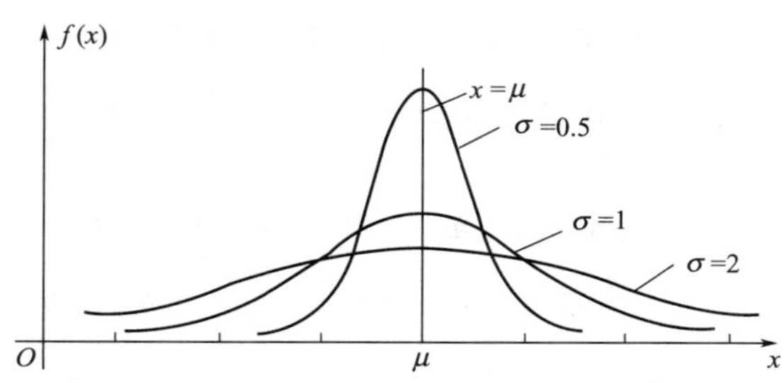

图 4-2 正态分布曲线

二、标准正态分布

正态分布是依赖于参数 μ 和 σ^2 的一簇分布，正态分布曲线的位置和形态随 μ 和 σ^2 的不同而不同。把 $\mu=0$，$\sigma^2=1$ 的正态分布称为标准正态分布，随机变量 u 服从标准正态分布，记作 $u\sim N(0,1)$，随机变量 u 称为标准正态变量，其概率密度函数和分布函数分别记作 $\varphi(u)$ 和 $\Phi(u)$，由式(4-5) 和式(4-6) 得

$$\varphi(u)=\frac{1}{\sqrt{2\pi}}e^{-\frac{u^2}{2}}\qquad(-\infty<u<+\infty)\tag{4-7}$$

$$\Phi(u)=\frac{1}{\sqrt{2\pi}}\int_{-\infty}^{u}e^{-\frac{u^2}{2}}du\tag{4-8}$$

标准正态分布的概率密度曲线如图 4-3 所示。

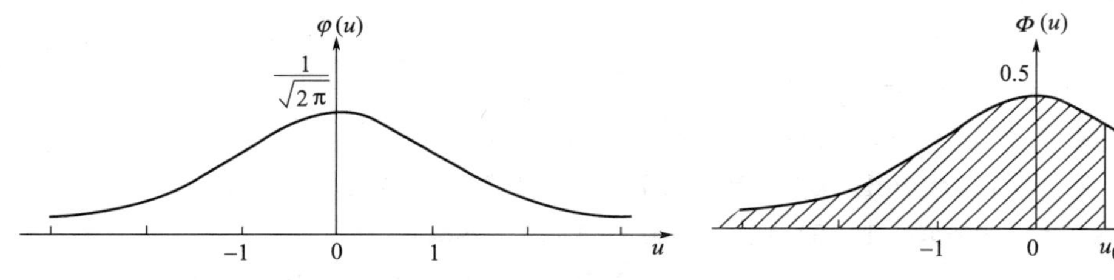

图 4-3 标准正态分布概率密度曲线

图 4-4 标准正态分布函数的几何意义

正态分布函数 $\Phi(u)$ 表示 u 在区间 $(u_0,\ -\infty)$ 内取值的概率，其几何意义如图 4-4 所示，表示图中阴影部分的面积。

标准正态分布的分布函数 $\Phi(u)$ 具有以下性质。

性质 1 对于任意实数 u，有 $\Phi(-u)=1-\Phi(u)$。

此性质的几何意义如图 4-5 所示，u_0 为任意实数，左边阴影部分面积为 $\Phi(-u_0)$，右边阴影部分的面积为 $1-\Phi(u_0)$，左右两边阴影部分关于 y 轴对称，因而它们的面积相等。

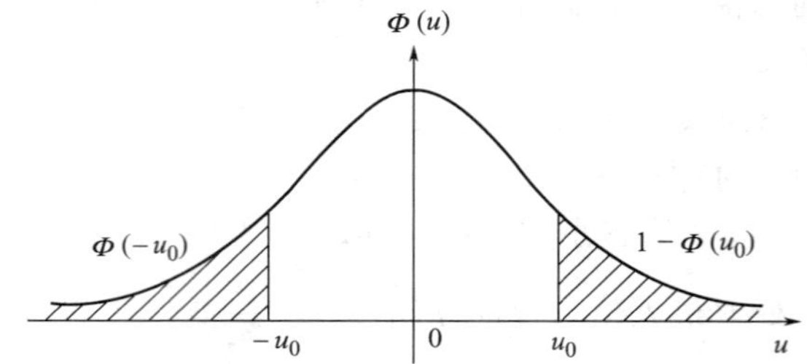

图 4-5 标准正态分布函数的性质 1

性质 2 由于连续型随机变量在任一区间上取值的概率等于它的概率密度在该区间上的积分，因而有概率

$$P(a<u<b)=P(a\leqslant u<b)=P(a<u\leqslant b)=P(a\leqslant u\leqslant b)$$
$$=\int_a^b \Phi(u)\mathrm{d}u=\Phi(u)\Big|_a^b=\Phi(b)-\Phi(a)$$

特别地，$P(u<b)=P(u\leqslant b)=\int_{-\infty}^{b}\Phi(u)\mathrm{d}u=\Phi(u)\Big|_{-\infty}^{b}=\Phi(b)$

$$P(u>a)=P(u\geqslant a)=\int_a^{+\infty}\Phi(u)\mathrm{d}u=\Phi(u)\Big|_a^{+\infty}=1-\Phi(a)$$

$$P(|u|>a)=2\Phi(-a)$$

$$P(|u|<a)=1-2\Phi(-a)$$

注意到标准正态分布函数 $\Phi(u)$ 不是初等函数，直接计算函数值是困难的。因此，人们为了使用方便，编制了标准正态分布的函数值表（见附表 1），可供查用。

利用标准正态分布函数的性质和标准正态分布函数表可求得满足标准正态分布的连续型随机变量 u 在任一区间上取值的概率。

【例 4.2】 设 $u\sim N(0,1)$，查附表 1，求以下概率值：

①$P(u<0.65)$；②$P(u>-0.74)$；

③$P(-1.72<u<1.14)$；④$P(|u|<1.96)$；

⑤$P(|u|\leqslant 2.58)$；⑥$P(-1<u<1)$；

⑦$P(-2<u<2)$；⑧$P(-3<u<3)$。

解 ① $P(u<0.65)=\Phi(0.65)=0.7422$

② $P(u>-0.74)=1-\Phi(-0.74)=1-0.2297=0.7703$

③ $P(-1.72<u<1.14)=\Phi(1.14)-\Phi(-1.72)=0.8729-0.04272=0.8302$

④ $P(|u|<1.96)=1-2\Phi(-1.96)=1-2\times 0.02500=0.95$

⑤ $P(|u|\leqslant 2.58)=P(|u|<2.58)=1-2\Phi(-2.58)=1-2\times 0.004940=0.99$

⑥ $P(-1<u<1)=\Phi(1)=\Phi(-1)=0.8413-0.1587=0.6826$

⑦ $P(-2<u<2)=\Phi(2)=\Phi(-2)=0.97725-0.02275=0.9545$

⑧ $P(-3<u<3)=\Phi(3)=\Phi(-3)=0.998650-0.001350=0.9973$

在**【例 4.2】**中，④～⑧是正态分布常用的概率值，⑥、⑦、⑧的几何意义见图 4-6。

三、一般正态分布与标准正态分布的联系

定理 如果连续型随机变量 $x\sim N(\mu,\sigma^2)$，则 $u=\frac{x-\mu}{\sigma}$ 也为连续型随机变量，且 $u\sim N(0,1)$。

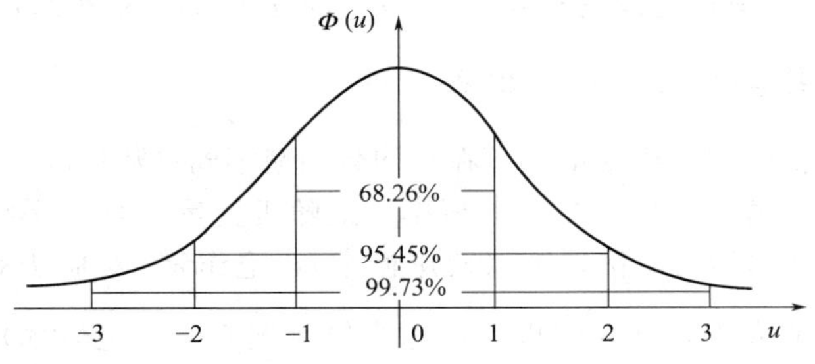

图 4-6 标准正态分布的 3 个常用概率

由定理得，当 $x \sim N(\mu,\ \sigma)$ 时，$u=\dfrac{x-\mu}{\sigma} \sim N(0,1)$。连续型随机变量 x 在 $[a,b]$ 上取值的概率等于连续型随机变量 u 在 $\left[\dfrac{a-\mu}{\sigma},\ \dfrac{b-\mu}{\sigma}\right]$ 上取值的概率。于是，若 $x \sim N(\mu,\sigma)$，则根据正态分布的性质有：

$$P(a<x<b)=P(a\leqslant x<b)=P(a<x\leqslant b)=P(a\leqslant x\leqslant b)=\Phi\left(\frac{b-\mu}{\sigma}\right)-\Phi\left(\frac{a-\mu}{\sigma}\right)$$

特别地，$P(x<b)=P(x\leqslant b)=\Phi\left(\dfrac{b-\mu}{\sigma}\right)$

$$P(x>a)=P(x\geqslant a)=1-\Phi\left(\frac{a-\mu}{\sigma}\right)$$

$$P(|x|>a)=2\Phi\left(-\frac{a-\mu}{\sigma}\right)$$

$$P(|x|<a)=1-2\Phi\left(-\frac{a-\mu}{\sigma}\right)$$

对于任何一个服从正态分布 $N(\mu,\sigma^2)$ 的随机变量 x 都可以变换为标准正态变量 u。这样，将一般正态分布转换成标准正态分布，可以通过标准正态分布表求概率值。

【例 4.3】 设 $x \sim N(20,15^2)$，试求：① $P(x<10)$；② $P(x>40)$；③ $P(8<x<30)$。

解 ① $P(x<10)=\Phi\left(\dfrac{10-20}{15}\right)=\Phi(-0.67)=0.2514$

② $P(x>40)=1-\Phi\left(\dfrac{40-20}{15}\right)=1-\Phi(1.33)=0.0918$

③ $P(8<x<30)=\Phi\left(\dfrac{30-20}{15}\right)-\Phi\left(\dfrac{8-20}{15}\right)$

$$=\Phi(0.67)-\Phi(-0.80)=0.7486-0.2119=0.5367$$

【例 4.4】 设 $x \sim N(\mu,\sigma^2)$，计算 x 区间 $(\mu-\sigma,\mu+\sigma)$、$(\mu-2\sigma,\mu+2\sigma)$、$(\mu-3\sigma,\mu+3\sigma)$ 内取值的概率。

解 $P(\mu-\sigma<x<\mu+\sigma)=\Phi\left(\dfrac{\mu+\sigma-\mu}{\sigma}\right)-\Phi\left(\dfrac{\mu-\sigma-\mu}{\sigma}\right)=\Phi(1)-\Phi(-1)=0.6826$

$$P(\mu-2\sigma<x<\mu+2\sigma)=\Phi\left(\frac{\mu+2\sigma-\mu}{\sigma}\right)-\Phi\left(\frac{\mu-2\sigma-\mu}{\sigma}\right)=\Phi(2)-\Phi(-2)=0.9544$$

$$P(\mu-3\sigma<x<\mu+3\sigma)=\Phi\left(\frac{\mu+3\sigma-\mu}{\sigma}\right)-\Phi\left(\frac{\mu-3\sigma-\mu}{\sigma}\right)=\Phi(3)-\Phi(-3)=0.9974$$

从计算结果可以看出，连续型随机变量 X 的取值几乎全部落在区间 $(\mu-3\sigma,\mu+3\sigma)$ 内，落在这个区间外的概率不到 0.003，尽管服从正态分布的 x 的取值范围是 $(-\infty,$

$+\infty$)，但往往认为它的取值范围是有限区间（$\mu-3\sigma,\mu+3\sigma$），这个结论称为 3σ 原则。

四、双侧（尾）概率与单侧（尾）概率

生物统计中，不仅注意随机变量 x 落在平均数加减不同倍数标准差区间（$\mu-k\sigma,\mu+k\sigma$）的概率而且也很关心 x 落在此区间之外的概率。把随机变量 x 落在平均数 μ 加减不同倍数标准差 σ 区间之外的概率称为双侧概率（两尾概率），记作 α。对应于双侧概率可以求得随机变量 x 小于 $\mu-k\sigma$ 或大于 $\mu+k\sigma$ 的概率，称为单侧概率（一尾概率），记作 $\frac{\alpha}{2}$。如图 4-7 所示，x 落在（$\mu-1.96\sigma,\mu+1.96\sigma$）之外的双侧概率为 0.05，而单侧概率为 0.025，即

$$P(\mu-1.96\sigma<x<\mu+1.96\sigma)=\Phi\left(\frac{\mu+1.96\sigma-\mu}{\sigma}\right)-\Phi\left(\frac{\mu-1.96\sigma-\mu}{\sigma}\right)$$
$$=\Phi(1.96)-\Phi(-1.96)=0.05$$

$$P(x<\mu-1.96\sigma)=P(x>\mu+1.96\sigma)=\frac{\alpha}{2}=0.025$$

x 落在（$\mu-2.58\sigma,\mu+2.58\sigma$）之外的双侧概率为 0.01，而单侧概率 $P(x<\mu-2.58\sigma)=P(x>\mu+2.58\sigma)=0.005$

附表 2 给出了满足 $P(|u|>u_\alpha)=\alpha$ 的双侧分位 u_α 的数值。因此，只要已知双侧概率 α 的值，由附表 2 就可直接查出对应的双侧分位数 u_α，查法与附表 1 相同。

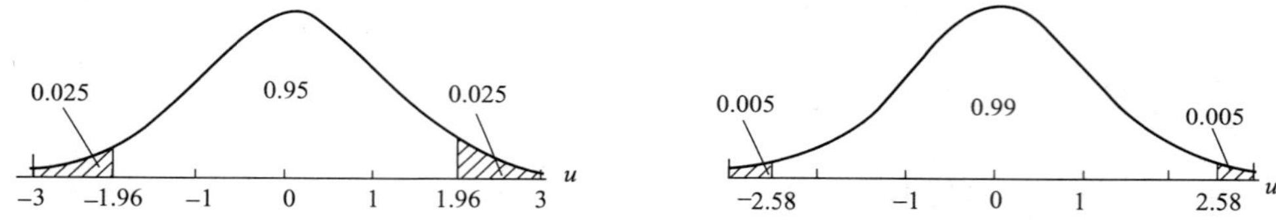

图 4-7　双侧概率与单侧概率

【例 4.5】 设标准正态分布的两尾概率之和为 0.25，求分位数 $u_{0.25}$ 值。

解　由附表 2 可直接查得分位数 $u_{0.25}=1.150349$。

【例 4.6】 设标准正态分布的右尾概率为 0.1587，求分位数 u 值。

解　已知单尾概率 $\frac{\alpha}{2}=0.1587$，则 $\alpha=2\times0.1587=0.3174$，查附表 2。表中给出的概率值只有 2 位小数，而现在要查的概率有 4 位小数，这时可用插值法来解决。0.3174 介于 0.31～0.32，当 $\alpha=0.31$ 和 $\alpha=0.32$ 时，查表 $u_{0.31}=1.015222$ 和 $u_{0.32}=0.994458$，然后用下式求解：

$$\frac{0.31-0.32}{1.015222-0.994458}=\frac{0.3174-0.32}{u-0.994458}$$
$$u=0.999858\approx1$$

因而当右尾概率=0.1587 时，u 值等于 1。当求左尾概率=0.1587 时的分位数，则 $u=-1$。

第四节　二项分布

一、n 次重复独立试验概型

先看下面的例子：一批玉米种子，出苗率为 0.7，现在每穴种 6 粒，求恰有 2 粒出苗的

概率。

如果把每穴种1粒看成一次试验，而每次试验只有两种结果："出苗"（设为A）和"不出苗"（设为$\overline{A}$），穴中各粒种子是否出苗是互不影响的。因此，每穴种6粒可以看成6次重复独立试验。

一般地，如果在相同条件下进行n次重复独立试验，每次试验只有两种结果：A和$\overline{A}$，则称这样的试验称为n次独立试验概型。

若设$P(A)=p$，则$P(\overline{A})=1-P(A)=1-p=q$

可以推导得在n次重复独立试验中事件A发生k次的概率为$P_n(k)=C_n^k p^k q^{n-k}$（$k=0$，1，2，…，n），该公式叫做二项概率公式。

由公式可得上例的解为：

$$P_6(2)=C_6^2\times 0.7^2\times 0.3^4=\frac{6\times 5}{2}\times 0.7^2\times 0.3^4=0.06$$

二、二项分布的定义与性质

若用变量x表示例中出苗的种子粒数，则x的可能取值为0，1，2，3，4，5，6。它是一个离散型随机变量，其概率分布列为：

$$P_n(k)=C_n^k p^k q^{n-k} \qquad (k=0,1,2,3,4,5,6)$$

一般地，若进行n次独立试验，每次试验只有"A"和"$\overline{A}$"两种结果，且$P(A)=p$，$P(\overline{A})=q=1-p$，用x表示事件A发生的次数，则x是离散型随机变量，其概率分布为$P_n(X=k)=C_n^k p^k q^{n-k}$（$k=0$，1，2，…，$n$）或如表4-2所示。

表4-2　二项分布的概率分布列

X	0	1	2	……	k	……	n
P	$C_n^0 q^n$	$C_n^1 p^1 q^{n-1}$	$C_n^2 p^2 q^{n-2}$	……	$C_n^k p^k q^{n-k}$	……	$C_n^n p^n$

离散型随机变量x服从参数为（n,p）的二项分布，记作$x\sim B(n,p)$。其中，参数n称为离散参数，只能取正整数；p是连续参数，它能取0～1的任何数值（q不是另一个独立参数，由p确定）。

二项分布的概率分布具有以下性质。

① $P(x=k)=P_n(k) \qquad (k=0,1,\cdots,n)$

② 二项分布的概率之和等于1，即：

$$\sum_{k=0}^{n} C_n^k p^k q^{n-k} = (p+q)^n = 1 \tag{4-9}$$

③ $$P(x\leqslant m) = P_n(k\leqslant m) = \sum_{k=0}^{m} C_n^k p^k q^{n-k} \tag{4-10}$$

④ $$P(x\geqslant m) = P_n(k\geqslant m) = \sum_{k=m}^{n} C_n^k p^k q^{n-k} \tag{4-11}$$

⑤ $$P(m_1\leqslant x\leqslant m_2) = p_n(m_1\leqslant k\leqslant m_2) = \sum_{k=m_1}^{m_2} C_n^k p^k q^{n-k} \qquad (m_1 < m_2) \tag{4-12}$$

二项分布曲线由n和p两个参数决定。

① 当p值较小且n不大时，分布是偏斜的。但随着n的增大，曲线逐渐趋于对称。

② 当 p 值趋于 0.5 时，分布趋于对称。

③ 对于固定的 n 及 p，当 k 增加时，$P_n(k)$ 先随之增加并达到其极大值，以后又下降。

④ 在 n 较大，np、nq 较接近时，二项分布接近于正态分布；当 $n\to\infty$ 时，二项分布的极限分布是正态分布。

【例 4.7】 1 头母猪一窝产了 10 头仔猪，分别求其中有 2 头公猪与 6 头公猪的概率。

解 设 X 表示 10 头仔猪中公猪的头数，则变量 X 服从二项分布 $B(10,0.5)$，其概率分布为 $P_{10}(X=k)=C_{10}^{k}0.5^{k}0.5^{10-k}(k=0,1,2,\cdots,10)$

有 2 头公猪的概率为：

$$P(x=2)=C_{10}^{2}0.5^{2}0.5^{8}=\frac{10!}{2!\,8!}\times 0.5^{2}\times 0.5^{8}=0.0439$$

有 6 头公猪的概率为：

$$P(x=6)=C_{10}^{6}0.5^{6}0.5^{4}=\frac{10!}{6!\,4!}\times 0.5^{6}\times 0.5^{4}=0.2051$$

【例 4.8】 某种鸡在正常情况下受鸡瘟感染的死亡率为 90%。现在试用一种鸡瘟疫苗预防鸡瘟，对 20 只健康鸡注射了此种疫苗后，发现仍有 13 只鸡感染而死亡。试计算不超过 13 只鸡死亡的概率，并分析该鸡瘟疫苗对预防该鸡瘟感染是否有效。

解 设 x 表示受鸡瘟感染而死亡的鸡只数，且假设该鸡瘟疫苗无效，鸡受感染的死亡率仍为 90%，则 $x\sim B(20,0.9)$，所以 X 的概率分布为 $P_{20}(X=k)=C_{20}^{k}0.9^{k}0.1^{20-k}(k=0,1,2,\cdots,20)$。

$$\begin{aligned}P(X\leqslant 13)=P_{20}(k\leqslant 13)&=\sum_{k=0}^{13}C_{20}^{k}0.9^{k}0.1^{20-k}\\&=C_{20}^{0}0.9^{0}0.1^{20}+C_{20}^{1}0.9^{1}0.1^{19}+\cdots+C_{20}^{13}0.9^{13}0.1^{7}\\&=0.0025\end{aligned}$$

即不超过 13 只鸡死亡的概率仅为 0.0025。根据小概率原理，概率为 0.0025 的事件在一次试验中几乎不会发生，而现在只有 13 只鸡死亡，即不超过 13 只鸡死亡的事件发生了，应该认为这是不合理的现象，造成这种不合理现象的原因是假设疫苗无效，也就是说，这种假设是不对的，所以鸡瘟疫苗有效。

三、二项分布的平均数与标准差

前面已经指出二项分布由两个参数 n 和 p 决定。统计学证明，服从二项分布 $B(n,p)$ 的随机变量的平均数 μ、标准差 σ 与参数 n、p 有如下关系。

当试验结果以事件 A 发生次数 k 表示时

$$\mu=np \tag{4-13}$$

$$\sigma=\sqrt{npq} \tag{4-14}$$

当试验结果以事件 A 发生的频率 k/n 表示时

$$\mu_p=p \tag{4-15}$$

$$\sigma_p=\sqrt{(pq)/n} \tag{4-16}$$

σ_p 也称为总体百分数标准误，当 p 未知时，常以样本百分数 $\hat{p}$ 来估计。此时式(4-16)改写为：

$$S_p=\sqrt{\hat{p}\hat{q}/n}\qquad \hat{q}=1-\hat{p} \tag{4-17}$$

S_p 称为样本百分数标准误。

二项分布在 n 较大时，而 np 和 nq 均大于 5 时，接近于正态分布，当 $n\to+\infty$时，二项分布的极限分布为正态分布。

对于离散型随机变量，当某事件发生的概率很小，np 和 nq 均小于 5 时，而试验次数 n 很大时，二项分布就趋近于普哇松分布了。

第五节　样本平均数的抽样分布

研究总体与从中抽取的样本之间的关系是统计学的中心内容。对这种关系的研究可从两方面着手，一是从总体到样本，这就是研究抽样分布的问题；二是从样本到总体，这就是统计推断问题。

统计推断是以总体分布和样本抽样分布的理论关系为基础的。为了能正确地利用样本去推断总体，并能正确地理解统计推断的结论，需对样本的抽样分布有所了解。由总体中随机地抽取若干个体组成样本，即使每次抽取的样本含量相等，其统计量（如 S）也将随样本的不同而有所不同，因而样本统计量也是随机变量，也有其概率分布。把统计量的概率分布称为抽样分布。

一、样本平均数抽样分布

由总体随机抽样的方法可分为有返置抽样和不返置抽样两种。前者指每次抽出一个个体后，这个个体应返置回原总体；后者指每次抽出的个体不返置回原总体。对于无限总体，返置与否都可保证各个体被抽到的机会相等。对于有限总体，就应该采取返置抽样，否则各个个体被抽到的机会就不相等。

设有一个总体，总体平均数为 μ，方差为 σ^2，总体中各变数为 x，将此总体称为原总体。现从这个总体中随机抽取含量为 n 的样本，样本平均数记为 $\bar{x}$（见图 4-8）。可以设想，从原总体中可抽出很多甚至无穷多个含量为 n 的样本。由这些样本算得的平均数有大有小，不尽相同，与原总体平均数 μ 相比往往表现出不同程度的差异。这种差异是由随机抽样造成的，称为抽样误差。显然，样本平均数也是一个随机变量，其概率分布叫做样本平均数的抽样分布。由样本平均数构成的总体称为样本平均数的抽样总体，其平均数和标准差分别记为 $\mu_{\bar{x}}$ 和 $\sigma_{\bar{x}}$。$\sigma_{\bar{x}}$ 是样本平均数抽样总体的标准差，简称标准误，它表示平均数抽样误差的大小。统计学上已证明 $\bar{x}$ 总体的两个参数与 x 总体的两个参数有如下关系：

$$\mu_{\bar{x}}=\mu，\sigma_{\bar{x}}=\frac{\sigma}{\sqrt{n}}$$

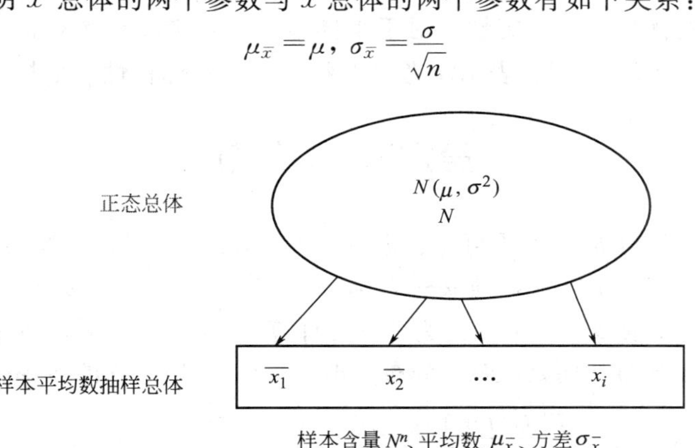

图 4-8　样本平均数的抽样总体与原总体关系

$\bar{x}$ 变量与 x 变量的概率分布有如下关系。

① 若随机变量 x 服从正态分布 $N(\mu, \sigma^2)$，x_1，x_2，…，x_k 是由 x 总体得来的随机样本，则统计量 $\bar{x}=\Sigma x/n$ 的概率分布也是正态分布，且有 $\mu_{\bar{x}}=\mu$，$\sigma_{\bar{x}}=\frac{\sigma}{\sqrt{n}}$，即服从正态分布 $N(\mu, \sigma^2/n)$。

② 若随机变量 x 服从平均数是 μ，方差是 σ^2 的分布（不是正态分布），x_1，x_2，…，x_n 是由此总体得来的随机样本，则统计量 $\bar{x}=\Sigma x/n$ 的概率分布，当 n 相当大时逼近正态分布 $N(\mu, \sigma^2/n)$。这就是中心极限定理。

中心极限定理说明：不论 x 变量是连续型还是离散型，也无论 x 服从何种分布，一般只要 $n>30$，就可认为 $\bar{x}$ 的分布是正态分布。若 x 的分布不很偏倚，在 $n>20$ 时，$\bar{x}$ 的分布就近似于正态分布了。

二、标准误

标准误（平均数抽样总体的标准差）$\sigma_{\bar{x}}$ 的大小反映样本平均数 $\bar{x}$ 的抽样误差的大小，即精密度的高低。标准误 $\sigma_{\bar{x}}$ 大，说明各样本平均数 $\bar{x}$ 间差异程度大，样本平均数的精密度低。反之，标准误 $\sigma_{\bar{x}}$ 小，说明样本平均数间的差异程度小，样本平均数的精密度高。$\sigma_{\bar{x}}$ 的大小与原总体的标准差 σ 成正比，与样本含量 n 的平方根成反比。从某特定总体抽样，因为 σ 是一常数，所以只有增大样本含量才能降低样本平均数 $\bar{x}$ 的抽样误差。

在实际工作中，总体标准差 σ 往往是未知的，因而无法求得 $\sigma_{\bar{x}}$。此时，可用样本标准差 S 估计 σ。于是以 $S/\sqrt{n}$ 估计 $\sigma_{\bar{x}}$，记 $S/\sqrt{n}$ 为 $S_{\bar{x}}$，称作样本标准误或平均数标准误。样本标准误 $S_{\bar{x}}$ 是平均数抽样误差的估计值。若样本中各观测值为 x_1，x_2，…，x_n，则

$$S_{\bar{x}}=\frac{S}{\sqrt{n}}=\sqrt{\frac{\sum(x-\bar{x})^2}{n(n-1)}}=\sqrt{\frac{\sum x^2-(\sum x)^2/n}{n(n-1)}} \tag{4-18}$$

应当注意，样本标准差与样本标准误是既有联系又有区别的两个统计量，样本标准差 S 是反映样本中各观测值 x_1，x_2，…，x_n 变异程度大小的一个指标，它的大小说明了 $\bar{x}$ 对该样本代表性的强弱。样本标准误是样本平均数 $\bar{x}_1$，$\bar{x}_2$，…，$\bar{x}_k$ 的标准差，它是抽样误差的估计值，其大小说明了样本间变异程度的大小及精密度的高低。

对于大样本资料，常将样本标准差 S 与样本平均数 $\bar{x}$ 配合使用，记为 $\bar{x}\pm S$，用以说明所考察性状或指标的优良性与稳定性。对于小样本资料，常将样本标准误 $S_{\bar{x}}$ 与样本平均数 $\bar{x}$ 配合使用，记为 $\bar{x}\pm S_{\bar{x}}$，用以表示所考察性状或指标的优良性与抽样误差的大小。

第六节　t 分布

由样本平均数抽样分布的性质可知：若 $x\sim N(\mu, \sigma^2)$，则 $\bar{x}\sim N(\mu, \sigma^2/n)$。将随机变量 $\bar{x}$ 标准化，得 $u=(\bar{x}-\mu)/\sigma_{\bar{x}}$，则 $u\sim N(0, 1)$。当总体标准差 σ 未知时，以样本标准差 S 代替 σ 所得到的统计量 $(\bar{x}-\mu)/S_{\bar{x}}$ 记为 T。在计算 $S_{\bar{x}}$ 时，由于采用 S 来代替 σ，使得 T 变量不再服从标准正态分布，而是服从 t 分布，即 $T\sim t(n-1)$。它的概率分布密度函数如下：

$$f(t)=\frac{1}{\sqrt{\pi df}}\frac{\Gamma[(df+1)/2]}{\Gamma(df/2)}\left(1+\frac{t^2}{df}\right)^{-\frac{df+1}{2}} \quad (-\infty<t<+\infty) \tag{4-19}$$

式中　$df=n-1$——自由度。

t 分布的平均数和标准差为：

$$\mu_t=0(df>1),\ \sigma_t=\sqrt{df/(df-2)}\quad (df>2) \tag{4-20}$$

t 分布密度曲线特点如下。

① t 分布受自由度的制约，每一个自由度都有一条 t 分布密度曲线。

② t 分布密度曲线以纵轴为对称轴，左右对称，且在 $t=0$ 时，分布密度函数取得最大值。

③ 与标准正态分布曲线相比，t 分布曲线顶部略低，两尾部稍高而平（见图 4-9）。df 越小这种趋势越明显。df 越大，t 分布越趋近于标准正态分布 N（0，1）。当 $n>30$ 时，t 分布与标准正态分布的区别很小；$n>100$ 时，t 分布基本与标准正态分布相同；$n\to\infty$时，t 分布与标准正态分布完全一致。

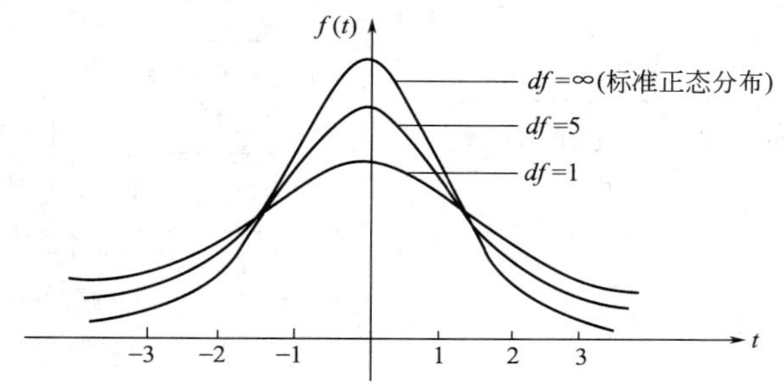

图 4-9　正态曲线与 t 分布曲线的比较

t 分布的概率分布函数为：

$$F_t(df)=P(t<t_1)=\int_{-\infty}^{t_1} f(t)\mathrm{d}t \tag{4-21}$$

因而 t 在区间（t_1，$+\infty$）取值的概率——右尾概率为 $1-F_t(df)$。由于 t 分布左右对称，t 在区间（$-\infty$，$-t_1$）取值的概率也为 $1-F_t(df)$。于是 t 分布曲线下由 $-\infty$ 到 $-t_1$ 和由 t_1 到 $+\infty$ 两个相等的概率之和——两尾概率为 $2[1-F_t(df)]$（见图 4-10）。对于不同自由度下 t 分布的两尾概率及其对应的临界 t 值已编制成表，即 t 值表，见附表 3。

例如，当 $df=15$ 时，查附表 3 得两尾概率等于 0.05 的临界 t 值为 2.131，其意义是：$P(-\infty<t<-2.131)=P(2.131<t<+\infty)=0.025$；

$P(-2.31<t<2.131)=P(-\infty<t<-2.131)+P(2.131<t<+\infty)=0.05$。

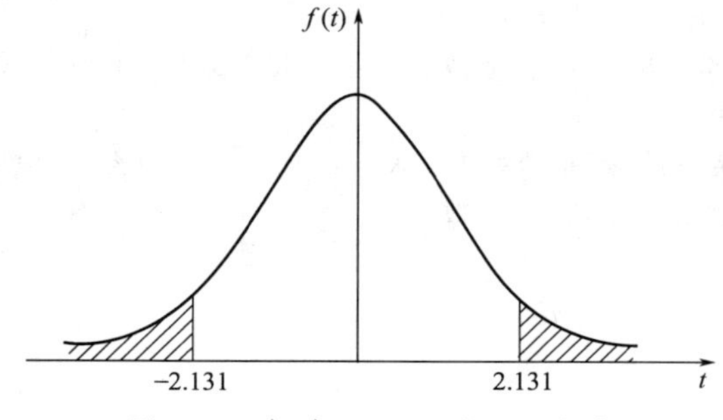

图 4-10　$|t|\geqslant 2.131$ 的两尾概率

由附表 3 可知，当 df 一定时，概率 P 越大，临界 t 值越小；概率 P 越小，临界 t 值越大。当概率 P 一定时，随着 df 的增加，临界 t 值减小，当 $df=\infty$时，临界 t 值与标准正态分布的临界 u 值相等。

【本章小结】

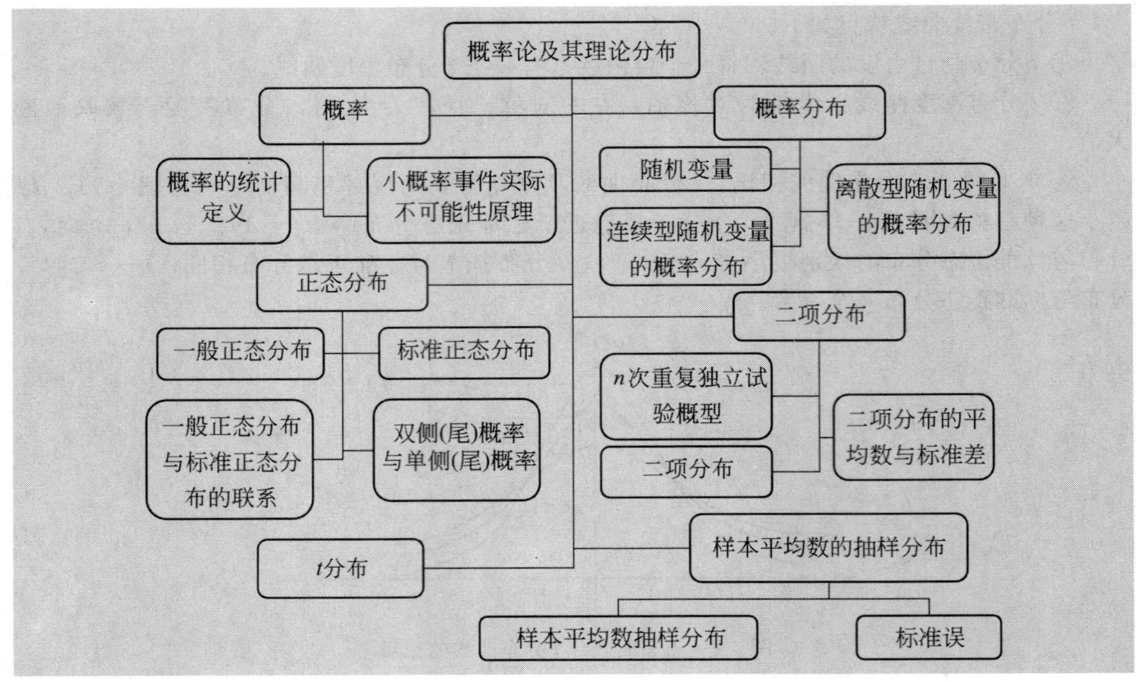

【习　　题】

1. 什么是必然事件、不可能事件、随机事件？什么是随机事件的频率和概率？二者间有何关系？什么是小概率原理？

2. 什么是离散型随机变量、连续型随机变量？

3. 正态分布有何特点？什么是标准正态分布？两尾概率与一尾概率有何区别与联系？

4. 已知 $x \sim N(0, 1)$，求 $P(x>1.96)$，$P(x<-2.58)$，并做出示意图。

5. 已知 $x \sim N(10, 2^2)$，$P(x>a)=0.1$，计算 a 值。

6. 已知 $x \sim N(2, 0.4^2)$，求 $P(1 \leqslant x \leqslant 2.4)$，$P(x<2.4)$，$P(x>1.6)$，并做出示意图。

7. 计算配种受胎 6 头母牛生出 4 头小母牛、2 头小公牛的概率。

8. 已知 $x \sim B(5, 0.7)$，计算 P_5 (2)、P_5 (3)、μ 及 σ^2。

9. 已知某品种成年猪体重服从 $\mu=100$kg，$\mu=20$kg 的正态分布，试计算成年猪体重超过 120 kg 的概率，体重在 90～120kg 的概率。

10. 在家畜中患有某种疾病而死亡的概率为 0.1，现在试用一种新药，对 80 头患此疾病的家畜注射该药剂后，发现 1 头死亡，试评价该药剂是否有效？

第五章　平均数差异显著性检验——t 检验

【知识目标】

- 理解显著性检验的基本原理和步骤。
- 掌握样本平均数与总体平均数差异显著性检验的条件、方法和步骤。
- 掌握两样本平均数差异显著性检验的条件、方法和步骤。
- 掌握两百分数资料差异显著性检验的条件、方法和步骤。
- 掌握总体参数区间估计的方法。

【技能目标】

- 学会查 t 值表和一尾临界值表的技能。
- 学会用 t 检验方法对不同资料进行统计推断的技能。
- 在畜牧生产实践中能熟练运用总体参数区间估计的方法。

在科学试验和生产实践中，经常要用样本信息来推断总体特征或比较不同事物间的差异程度，这就涉及了统计推断，它主要包括显著性检验和参数估计两个内容。显著性检验又叫假设检验，是统计学的核心内容。显著性检验的方法很多，常用的有 t 检验、F 检验和 χ^2 检验等。本章以两个平均数的差异显著性检验为例，介绍 t 检验的基本原理、基本知识和基本技能，然后介绍总体参数的区间估计。

第一节　概　　述

一、平均数差异显著性检验的意义

利用平均数差异显著性检验的原理，能为畜牧生产的调查或研究提供试验设计，可将调查或试验得到的资料进行整理、分析，从而为畜牧生产提供科学依据。t 检验是用来检验两个平均数差异是否显著的检验，包括总体平均数与样本平均数差异是否显著和两个样本平均数差异是否显著两种情况。

【例 5.1】 母猪的怀孕期平均为 114 天，今抽测某品种 10 头母猪的怀孕期（天）分别为 116、115、113、112、114、117、115、116、114、113，试检验所得样本的平均数与总体平均数 114 天差异是否显著?

【例 5.2】 某种猪场分别测定长白和大河成年猪的背膘厚度，测定结果见表 5-1。问该两品种成年猪的背膘厚度差异是否显著?

表 5-1　长白猪和大河猪背膘厚度资料

品种	头数	背膘厚度/cm
长白	12	1.20,1.32,1.10,1.28,1.35,1.08,1.18,1.25,1.30,1.12,1.19,1.05
大河	11	2.00,1.85,1.60,1.78,1.96,1.88,1.82,1.70,1.68,1.92,1.80

上面两个例子的共同点都存在着比较两个平均数间的差异问题，【例 5.1】是总体平均数与样本平均数差异问题，【例 5.2】是两个样本平均数差异问题（反映两个总体平均数间的差异）。

两个平均数的差异如何比较？一是算出总体平均 μ_1、μ_2 后进行比较，但因为总体往往很大或是无限个体，μ_1、μ_2 基本是未知的，因而这种方法常常是不可能进行的；二是研究样本平均数 $\bar{x}_1$、$\bar{x}_2$，通过样本平均数 $\bar{x}_1$、$\bar{x}_2$ 比较研究其所代表的总体平均数 μ_1、μ_2 的差异是否显著？样本平均数 $\bar{x}_1$、$\bar{x}_2$ 作为检验对象，研究其所代表的总体平均数 μ_1、μ_2 的差异是否显著是有其依据的：①平均数是资料的代表数；②样本平均数是总体平均数的无偏估计值，即 $E(\bar{x})=\mu$；③根据统计学中心极限定理，样本平均数 $\bar{x}$ 服从或逼近正态分布。

造成两样本平均数的差异有两个原因，一个是试验误差，另一个是处理效应。对于接受不同处理的两个样本来说，两个总体平均数的差（$\mu_1-\mu_2$），叫做试验的处理效应；由动物的初始条件、饲养条件、管理措施等偶然因素造成样本平均数的差为试验误差（$\bar{\varepsilon}_1-\bar{\varepsilon}_2$）；样本平均数的差（$\bar{x}_1-\bar{x}_2$）是试验的表面效应，是处理效应（$\mu_1-\mu_2$）和试验误差（$\bar{\varepsilon}_1-\bar{\varepsilon}_2$）共同作用的结果。对两平均数进行比较时，就是要判断样本间差异是由试验误差造成的，还是本质不同（处理效应）引起的。

如何区分真实的差异和非真实的差异？亦即如何区分差异的显著与否？这就要进行平均数差异的显著性检验。平均数差异的显著性检验，是根据样本提供的信息构造合适的统计量，用于对总体平均数的差异是否显著进行分析推断的一种方法。如何区分两类性质的差异？怎样通过样本来推断总体？这正是显著性检验要解决的问题。

二、*t* 检验的原理

1. 对研究总体提出假设

无效假设 H_0：$\mu_1=\mu_2$ 或 $\mu_1-\mu_2=0$，是被检验的假设，通过检验假设可能被接受，也可能被否定。这个假设表明两平均数无本质上的不同，试验的表面差别是试验误差引起的。

备择假设 H_A：$\mu_1\neq\mu_2$ 或 $\mu_1-\mu_2\neq0$，是与 H_0 对应的假设，是只有在无效假设被否定后才可接受的假设。这个假设表明两平均数存在着本质上的不同，试验的处理效应存在。【例 5.3】和【例 5.4】的假设为：

【例 5.3】 无效假设 H_0：$\mu_1=\mu_2$ 或 $\mu_1-\mu_2=0$，指抽测母猪的怀孕期与总体平均数 114 没有本质差异，试验表面效应的差别是由试验误差所引起的。

备择假设 H_A：$\mu_1\neq\mu_2$ 或 $\mu_1-\mu_2\neq0$，指抽测母猪的怀孕期与总体平均数 114 有本质差异，试验表面效应的差别是由处理效应所引起的。

【例 5.4】 无效假设 H_0：$\mu_1=\mu_2$ 或 $\mu_1-\mu_2=0$，表明两品种成年猪的背膘厚度差异不显著，试验表面效应的差别是由试验误差所引起的。

备择假设 H_A：$\mu_1\neq\mu_2$ 或 $\mu_1-\mu_2\neq0$，表明两品种成年猪的背膘厚度差异显著，试验表面效应的差别是由处理效应所引起的。

2. 构造适当统计量

在无效假设成立的前提下，构造合适的统计量 t，并由该统计量的抽样分布计算样本统计量 t 值或 t 值的概率范围（或区间）。

当无效假设 H_0 成立时，表明试验表面效应纯属试验误差引起，处理效应不存在。此时，可根据题意构造适当统计量，计算样本统计量 t 值。

前已阐明，试验的表面效应（$\bar{x}_1-\bar{x}_2$）是处理效应（$\mu_1-\mu_2$）和试验误差（$\bar{\varepsilon}_1-\bar{\varepsilon}_2$）共同作用的结果。事实上，处理效应（$\mu_1-\mu_2$）很难估计，而试验误差（$\bar{\varepsilon}_1-\bar{\varepsilon}_2$）可通过样本的标准差或样本标准误进行估计，试验的表面效应（$\bar{x}_1-\bar{x}_2$）可通过试验进行测量或测定。t 值就是试验的表面效应与试验误差的比值。当试验的表面效应已测出时，样本的标准差或样本标准误越大，t 值越小，t 值就会落在大概率事件（$-t_{0.05}$，$+t_{0.05}$）；样本的标准差或样本标准误越小，t 值越大，t 值就会落在小概率事件（$-t_{0.01}$，$-t_{0.05}$]和［$+t_{0.05}$，$+t_{0.01}$）；当 t 值极大时，随机事件 t 就会落在极小概率事件（$-\infty$，$-t_{0.01}$］和［$+t_{0.01}$，$+\infty$）。t 值落在大概率事件区间，t 值随机事件发生的概率 $P>0.05$，此时接受无效假设 H_0，表明两平均数差异不显著，试验表面效应的差别是由随机误差所引起的；t 值落在小概率事件区间，t 值随机事件发生的概率 $0.01<P\leqslant 0.05$，此时接受备择假设 H_A，表明两平均数差异显著，试验表面效应的差别是由处理效应所引起的；t 值落在极小概率事件区间，t 值随机事件发生的概率 $P\leqslant 0.01$，此时接受备择假设 H_A，表明两平均数差异极显著或高度显著。

（1）样本平均数与总体平均数差异显著性检验的 t 值构造　t 值计算公式为：

$$t=\frac{\bar{x}-\mu_0}{S_{\bar{x}}} \qquad df=n-1 \tag{5-1}$$

式中　n——样本含量；

$S_{\bar{x}}=\dfrac{S}{\sqrt{n}}$——样本标准误。

（2）两个样本平均数差异显著性检验的 t 值构造　包括非配对设计两样本平均数差异显著性检验的 t 值构造和配对设计两样本平均数差异显著性检验的 t 值构造。

① 非配对设计两样本平均数差异显著性检验的 t 值构造　非配对设计或成组设计是指当进行只有两个处理的试验时，将试验单位完全随机地分成两组，然后对两组随机施加一个处理。在这种设计中两组的试验单位相互独立，所得的两个样本相互独立，其含量不一定相等。非配对设计资料的一般形式见表 5-2。

表 5-2　非配对设计资料的一般形式

处理	观测值 x_{ij}	样本含量	平均数	总体平均数
1	$x_{11},x_{12},\cdots,x_{1n}$	n_1	$\bar{x}_1=\sum x_{1j}/n_1$	μ_1
2	$x_{21},x_{22},\cdots,x_{2n}$	n_2	$\bar{x}_2=\sum x_{2j}/n_2$	μ_2

t 值计算公式为：

$$t=\frac{\bar{x}_1-\bar{x}_2}{S_{\bar{x}_1-\bar{x}_2}} \qquad df=(n_1-1)+(n_2-1) \tag{5-2}$$

其中：

$$S_{\bar{x}_1-\bar{x}_2}=\sqrt{\frac{\sum(x_1-\bar{x}_1)^2+\sum(x_2-\bar{x}_2)^2}{(n_1-1)+(n_2-1)}\times\left(\frac{1}{n_1}+\frac{1}{n_2}\right)}$$

$$=\sqrt{\frac{\left[\sum x_1^2-\dfrac{(\sum x_1)^2}{n_1}\right]+\left[\sum x_2^2-\dfrac{(\sum x_2)^2}{n_2}\right]}{(n_1-1)+(n_2-1)}\times\left(\frac{1}{n_1}+\frac{1}{n_2}\right)}$$

$$=\sqrt{\frac{(n_1-1)S_1^2+(n_2-1)S_2^2}{(n_1-1)+(n_2-1)}\times\left(\frac{1}{n_1}+\frac{1}{n_2}\right)} \tag{5-3}$$

当 $n_1=n_2=n$ 时，

$$S_{\bar{x}_1-\bar{x}_2}=\sqrt{\frac{\sum(x_1-\bar{x}_1)^2+\sum(x_2-\bar{x}_2)^2}{n(n-1)}}=\sqrt{\frac{S_1^2}{n}+\frac{S_2^2}{n}}=\sqrt{S_{\bar{x}_1}^2+S_{\bar{x}_2}^2} \tag{5-4}$$

式中　$S_{\bar{x}_1-\bar{x}_2}$——均数差异标准误；

n_1、n_2——两样本含量；

$\bar{x}_1$、$\bar{x}_2$——两样本平均数；

S_1^2、S_2^2——两样本均方。

② 配对设计两样本平均数差异显著性检验的 t 值构造　配对设计是指先根据配对的要求将试验单位两两配对，然后将配成对子的两个试验单位随机地分配到两个处理组中。配对的要求是配成对子的两个试验单位的初始条件尽量一致，不同对子间试验单位的初始条件允许有差异，每一个对子就是试验处理的一个重复。配对的方式有两种：自身配对与同源配对。

a. 自身配对　指同一试验单位在两个不同时间上分别接受前后两次处理，用其前后两次的观测值进行自身对照比较；或同一试验单位的不同部位的观测值或不同方法的观测值进行自身对照比较。如观测某种病畜治疗前后临床检查结果的变化；观测用两种不同方法对畜产品中毒物或药物残留量的测定结果变化等。

b. 同源配对　指将来源相同、性质相同的两个个体配成一对，如将畜别、品种、窝别、性别、年龄、体重相同的两个试验动物配成一对，然后对配对的两个个体随机地实施不同处理。

在配对设计中，由于各对试验单位间存在系统误差，对内两个试验单位存在相似性，其资料的显著性检验不同于非配对设计。配对设计试验资料的一般形式见表 5-3。

表 5-3　配对设计试验资料的一般形式

处理	观测值 x_{ij}	样本含量	样本平均数	总体平均数
1	$x_{11},x_{12},\cdots,x_{1n}$	n	$\bar{x}_1=\sum x_{1j}/n$	μ_1
2	$x_{21},x_{22},\cdots,x_{2n}$	n	$\bar{x}_2=\sum x_{2j}/n$	μ_2
$d_j=x_{1j}-x_{2j}$	$d_1,d_2,\cdots,d_n$	n	$\bar{d}=\bar{x}_1-\bar{x}_2$	$\mu_d=\mu_1-\mu_2$

t 值计算公式为：

$$t=\frac{\bar{d}}{S_{\bar{d}}},\quad df=n-1 \tag{5-5}$$

式中　$S_{\bar{d}}$——差异标准误。

$$S_{\bar{d}}=\frac{S_d}{\sqrt{n}}=\sqrt{\frac{\sum(d-\bar{d})^2}{n(n-1)}}=\sqrt{\frac{\sum d^2-(\sum d)^2/n}{n(n-1)}} \tag{5-6}$$

$$\bar{d}=\sum d_j/n$$

式中　d——两样本各对数据之差；

S_d——d 的标准差；

n——配对的对子数，即试验的重复数。

（3）百分数资料差异显著性检验的 t 值构造　t 值计算公式为：

$$t=\frac{\hat{p}_1-\hat{p}_2}{S_{\hat{p}_1-\hat{p}_2}} \tag{5-7}$$

式中　$\hat{p}_1$、$\hat{p}_2$——两个样本百分数，$\hat{p}_1=x_1/n_1$，$\hat{p}_2=x_2/n_2$；

$S_{\hat{p}_1-\hat{p}_2}$——样本百分数差异标准误，$S_{\hat{p}_1-\hat{p}_2}=\sqrt{\bar{p}\ (1-\bar{p})\ \left(\frac{1}{n_1}+\frac{1}{n_2}\right)}$；

$\bar{p}$——合并样本百分数，$\bar{p}=\frac{n_1\hat{p}_1+n_2\hat{p}_2}{n_1+n_2}=\frac{x_1+x_2}{n_1+n_2}$。

3. 根据“小概率事件实际不可能性原理”否定或接受无效假设

统计学上，把小概率事件在一次试验中看成是实际上不可能发生的事件，称为小概率事件实际不可能原理。根据这一原理，当“试验的表面效应是试验误差造成的”这一随机事件的概率小于 0.05 时，可以认为在一次试验中这一随机事件实际上是不可能发生的，但它却发生了，说明无效假设 H_O 假设错误，因而否定原先所作的无效假设 H_O，接受备择假设 H_A，即认为试验的处理效应是存在的；当“试验表面效应是由试验误差造成的”这一随机事件发生的概率大于 0.05 时，则说明无效假设成立的可能性大，不能被否定，因而也就不能接受备择假设。

三、统计假设检验的步骤

① 建立假设。对样本所属总体提出假设，包括无效假设 H_O 和备择假设 H_A。

② 确定显著水平 α。常用的显著水平 $\alpha=0.05$ 和 $\alpha=0.01$。

③ 从无效假设 H_O 出发，根据样本提供信息构造适宜统计量 t，并计算统计量 t 值或其概率。

④ 由附表 3 查出相应的统计量临界值，比较样本统计量值与临界值大小，根据小概率原理做出统计推断（或由概率大小做出判断）。

四、显著水平与两种类型的错误

在显著性检验中，用来确定接受或否定无效假设的概率标准叫显著水平，记作 α。在生物学研究中常取 $\alpha=0.05$ 或 $\alpha=0.01$。因为显著性检验是根据“小概率事件实际不可能性原理”来否定或接受无效假设的，所以不论是接受还是否定无效假设，都没有 100％的把握。也就是说，在检验无效假设 H_O 时可能犯两类错误。第一类错误是真实情况为 H_O 成立，却否定了它，犯了“弃真”错误，也叫Ⅰ型错误。Ⅰ型错误，就是把非真实差异错判为真实差异，即 H_O：$\mu_1=\mu_2$ 为真，却接受了 H_A：$\mu_1\neq\mu_2$。第二类错误是 H_O 不成立，却接受了它，犯了“纳伪”错误，也叫Ⅱ型错误。Ⅱ型错误，就是把真实差异错判为非真实差异，即 H_A：$\mu_1\neq\mu_2$ 为真，却未能否定 H_O：$\mu_1=\mu_2$。假设检验中犯两类错误的概率如图 5-1 所示。

图 5-1(a) 显示，如果原假设 H_0：$\mu=\mu_0$ 为真，样本的统计结果落入阴影中的概率为 α；若给予拒绝，犯弃真错误的概率为 $\alpha/2$。

图 5-1(b) 显示，如果原假设 H_0：$\mu=\mu_0$ 为伪，因为 $\mu_1>\mu_0$；若接受原假设，犯纳伪的错误，其概率为 β。错误概率 β 值的大小较难确切估计，它只有与特定的 H_A 结合起来才有意义。一般与显著水平 α、原总体的标准差 σ、样本含量 n，以及相互比较的两样本所属总体平均数之差 $\mu_1-\mu_2$ 等因素有关。

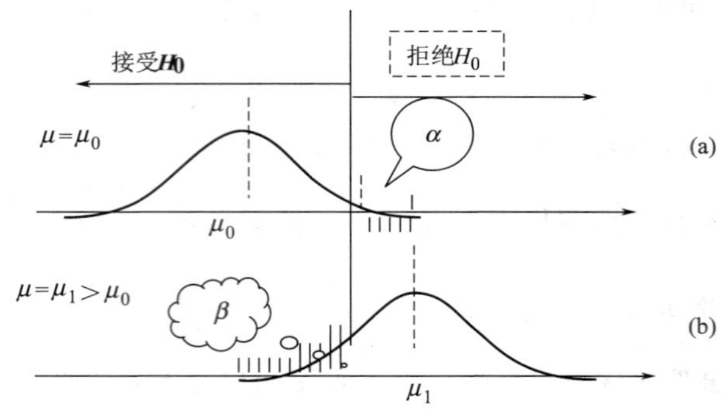

图 5-1 两类错误示意

图 5-1 还表明，如果临界点沿水平方向右移，α 将变小而 β 变大；如果向左移，α 变大而 β 将变小，从图示上说明了在假设检验中 α 和 β 彼此消长的关系。人们自然希望犯这两类错误的概率越小越好。但对于一定的样本容量 n，减小 α 会引起 β 增大，减少 β 会引起 α 增大（如图 5-2 所示）。所以危害越大的那一类错误，在假设检验中应作为首要的控制目标进行控制。

图 5-2 α 和 β 关系示意

若一个试验耗费大，可靠性要求高，不允许反复，那么 α 值应取小些；当一个试验结论的使用事关重大时，容易产生严重后果，如药物的毒性试验，α 值亦应取小些。对于一些试验条件不易控制，试验误差较大的试验，可将 α 值放宽到 0.1，甚至放宽到 0.25；在提高显著水平，即减小 α 值时，为了减小犯Ⅱ型错误的概率，可适当增大样本含量。人们的愿望是 α 值不越过某个给定值，比如 $\alpha=0.05$ 或 0.01 的前提下，β 值越小越好。因为在具体问题中 $\mu_1-\mu_2$ 和 σ 相对不变，β 值的大小主要取决于样本含量的大小。

表 5-4 两类错误的关系

客观实际	否定 H_0	接受 H_0
H_0 成立	Ⅰ型错误(α)	推断正确($1-\alpha$)
H_0 不成立	推断正确($1-\beta$)	Ⅱ型错误(β)

$1-\beta$ 称为检验功效或检验力，也叫把握度。其意义是当两总体确有差别（即 H_A 成立）时，按 α 水平能发现它们有差别的能力。例如 $1-\beta=0.9$，意味着若两总体确有差别，则理论上平均 100 次抽样比较中有 90 次能得出有差别的结论。

两类错误的关系见表 5-4。

五、双侧检验与单侧检验

在上述显著性检验中，无效假设 H_0：$\mu_1=\mu_2$ 与备择假设 H_A：$\mu_1\neq\mu_2$。此时，备择假设中包括了 $\mu_1>\mu_2$ 或 $\mu_1<\mu_2$ 两种可能。这个假设的目的在于判断 μ_1 与 μ_2 有无差异，而不考虑谁大谁小。此时，在 α 水平上否定域为（$-\infty$，t_α］和［t_α，$+\infty$），对称地分配在 t 分布曲线的两侧尾部，每侧的概率为 $\alpha/2$，这种利用两尾概率进行的检验叫双侧检验（图 5-3），也叫双尾检验，t_α 为双尾检验的临界 t 值。

但在有些情况下，双侧检验不一定符合实际情况。若进行新技术与常规技术的比较试验，已知新技术的实施只会提高产量，则无效假设应为 H_0：$\mu_1=\mu_2$，即假设新技术与常规技术产量是相同的，备择假设应为 H_A：$\mu_1>\mu_2$，即新配套技术的实施使产量有所提高。这

时 H_0 的否定域在 t 分布曲线的右尾。在 α 水平上否定域为 $[t_\alpha, +\infty)$，右侧的概率为 α。若无效假设 H_0：$\mu_1=\mu_2$，备择假设 H_A：$\mu_1<\mu_2$，此时 H_0 的否定域在 t 分布曲线的左尾。在 α 水平上，H_0 的否定域为 $(-\infty, t_\alpha]$，左侧的概率为 α，这种利用一尾概率进行的检验叫单侧检验也叫单尾检验（图 5-3）。此时，t_α 为单侧检验的临界 t 值。显然，单侧检验的 t_α 等于双侧检验的 $t_{2\alpha}$。

选用单侧检验还是双侧检验应根据专业知识及问题的要求在试验设计时就确定（见图 5-3）。一般若事先不知道所比较的两个处理效果谁好谁坏，分析的目的在于推断两个处理效果有无差别，则选用双侧检验；若根据理论知识或实践经验判断甲处理的效果不会比乙处理的效果差（或相反），分析的目的在于推断甲处理是否比乙处理好（或差），则用单侧检验。一般情况下，如不作特殊说明均指双侧检验。

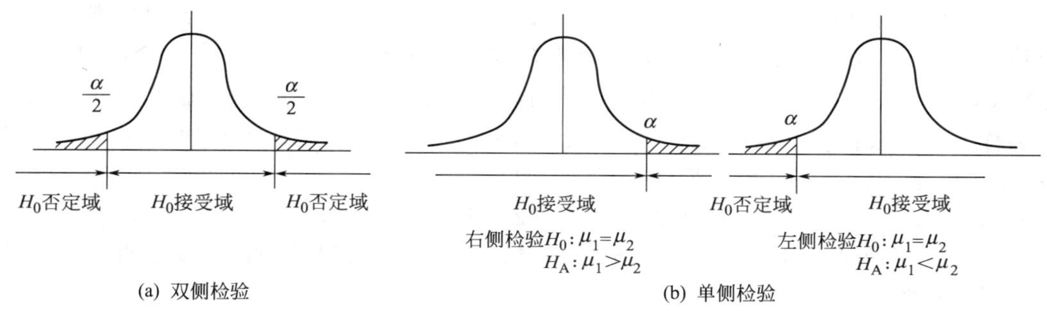

图 5-3 双侧检验和单侧检验示意

第二节 样本平均数与总体平均数差异显著性检验

一、样本平均数与总体的关系

在实际工作中往往需要检验一个样本平均数与已知的总体平均数是否有显著差异，即检验该样本是否来自某一总体。已知的总体平均数一般为一些公认的理论数值、经验数值或期望数值。如畜禽正常生理指标、怀孕期、家禽出雏日龄以及生产性能指标等，都可以用样本平均数与之比较，检验差异显著性。实质是样本所在总体平均数与已知总体平均数差异显著性检验，即检验该样本是否来自某一总体。

二、样本平均数与总体平均数的显著性检验

【例 5.5】 样本平均数与总体平均数显著性检验的基本步骤。

解 基本步骤如下：

① 提出无效假设与备择假设 H_0：$\mu=\mu_0$，H_A：$\mu\neq\mu_0$。

② 计算 t 值和 df 值 计算公式为：

$$t=\frac{\bar{x}-\mu_0}{S_{\bar{x}}} \qquad df=n-1$$

式中 n——样本含量；

$S_{\bar{x}}=\dfrac{S}{\sqrt{n}}$——样本标准误。

a. 打开计算器（以 kk-105B 型计算器为例）后进入统计状态，其操作为：

按 2ndf 键→再按 on/c 键，当屏幕显示 STAT 提示符时已进入统计状态。

b. 输入数字 116、115、113、112、114、117、115、116、114、113，计算 $\bar{x}$ 和 S，其操作为：

116+M⁺ 115+M⁺ 113+M⁺ … 114+M⁺ 113+M⁺ 共 10 个数据，按 X→M 键和 RM 键，得 $\bar{x}=114.5$，$S=1.581$。

c. 计算 t 值和 df 值：

$$t=\frac{\bar{x}-u_0}{S_{\bar{x}}}=\frac{114.5-114}{1.581/\sqrt{10}}=1.000 \qquad df=n-1=10-1=9$$

③ 查临界 t 值，做出统计推断 由 $df=n-1$ 查附表 3 得临界值 $t_{0.05}$，$t_{0.01}$。将计算所得 t 值的绝对值与其比较，若 $|t|<t_{0.05}$，则 $P>0.05$，不能否定 H_0，表明样本平均数 $\bar{x}$ 与总体平均数 μ_0 差异不显著，可以认为样本是取自该总体；若 $t_{0.05}\leqslant|t|<t_{0.01}$，则 $0.01<P\leqslant0.05$，否定 H_0，接受 H_A，表明样本平均数 $\bar{x}$ 与总体平均数 μ_0 差异显著，有 95%的把握认为样本不是取自该总体；若 $|t|\geqslant t_{0.01}$，则 $P\leqslant0.01$，表明样本平均数 $\bar{x}$ 与总体平均数 μ_0 差异极显著，有 99%的把握认为样本不是取自该总体。

本题中 $df=9$，查附表 3 得 $t_{0.05(9)}=2.262$，因为 $|t|<t_{0.05}$，$P>0.05$，故不能否定 H_0：$\mu=114$，表明样本平均数与总体平均数差异不显著，可以认为该样本取自母猪怀孕期为 114 天的总体。

第三节 两样本平均数差异的显著性检验

一、非配对设计两个样本平均数差异的显著性检验

非配对设计或成组设计是指当进行只有两个处理的试验时，将试验单位完全随机地分成两个组，然后对两组随机施加一个处理。在这种设计中两组的试验单位相互独立，所得的两个样本相互独立，其含量不一定相等。

【例 5.6】 非配对设计两个样本平均数差异显著性检验的基本步骤。

解 基本步骤如下：

① 提出无效假设与备择假设 H_0：$\mu_1=\mu_2$，H_A：$\mu_1\neq\mu_2$。

② 计算 t 值和 df 用【例 5.5】的计算方法可得 $n_1=12$、$n_2=11$，$\bar{x}_1=1.202$、$S_1=0.0998$、$SS_1=0.1096$，$\bar{x}_2=1.817$、$S_2=0.123$、$SS_2=0.1508$。

SS_1、SS_2 分别为两样本离均差平方和。

$$S_{\bar{x}_1-\bar{x}_2}=\sqrt{\frac{\sum(x_1-\bar{x}_1)^2+\sum(x_2-\bar{x}_2)^2}{(n_1-1)+(n_2-1)}\times\left(\frac{1}{n_1}+\frac{1}{n_2}\right)}$$

$$=\sqrt{\frac{0.1096+0.1508}{(12-1)+(11-1)}\times\left(\frac{1}{12}+\frac{1}{11}\right)}$$

$$=0.0465$$

$$t=\frac{\bar{x}_1-\bar{x}_2}{S_{\bar{x}_1-\bar{x}_2}}=\frac{1.202-1.817}{0.0465}=-13.226$$

$$df=(n_1-1)+(n_2-1)=(12-1)+(11-1)=21$$

③ 查临界 t 值，做出统计推断 当 $df=21$ 时，查临界 t 值得：$t_{0.01(21)}=2.831$，$|t|=$

13.226>$t_{0.01(21)}$=2.831，$P<0.01$，否定 H_0，接受 H_A，表明长白成年猪与大河成年猪背膘厚度差异极显著，这里表现为长白成年猪的背膘厚度极显著地低于大河成年猪的背膘厚度。

二、配对设计两个样本平均数差异的显著性检验

【例 5.7】 用家兔 10 只试验某批注射液对体温的影响，测定每只家兔注射前后的体温，见表 5-5。问注射前后体温差异是否显著？

表 5-5 10 只家兔注射前后的体温

兔号	1	2	3	4	5	6	7	8	9	10
注射前体温	37.8	38.2	38.0	37.6	37.9	38.1	38.2	37.5	38.5	37.9
注射后体温	37.9	39.0	38.9	38.4	37.9	39.0	39.5	38.6	38.8	39.0
$d=x_1-x_2$	−0.1	−0.8	−0.9	−0.8	0	−0.9	−1.3	−1.1	−0.3	−1.1

注：引自明道绪主编的《生物统计附试验设计》。

解 以计算器进行 t 检验为例。

① 提出无效假设与备择假设 H_0：$\mu_d=0$，即假定注射前后体温无差异；H_A：$\mu_d\neq0$，即假定注射前后体温有差异。

② 计算 t 值 经计算器计算得 $\bar{d}=-0.73$，$S_{\bar{d}}=S_d/\sqrt{n}=0.445/\sqrt{10}=0.141$

故
$$t=\frac{\bar{d}}{S_{\bar{d}}}=\frac{-0.73}{0.141}=-5.177$$
且
$$df=n-1=10-1=9$$

③ 查临界 t 值，做出统计推断 由 $df=9$，查 t 值表得：$t_{0.01(9)}=3.250$，$|t|>t_{0.01(9)}$，$P<0.01$，否定 H_0：$\mu_d=0$，接受 H_A：$\mu_d\neq0$，表明家兔注射该批注射液前后体温差异极显著，注射该批注射液可使体温极显著升高。

第四节 百分数资料差异显著性检验

百分数资料，如成活率、死亡率、孵化率、感染率、阳性率等是服从二项分布的，百分数的假设检验应按二项分布进行。当样本含量 n 较大，p 不是很小，且 np 和 nq 均大于 5 时，二项分布接近于正态分布。所以，对于服从二项分布的百分数资料，当 n 足够大时，可以近似地用 u 检验法，即自由度为无穷大时（$df=\infty$）的 t 检验法，进行差异显著性检验。适用于近似地采用 u 检验所需的二项分布百分数资料的样本含量 n 见表 5-6。

表 5-6 适用于近似地采用 u 检验所需要的二项分布百分数资料的样本含量 n

$\hat{p}$（样本百分数）	$n\hat{p}$（较小百分数的次数）	n（样本含量）	$\hat{p}$（样本百分数）	$n\hat{p}$（较小百分数的次数）	n（样本含量）
0.5	15	30	0.2	40	200
0.4	20	50	0.1	60	600
0.3	24	80	0.05	70	1400

与平均数差异显著性检验类似，百分数差异显著性检验分为样本百分数与总体百分数差异显著性检验及两样本百分数差异显著性检验两种。

一、样本百分数与总体百分数差异显著性检验

在实际工作中，有时需要检验一个服从二项分布的样本百分数与已知的二项总体百分数差异是否显著，其目的在于检验一个样本百分数 $\hat{p}$ 所在二项总体百分数 p 是否与已知二项

总体百分数 p_0 相同，换句话说，检验该样本百分数 $\hat{p}$ 是否来自总体百分数为 p_0 的二项总体。这里所讨论的百分数是服从二项分布的，但 n 足够大，p 不过小，np 和 nq 均大于 5，可近似地采用 u 检验法来进行显著性检验（也就是 $df\to\infty$ 时 t 的检验）；若 np 或 nq 小于或等于 30 时，应对 u 进行连续性校正。

【例 5.8】 样本百分数与总体百分数差异显著性检验的基本步骤 。

解 基本步骤如下：

① 提出无效假设与备择假设 H_0：$p=p_0$，H_A：$p\neq p_0$。

② 计算 u 值或 u_c 值 u 值的计算公式为：

$$u=\frac{\hat{p}-p_0}{S_{\hat{p}}} \tag{5-8}$$

校正 u 值 u_c 的计算公式为：

$$u_c=\frac{|\hat{p}-p_0|-0.5/n}{S_{\hat{p}}} \tag{5-9}$$

式中 $\hat{p}$——样本百分数；

p_0——总体百分数；

$S_{\hat{p}}$——样本百分数标准误，$S_{\hat{p}}=\sqrt{\dfrac{p_0\ (1-p_0)}{n}}$。

③ 将计算所得的 u 或 u_c 的绝对值与 1.96、2.58（$df\to\infty$ 时，$t_{0.05}=1.96$，$t_{0.01}=2.58$）比较，做出统计推断 若 $|u|$ （或$|u_c|$）<1.96，$p>0.05$，不能否定 H_0：$p_1=p_0$，表明样本百分数 $\hat{p}$ 与总体百分数 p_0 差异不显著；若 $1.96\leqslant|u|$（或$|u_c|$）<2.58，$0.01<p\leqslant0.05$，否定 H_0，接受 H_A，表明样本百分数 $\hat{p}$ 与总体百分数 p_0 差异显著；若$|u|$（或$|u_c|$）$\geqslant2.58$，$p\leqslant0.01$，否定 H_0，接受 H_A，表明样本百分数 $\hat{p}$ 与总体百分数 p_0 差异极显著。

【例 5.9】 往年调查某地区某病的发病率一般为 30%，现抽取某养殖场 500 头家畜进行检测，结果有 175 头家畜发病，问该养殖场发病率是否比往年严重？

解 此例总体百分数 $p_0=30\%$，样本百分数 $\hat{p}=175/500=35\%$，因为 $np_0=150\times30\%=150>30$，无须进行连续性校正。

① 提出无效假设与备择假设 H_0：$p=30\%$，H_A：$p\neq30\%$。

② 计算 u 值

因为
$$S_{\hat{p}}=\sqrt{\frac{p_0\ (1-p_0)}{n}}=\sqrt{\frac{0.3\times\ (1-0.3)}{500}}=0.0205$$

于是
$$u=\frac{\hat{p}-p_0}{S_{\hat{p}}}=\frac{0.35-0.30}{0.0205}=2.439$$

③ 做出统计推断 由一尾概率 $\alpha=0.05$ 和 $\alpha=0.01$ 查附表，得一尾临界值 $u_{0.05}=1.96$ 和 $u_{0.01}=2.58$，因为 $u_{0.05}=1.96<u<u_{0.01}=2.58$，$0.01<p<0.05$，表明样本百分数 $\hat{p}=35\%$与总体百分数 $p_0=30\%$差异显著，该养殖场的发病率比往年严重。

二、两个样本百分数差异显著性检验

在实际工作中，有时需要检验服从二项分布的两个样本百分数差异是否显著。其目的在于检验两个样本百分数 $\hat{p}_1$、$\hat{p}_2$ 所在的两个二项总体百分数 p_1、p_2 是否相同。当两样本的 np、nq 均大于 5 时，可以近似地采用 u 检验法进行检验（也就是 $df\to\infty$时的 t 检验），但在 np 和（或）nq 小于或等于 30 时，需作连续性校正。

【例 5.10】 两个样本百分数差异显著性检验的基本步骤。

解 基本步骤如下：

① 提出无效假设与备择假设 H_0：$p_1=p_2$，H_A：$p_1\neq p_2$。

② 计算 u 值或 u_c 值

$$u=\frac{\hat{p}_1-\hat{p}_2}{S_{\hat{p}_1-\hat{p}_2}} \tag{5-10}$$

$$u_c=\frac{|\hat{p}_1-\hat{p}_2|-0.5/n_1-0.5/n_2}{S_{\hat{p}_1-\hat{p}_2}} \tag{5-11}$$

式中 $\hat{p}_1=x_1/n_1$，$\hat{p}_2=x_2/n_2$——两个样本百分数；

$S_{\hat{p}_1-\hat{p}_2}$——样本百分数差异标准误，$S_{\hat{p}_1-\hat{p}_2}=\sqrt{\bar{p}\ (1-\bar{p})\ \left(\frac{1}{n_1}+\frac{1}{n_2}\right)}$；

$\bar{p}$——合并样本百分数，$\bar{p}=\frac{n_1\hat{p}_1+n_2\hat{p}_2}{n_1+n_2}=\frac{x_1+x_2}{n_1+n_2}$。

③ 将 u 或 u_c 的绝对值与 1.96、2.58 比较，做出统计推断 若 $|u|$（或 $|u_c|$）<1.96，$p>0.05$，接受 H_0：$p_1=p_2$，表明两个样本百分数 $\hat{p}_1$、$\hat{p}_2$ 差异不显著；若 $1.96\leqslant|u|$（或 $|u_c|$）<2.58，$0.01<p\leqslant0.05$，否定 H_0：$p_1=p_2$，接受 H_A：$p_1\neq p_2$，表明两个样本百分数 $\hat{p}_1$、$\hat{p}_2$ 差异显著；若 $|u|$（或 $|u_c|$）$\geqslant2.58$，$p\leqslant0.01$，否定 H_0：$p_1=p_2$，接受 H_A：$p_1\neq p_2$，表明两个样本百分数 $\hat{p}_1$、$\hat{p}_2$ 差异极显著。

【例 5.11】 某鸡场第一年饲养商品鸡 9800 只，死亡 980 只；第二年饲养同品种的商品鸡 10000 只，死亡 950 只，试检验第一年商品鸡死亡率与第二年商品鸡死亡率差异是否显著？

解 此例两样本死亡率分别为：

$$\hat{p}_1=\frac{x_1}{n_1}=\frac{980}{9800}=10\% \qquad \hat{p}_2=\frac{x_2}{n_2}=\frac{950}{10000}=9.5\%$$

合并的样本死亡率为：

$$\bar{p}=\frac{x_1+x_2}{n_1+n_2}=\frac{980+950}{9800+10000}=9.747\%$$

因为 $n_1\bar{p}=9800\times9.747\%=955.206$

$n_1\bar{q}=n_1(1-\bar{p})=9800\times(1-9.747\%)=8844.794$

$n_2\bar{p}=10000\times9.747\%=974$

$n_2\bar{q}=n_2(1-\bar{p})=10000\times(1-9.747\%)=9026$

即 n_1p、n_1q、n_2p、n_2q 均大于 5，并且都大于 30，可利用 u 检验法，无需作连续校正。检验基本步骤如下。

① 提出无效假设与备择假设 H_0：$p_1=p_2$，H_A：$p_1\neq p_2$。

② 计算 u 值

因为 $S_{\hat{p}_1-\hat{p}_2}=\sqrt{\bar{p}\ (1-\bar{p})\ \left(\frac{1}{n_1}+\frac{1}{n_2}\right)}$

$=\sqrt{9.747\%\times\ (1-9.747\%)\ \times\left(\frac{1}{9800}+\frac{1}{10000}\right)}$

$=0.00422$

于是 $u=\frac{\hat{p}_1-\hat{p}_2}{S_{\hat{p}_1-\hat{p}_2}}=\frac{10\%-9.5\%}{0.00422}=1.185$

③ 做出统计推断　由于 $u<1.96$，$p>0.05$，不能否定 H_0：$p_1=p_2$，表明第一年商品鸡死亡率与第二年商品鸡死亡率差异不显著。

第五节　用 Excel 软件进行 t 检验

Excel 软件中提供了 3 种 t 检验工具，可进行成组数据的 t 检验（方差同质和方差不同质），也可以进行成对数据的 t 检验。成组数据在进行 t 检验以前可以利用“F 检验　双样本方差分析”先进行方差性检验，以便确定两样本所在总体的方差同质还是不同质。

一、方差同质性检验(方差齐性检验)——F 检验　双样本方差分析

此工具用来比较两个样本所在总体的方差是否差异明显，也即两个样本所在总体的方差不同质。

【例 5.12】 在研究光照时间对母鸡产蛋量的影响试验中，试验分两组，均按常规饲养。实验组 10 只鸡，对照组 12 只鸡。每只鸡月产蛋量列于表 5-7。请分析实验组和对照组所在总体的方差是否差异显著。

表 5-7　两组鸡月产蛋量比较

组　别	每只鸡月产蛋量/枚											
实验组	25	21	16	17	19	24	22	24	21	22	—	—
对照组	17	18	15	20	21	21	16	16	17	18	15	16

解　具体操作步骤如下：

① 将表 5-7 的数据输入工作表中。

② 选择“工具”菜单中“数据分析”命令，在“数据分析”对话框中选择“F 检验　双样本方差分析”，然后单击“确定”按钮。

③ 在“F 检验　双样本方差分析”对话框中，根据输入的数据，选定“变量 1 区域”（待分析数据的一个样本）、“变量 2 区域”（分析数据的另一个人样本）；根据输入选定区域是否包含变量名决定是否选取“标志”复选框；输入显著水平 0.05 或 0.01；选定“输出区域”。以上内容选择完成以后，单击“确定”按钮（见图 5-4），即可显示出数据分析结果。

本例假设选定区域包含变量名“实验组”、“对照组”，因此选取“标志”，输入显著水平 0.05，并选定“输出区域”，然后单击确定，则显示出结果（见图 5-5）。

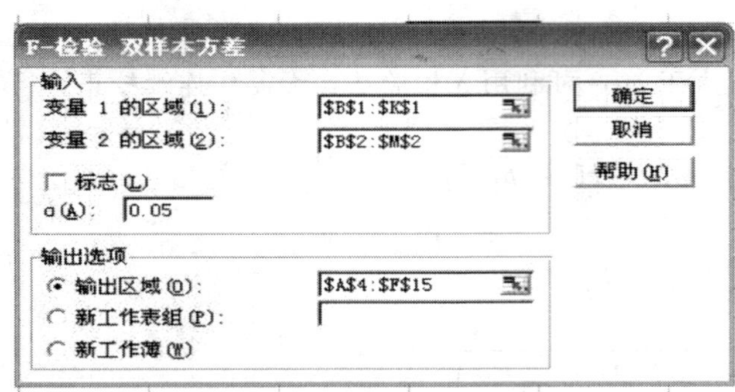

图 5-4　两组鸡月产蛋量数据“F 检验　双样本方差分析”

4	F-检验 双样本方差分析		
5			
6		试验组	对照组
7	平均	21.1	17.25
8	方差	8.988889	3.477273
9	观测值	10	12
10	df	9	11
11	F	2.58504	
12	P(F<=f) 单尾	0.070092	
13	F 单尾临界	2.896222	

图 5-5　光照时间对 12 只鸡产蛋量影响双样本方差分析检验结果

由图 5-5 可以看出，$P=0.07>0.05$，故两个样本所在总体的方差是齐性的。所以，应该按方差同性进行 t 检验。

二、成组数据 t 检验（方差同质）——t 检验：双样本等方差假设

此工具用来比较总体方差同质的两个样本均值间是否差异显著。

【例 5.13】 t 检验：双样本等方差假设的步骤。

解 以【例 5.12】来说明其具体步骤。

① 将数据输入工作表中，同【例 5.12】。

② 依次单击工具→数据分析→t 检验：双样本等方差假设→确定。

③ 在"t 检验：双样本等方差假设"对话框中，根据输入的数据，选定"变量 1 的区域"（待分析数据的一个样本）、"变量 2 的区域"（待分析的另一个样本）；根据输入区域是否包含变量名决定是否选取"标志"复选框；输入水平 0.05 或 0.01，选定"输出区域"。以上内容选择完成以后，单击"确定"按钮，即可显示出结果（见图 5-6）。

本例假设选定区域包含变量名，因此选取"标志"复选框，输入显著水平 0.05，并选定"输出区域"，然后单击确定，即显示出结果（见图 5-7）。

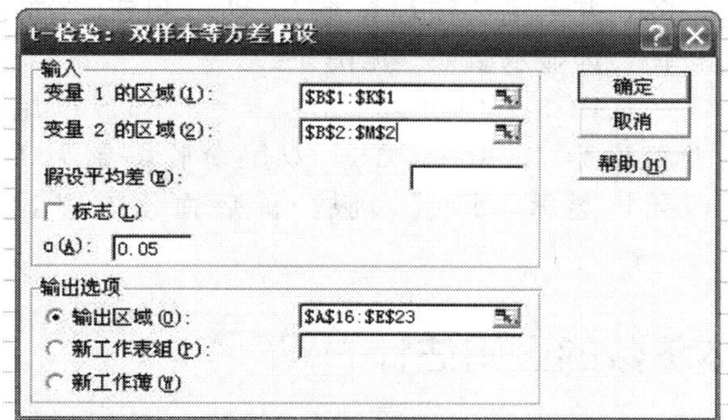

图 5-6 两组鸡月产蛋量数据"t 检验：双样本等方差假设"分析对话框

t-检验：双样本等方差假设		
	试验组	对照组
平均	21.1	17.25
方差	8.988889	3.477273
观测值	10	12
合并方差	5.9575	
假设平均差	0	
df	20	
t Stat	3.683901	
P(T<=t) 单尾	0.000736	
t 单尾临界	1.724718	
P(T<=t) 双尾	0.001471	
t 双尾临界	2.085962	

图 5-7 光照时间对 12 只鸡产蛋量 t 检验：双样本等方差假设分析结果

从图 5-7 可以看出：$t=3.68$，单尾检验的概率为 $P=0.0007$，双尾检验的概率为 $P=0.0015$，均小于 0.01，所以检验结果为差异极显著，即光照时间对母鸡产蛋量有极显著影响。

三、成组数据 t 检验（方差不同质）——t 检验：双样本异方差假设

此工具用来比较总体方差不同的两个样本均值间是否差异显著。与"双样本等方差假设"的步骤基本相同，只是在选择检验方法时，选择"t 检验：双样本异方差假设"即可。

四、成对数据 t 检验——t 检验：成对双样本均值分析

此工具用来比较具有配对关系的两个样本均值间是否差异显著。

【例 5.14】 用中草药青木香治疗高血压，记录了 10 个病例，所测定的舒张压数据见表 5-8，试检验该药是否具有降低血压的作用。

表 5-8 患者治疗前后舒张压的变化 单位：mmHg

序号	1	2	3	4	5	6	7	8	9	10
治疗前	110	115	133	103	108	140	126	110	140	120
治疗后	90	105	101	103	88	126	110	92	126	112

注：1mmHg=133.322Pa。

解 具体操作步骤如下。

① 将表 5-8 待分析数据输入工作表中。

② 依次单击：工具→数据分析→t 检验：平均数值的成对二样本分析→确定。

t-检验：成对双样本均值分析		
	治疗前	治疗后
平均	120.5	105.3
方差	184.5	184.2333333
观测值	10	10
泊松相关系数	0.804255	
假设平均差	0	
df	9	
t Stat	5.657725	
P(T<=t) 单尾	0.000155	
t 单尾临界	1.833114	
P(T<=t) 双尾	0.000311	
t 双尾临界	2.262159	

图 5-8 中草药青木香治疗高血压效果的 t 检验分析结果

③ 在“t 检验：平均数值的成对二样本分析”对话框中，根据输入的数据，选定“变量 1 的区域”（待分析数据的一个样本）、“变量 2 的区域”（待测数据另一个样本）；根据输入区域是否包含变量名决定是否选取“标志”复选框；输入显著水平 0.05 或 0.01，选定“输出区域”。以上内容选择完成以后，单击“确定”按钮，即可显示出结果。

本例假设选定区域包含变量“治疗前”、“治疗后”，则选取“标志”复选框，输入显著水平 0.05，并选定“输出区域”，然后单击“确定”按钮，即显示结果（见图 5-8）。

从图 5-8 中可以看出，$t=5.66$，单尾检验概率为 $P=0.00016$，双尾检验概率为 $P=0.0003$，均小于 0.01，所以检验结果为差异极显著，即病人服药前后血压有极显著差异。

第六节 总体参数的区间估计

参数估计就是用样本统计量来估计总体参数，有点估计和区间估计之分。将样本统计量直接作为总体相应参数的估计值叫点估计。点估计只给出了未知参数估计值的大小，没有考虑试验误差的影响，也没有指出估计的可靠程度。区间估计是在一定概率保证下指出总体参数的可能范围，所给出的可能范围叫置信区间，给出的概率保证称为置信度或置信概率。本节介绍正态总体平均数 μ 和二项总体百分数 P 的区间估计。

一、正态总体平均数 μ 的置信区间

设有一来自正态总体的样本，包含 n 个观测值 x_1，x_2，…，x_n，样本平均数 $\bar{x}=\sum x/n$，标准误 $S_{\bar{x}}=S/\sqrt{n}$。总体平均数为 μ。

因为 $t=(\bar{x}-\mu)/S_{\bar{x}}$ 服从自由度为 $n-1$ 的 t 分布。双侧概率为 α 时，$P(-t_\alpha\leqslant t\leqslant t_\alpha)=1-\alpha$，也就是说，$t$ 在区间 $[-t_\alpha, t_\alpha]$ 内取值的可能性为 $1-\alpha$，即：

$$P\left(-t_\alpha\leqslant\frac{\bar{x}-\mu}{S_{\bar{x}}}\leqslant t_\alpha\right)=1-\alpha$$

对 $-t_\alpha\leqslant\frac{\bar{x}-\mu}{S_{\bar{x}}}\leqslant t_\alpha$ 变形得：

$$\bar{x}-t_\alpha S_{\bar{x}}\leqslant\mu\leqslant\bar{x}+t_\alpha S_{\bar{x}} \tag{5-12}$$

亦即 $P(\bar{x}-t_\alpha S_{\bar{x}}\leqslant\mu\leqslant\bar{x}+t_\alpha S_{\bar{x}})=1-\alpha$

式(5-12) 称为总体平均数 μ 置信度为 $1-\alpha$ 的置信区间。其中 $t_\alpha S_{\bar{x}}$ 称为置信半径；$\bar{x}-t_\alpha S_{\bar{x}}$ 和 $\bar{x}+t_\alpha S_{\bar{x}}$ 分别称为置信下限和置信上限；置信上、下限之差称为置信距，置信距越

小，估计的精确度就越高。

常用的置信度为95%和99%，故由式(5-12) 可得总体平均数 μ 的95%和99%的置信区间如下：

$$\bar{x}-t_{0.05}S_{\bar{x}}\leqslant\mu\leqslant\bar{x}+t_{0.05}S_{\bar{x}} \tag{5-13}$$

$$\bar{x}-t_{0.01}S_{\bar{x}}\leqslant\mu\leqslant\bar{x}+t_{0.01}S_{\bar{x}} \tag{5-14}$$

【例 5.15】 某品种猪10头仔猪的初生体重（kg）为1.5、1.2、1.3、1.4、1.8、0.9、1.0、1.1、1.6、1.2，求该品种猪仔猪初生体重总体平均数 μ 的置信区间。

解 经计算得 $\bar{x}=1.2$，$S_{\bar{x}}=0.08$，由 $df=n-1=10-1=9$，查 t 值表得 $t_{0.05(9)}=2.262$，$t_{0.01(9)}=3.250$，因此

95%置信半径为 $t_{0.05(df)}S_{\bar{x}}=2.262\times0.08=0.18$

95%置信下限为 $\bar{x}-t_{0.05(df)}S_{\bar{x}}=1.2-0.18=1.02$

95%置信上限为 $\bar{x}+t_{0.05(df)}S_{\bar{x}}=1.2+0.18=1.38$

所以该品种仔猪初生体重总体平均数 μ 的95%置信区间为1.02（kg）$\leqslant\mu\leqslant$1.38（kg）。

又因为

99%置信半径为 $t_{0.01(df)}S_{\bar{x}}=3.25\times0.08=0.26$

99%置信下限为 $\bar{x}-t_{0.01(df)}S_{\bar{x}}=1.2-0.26=0.94$

99%置信上限为 $\bar{x}+t_{0.01(df)}S_{\bar{x}}=1.2+0.26=1.46$

所以该品种仔猪初生体重总体平均数 μ 的99%置信区间为

0.94(kg)$\leqslant\mu\leqslant$1.46(kg)。

二、二项总体百分数 P 的置信区间

样本百分数 $\hat{P}$ 只是总体百分数 P 的点估计值。百分数的置信区间则是在一定置信度下对总体百分数做出区间估计。求总体数的置信区间有两种方法：正态近似法和查表法，这里仅介绍正态近似法。

当 $n>1000$，$P\geqslant1\%$时，总体 P 的95%、99%置信区间为：

$$\hat{P}-1.96S_{\hat{P}}\leqslant P\leqslant\hat{P}_1+1.96S_{\hat{P}} \tag{5-15}$$

$$\hat{P}-2.58S_{\hat{P}}\leqslant P\leqslant\hat{P}+2.58S_{\hat{P}} \tag{5-16}$$

式中 $\hat{P}$——样本百分数；

$S_{\hat{P}}$——样本百分数标准误，$S_{\hat{P}}=\sqrt{\dfrac{\hat{P}\ (1-\hat{P})}{n}}$。

【例 5.16】 调查某地1500头奶牛，患结核病的有150头，求该地区奶牛结核病患病率的95%、99%置信区间。

解 由于 $n=1500>1000$，$\hat{P}=150/1500=10\%>1\%$，采用正态分布近似法求置信区间。

因为

$$S_{\hat{P}}=\sqrt{\frac{\hat{P}(1-\hat{P})}{n}}=\sqrt{\frac{0.1\times(1-0.1)}{1500}}=0.0077$$

所以该地区奶牛结核病患病率 P 的95%、99%置信区间为：

$$0.1-1.96\times0.0077\leqslant P\leqslant0.1+1.96\times0.0077$$

$$0.1-2.58\times0.0077\leqslant P\leqslant0.1+2.58\times0.0077$$

即 8.49%$\leqslant P\leqslant$11.51%，8.01%$\leqslant P\leqslant$11.99%。

【本章小结】

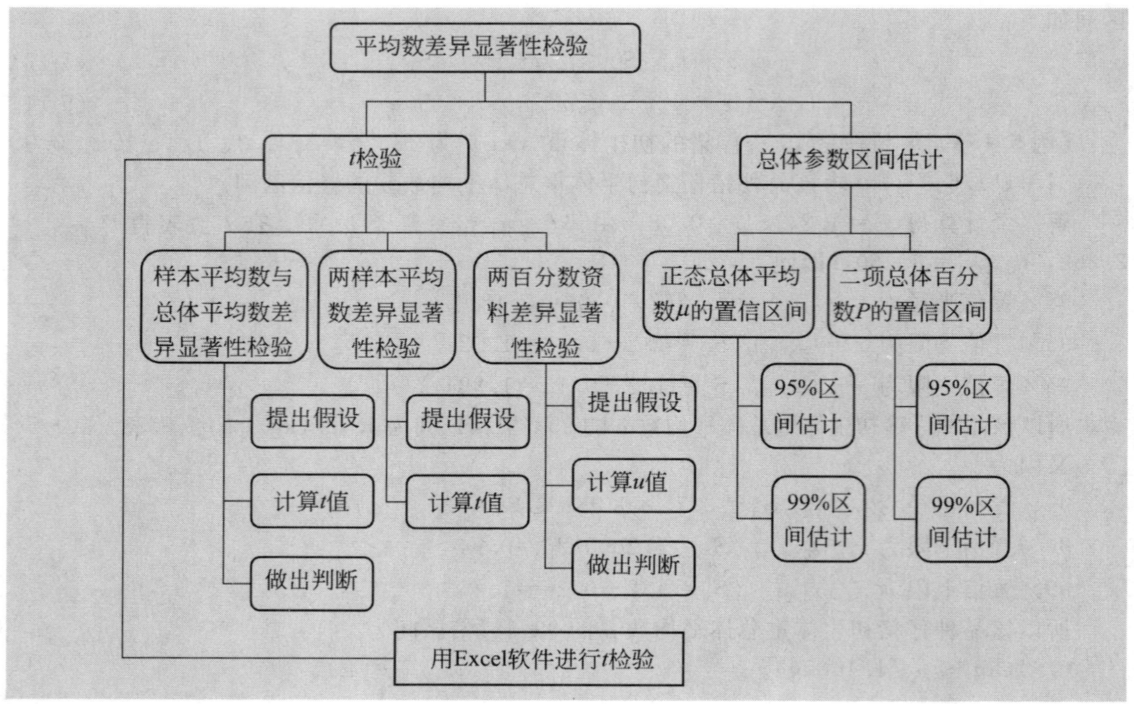

【习 题】

1. 显著性检验的基本步骤是什么？根据什么确定显著水平？

2. 什么是统计推断？为什么统计推断的结论有可能发生错误？有哪两类错误？如何降低犯两类错误的概率？

3. 双侧检验、单侧检验各在什么条件下应用？二者有何关系？

4. 进行显著性检验应注意什么问题？如何理解显著性检验结论中的“差异不显著”、“差异显著”、“差异极显著”？

5. 配对试验设计与非配对试验设计有何区别？

6. 随机抽测了10只兔的直肠温度（℃），其数据为：38.7、39.0、38.9、39.6、39.1、39.8、38.5、39.7、39.2、38.4，已知该品种兔直肠温度的总体平均数 $\mu_0=39.5$（℃），试检验该样本平均温度与 μ_0 是否存在显著差异？

7. 11只60日龄的雄鼠在X射线照射前后的体重数据见表1，检验雄鼠在照射X射线前后体重差异是否显著？

表1 单位：g

编号	1	2	3	4	5	6	7	8	9	10	11
照射前	25.7	24.4	21.1	25.2	26.4	23.8	21.5	22.9	23.1	25.1	29.5
照射后	22.5	23.2	20.6	23.4	25.4	20.4	20.6	21.9	22.6	23.5	24.3

8. 某猪场从10窝大白猪的仔猪中，每窝抽出性别相同、体重接近的仔猪2头，将每窝两头仔猪随机地分配到两个饲料组，进行饲料对比试验，试验时间30天，增重结果见表2。试检验两种饲料喂饲的仔猪平均增重差异是否显著？

表 2

窝号	1	2	3	4	5	6	7	8	9	10
饲料Ⅰ	10.0	11.2	12.1	10.5	11.1	9.8	10.8	12.5	12.0	9.9
饲料Ⅱ	9.5	10.5	11.8	9.5	12.0	8.8	9.7	11.2	11.0	9.0

9. 某鸡场种蛋常年孵化率为85%，现有100枚种蛋进行孵化，出雏89只，问该批种蛋的孵化结果与常年孵化率有无显著差异？

10. 研究甲、乙两药对某病的治疗效果，甲药治疗病畜70例，治愈53例；乙药治疗75例，治愈62例，问两药的治愈率是否有显著差异？并计算两种药物治愈率总体百分率的95%、99%置信区间。

11. 某养殖场分别测定了10只大耳白家兔、11只青紫蓝家兔在停食18h后的正常血糖值，如表3。问这两个品种家兔的正常血糖值是否有显著差异？

表 3

单位：mg/100mL

编号	1	2	3	4	5	6	7	8	9	10	11
大耳白	57	120	101	137	119	117	104	73	53	68	—
青紫蓝	89	36	82	50	39	32	57	82	96	31	88

12. 有人曾对公雏鸡作了性激素效应试验。将22只公雏鸡完全随机地分为两组，每组11只。一组接受睾丸激素处理（A组）；另一组接受雄甾烯醇酮处理（C组）。在第15天后取它们的鸡冠个别称重，所得数据如表4。问A组与C组公雏鸡鸡冠重量的差异是否显著？

表 4

激素	鸡冠重量/mg										
A组	57	120	101	137	119	117	104	73	53	68	118
C组	89	30	82	50	39	22	57	32	96	31	88

第六章 方差分析

【知识目标】

- 理解方差分析的原理，领会方差分析的意义。
- 熟悉方差分析的基本步骤。
- 掌握多重比较的方法。

【技能目标】

- 能对单因素资料进行方差分析。
- 能对交叉分组资料进行方差分析。
- 能够正确地选用多重比较的方法。
- 能运用 Excel 软件进行方差分析。

第一节 概 述

一、方差分析的意义

第五章介绍的 t 检验适用于两个处理平均数之间的差异显著性检验，但在生产和科学研究中经常会遇到比较多个处理优劣的问题。这时，若仍采用 t 检验就不适宜了。具体原因如下。

1. 检验过程繁琐

例如，试验如果包含 5 个处理，采用 t 检验法要进行 $C_5^2=10$ 次两两平均数的差异显著性检验；若有 k 个处理，则要作 $k(k-1)/2$ 次类似的检验。

2. 无统一的试验误差，误差估计的精密度和检验的灵敏性低

对同一试验的多个处理进行比较时，应该有一个统一的试验误差的估计值。若用 t 检验作两两比较，由于每次比较需计算一个 $S_{\bar{x}_1-\bar{x}_2}$，故使得各次比较误差的估计不统一，同时没有充分利用资料所提供的信息而使误差估计的精密度降低，从而降低检验的灵敏性。例如，试验有 5 个处理，每个处理重复 6 次，共有 30 个观测值。进行 t 检验时，每次只能利用两个处理共 12 个观测值估计试验误差，误差自由度为 $2\times(6-1)=10$；若利用整个试验的 30 个观测值估计试验误差，显然估计的精密度高，且误差自由度为 $5\times(6-1)=25$。可见，在用 t 检验时，由于估计误差的精密度低，误差自由度小，使检验的灵敏性降低，容易掩盖差异的显著性。

3. 推断的可靠性低，检验的Ⅰ（α）型错误率大

即使利用资料所提供的全部信息估计了试验误差，若用 t 检验进行多个处理平均数间的差异显著性检验，若显著水平 $\alpha=0.05$，一次比较获正确结论的概率等于 0.95，若有 $k=3$ 个处理，整个试验获正确结论的概率等于 $(1-0.05)^3\approx0.86$，犯Ⅰ型错误的概率 $\alpha\neq0.05$，而是 $\alpha=1-(1-0.05)^3\approx0.14$，因而会增大犯Ⅰ型错误的概率，降低推断的可靠性。

由于上述原因，多个平均数的差异显著性检验不宜用 t 检验，须采用方差分析法。

方差分析（analysis of variance，AOV）是由英国统计学家 R. A. Fisher 于 1923 年提出的。这种方法是将 k 个处理的观测值作为一个整体看待，把观测值总变异的平方和及自由度分解为相应于不同变异来源的平方和及自由度，进而获得不同变异来源总体方差估计值；通过计算这些总体方差的估计值的适当比值，就能检验各样本所属总体平均数是否相等。方差分析法是一种在若干能相互比较的资料组中，把产生变异的原因加以区分开来的方法与技术，方差分析实质上是关于观测值变异原因的数量分析。

二、常用名词术语

1. 试验指标（experimental index）

为衡量试验结果的标准，在试验中具体测定的性状或观测的项目称为试验指标。由于试验目的不同，选择的试验指标也不相同。在畜禽、水产试验中常用的试验指标有：日增重、产仔数、产奶量、产蛋率、瘦肉率、某些生理生化和体型指标（如血糖含量、体高、体重）等。

2. 试验因素（experimental factor）

试验中所研究的影响试验指标的每一试验条件叫试验因素。如研究如何提高猪的日增重时，饲料的配方、猪的品种、饲养方式、环境温湿度等都对日增重有影响，均可作为试验因素来考虑。当试验中考察的因素只有一个时，称为单因素试验；若同时研究两个或两个以上的因素对试验指标的影响时，则称为两因素或多因素试验。试验因素常用大写字母 A，B，C，…表示。

3. 因素水平（level of factor）

试验因素从量或质划分的若干不同的等级称为因素水平，简称水平。如比较 3 个品种奶牛产奶量的高低，这 3 个品种就是奶牛品种这个试验因素的 3 个水平；研究某种饲料中 4 种不同能量水平对肥育猪瘦肉率的影响，这 4 种特定的能量水平就是饲料能量这一试验因素的 4 个水平。因素水平用代表该因素的字母加添足标（1、2、…）来表示，如 A_1、A_2、…，B_1、B_2、…。

4. 试验处理（treatment）

在动物试验中实施在试验单位上的具体项目叫试验处理，简称处理。在单因素试验中，实施在试验单位上的具体项目就是试验因素的某一水平。例如进行饲料的比较试验时，实施在试验单位（某种畜禽）上的具体项目就是喂饲某一种饲料。所以进行单因素试验时，试验因素的一个水平就是一个处理。在多因素试验中，实施在试验单位上的具体项目是各因素的某一水平组合。例如进行 3 种饲料和 3 个品种对猪日增重影响的两因素试验，整个试验共有 $3\times3=9$ 个水平组合，实施在试验单位（试验猪）上的具体项目就是某品种与某种饲料的结合。所以在进行多因素试验时，试验因素的一个水平组合就是一个处理。

5. 试验单位（experimental unit）

在试验中能接受不同试验处理的独立试验载体叫试验单位。在畜禽、水产试验中，一只家禽、一头家畜、一只小白鼠、一尾鱼，或几只家禽、几头家畜、几只小白鼠、几尾鱼等一个动物或一组动物都可作为试验单位。试验单位往往也是观测数据的单位。

6. 重复（repetition）

在试验中，将一个处理实施在两个或两个以上的试验单位上，称为处理有重复；处理实施的试验单位数称为处理的重复数。例如，用某种饲料喂 4 头猪，就说这个处理（饲料）有 4 次重复。

三、方差分析的基本原理

1. 线性模型与基本假定

设：某单因素试验有 k 个处理，每个处理有 n 次重复，共有 nk 个观测值。这类试验资料的数据模式如表 6-1 所示。

表 6-1 单因素试验资料的数据模式

处理	观测值(x_{ij})						合计 $x_{i\cdot}$	平均数 $\bar{x}_{i\cdot}$
A_1	x_{11}	x_{12}	…	x_{1j}	…	x_{1n}	$x_{1\cdot}$	$\bar{x}_{1\cdot}$
A_2	x_{21}	x_{22}	…	x_{2j}	…	x_{2n}	$x_{2\cdot}$	$\bar{x}_{2\cdot}$
⋮	⋮	⋮	…	⋮	⋮	⋮	⋮	⋮
A_i	x_{i1}	x_{i2}	…	x_{ij}	…	x_{in}	$x_{i\cdot}$	$\bar{x}_{i\cdot}$
⋮	⋮	⋮	…	⋮	⋮	⋮	⋮	⋮
A_k	x_{k1}	x_{k2}	…	x_{kj}	…	x_{kn}	$x_{k\cdot}$	$\bar{x}_{k\cdot}$
合计	—						$x_{\cdot\cdot}$	$\bar{x}_{\cdot\cdot}$

表中 x_{ij} 表示第 i 个处理的第 j 个观测值（$i=1, 2, \cdots, k$；$j=1, 2, \cdots, n$)；$x_i=\sum_{j=1}^{n}x_{ij}$ 表示第 i 个处理 n 个观测值的和；$x_{\cdot\cdot}=\sum_{i=1}^{k}\sum_{j=1}^{n}x_{ij}$ 表示全部观测值的总和；$\bar{x}_{i\cdot}=x_{i\cdot}/n$ 表示第 i 个处理的平均数；$\bar{x}_{\cdot\cdot}=x_{\cdot\cdot}/(kn)$ 表示全部观测值的总平均数；x_{ij} 可以分解为 $x_{ij}=\mu_i+\varepsilon_{ij}$，其中 μ_i 表示第 i 个处理观测值总体的平均数。为了看出各处理的影响大小，再将 μ_i 进行分解，令 $\mu=\frac{1}{k}\sum_{i=1}^{k}\mu_i$，$\alpha_i=\mu_i-\mu$，则：

$$x_{ij}=\mu+\alpha_i+\varepsilon_{ij}$$

式中 μ——全部试验观测值总体的平均数；

α_i——第 i 个处理的效应，表示处理 i 对试验结果产生的影响。

显然有，$\sum_{i=1}^{k}\alpha_i=0$，ε_{ij} 是试验误差，相互独立，且服从正态分布 $N(0, \sigma^2)$。

$x_{ij}=\mu_i+\varepsilon_{ij}$ 称单因素试验的线性模型亦称数学模型。在这个模型中，x_{ij} 表示总平均数 μ、处理效应 α_i、试验误差 ε_{ij} 之和。由 ε_{ij} 相互独立且服从正态分布 $N(0, \sigma^2)$ 可知，各处理 $A_i(i=1, 2, \cdots, k)$ 所属总体也应该具有正态性，即服从正态分布 $N(\mu_i, \sigma^2)$。尽管各总体的均数 μ_i 可以不等或相等，但 σ^2 必须是相等的。所以，单因素试验的数学模型可归纳为效应的可加性、分布的正态性、方差的同质性。这也是进行其他类型方差分析的前提或基本假定。

若将表 6-1 中的观测值 x_{ij}（$i=1, 2, \cdots, k$；$j=1, 2, \cdots, n$）的数据结构（模型）用样本符号来表示，则：

$$x_{ij}=\bar{x}_{\cdot\cdot}+(\bar{x}_{i\cdot}-\bar{x}_{\cdot\cdot})+(x_{ij}-\bar{x}_{i\cdot})=\bar{x}_{\cdot\cdot}+t_i+e_{ij}$$

$\bar{x}_{\cdot\cdot}$、t_i、e_{ij} 分别是 μ、α_i、ε_{ij} 的估计值。每个观测值都包含处理效应（$\mu_i-\mu$ 或 $\bar{x}_{i\cdot}-\bar{x}_{\cdot\cdot}$）与误差（$x_{ij}-\mu_i$ 或 $x_{ij}-\bar{x}_{i\cdot}$），故 kn 个观测值的总变异可分解为处理间的变异和处理内的变异两部分。

2. 平方和与自由度的剖分

在方差分析中是用样本方差即均方来度量资料的变异程度的。表 6-1 中全部观测值的总变异可以用总均方来度量。将总变异分解为处理间变异和处理内变异，就是要将总均方分解为处理间均方和处理内均方。但这种分解是通过将总均方的分子——总离均差平方和，简称为总平方和，剖分成处理间平方和与处理内平方和两部分；将总均方的分母——总自由度，剖分成处理间自由度与处理内自由度两部分来实现的。

(1) 总平方和的剖分　在表 6-1 中，反映全部观测值总变异的总平方和是 x_{ij} 与 $\bar{x}_{..}$ 的离均差平方和，记为 SS_T。即：

$$SS_T=\sum_{i=1}^{k}\sum_{j=1}^{n}(x_{ij}-\bar{x}_{..})$$

因为

$$\sum_{i=1}^{k}\sum_{j=1}^{n}(x_{ij}-\bar{x}_{..})^2=\sum_{i=1}^{k}\sum_{j=1}^{n}[(\bar{x}_{i.}-\bar{x}_{..})+(x_{ij}-\bar{x}_{i.})]^2$$

$$=\sum_{i=1}^{k}\sum_{j=1}^{n}[(\bar{x}_{i.}-\bar{x}_{..})^2+2(\bar{x}_{i.}-\bar{x}_{..})(x_{ij}-\bar{x}_{i.})+(x_{ij}-\bar{x}_{i.})^2]$$

$$=n\sum_{i=1}^{k}(\bar{x}_{i}-\bar{x}_{.})^2+2\sum_{i=1}^{k}[(\bar{x}_{i}-\bar{x}_{..})\sum_{j=1}^{n}(x_{ij}-\bar{x}_{i.})]+\sum_{i=1}^{k}\sum_{j=1}^{n}(x_{ij}-\bar{x}_{i.})^2$$

其中 $\sum_{j=1}^{k}(x_{ij}-\bar{x}_{i.})=0$

所以 $\sum_{i=1}^{k}\sum_{j=1}^{n}(x_{ij}-\bar{x}_{..})^2=n\sum_{i=1}^{k}(\bar{x}_{i.}-\bar{x}_{..})^2+\sum_{i=1}^{k}\sum_{j=1}^{n}(x_{ij}-\bar{x}_{i.})^2$

其中，$n\sum_{i=1}^{k}(\bar{x}_{i.}-\bar{x}_{..})^2$ 为各处理平均数 $\bar{x}_{i.}$ 与总平均数 $\bar{x}_{..}$ 的离均差平方和与重复数 n 的乘积，反映了重复 n 次的处理间变异，称为处理间平方和，记为 SS_t，即：

$$SS_t=n\sum_{i=1}^{k}(\bar{x}_{i.}-\bar{x}_{..})^2$$

$\sum_{i=1}^{k}\sum_{j=1}^{n}(x_{ij}-\bar{x}_{i.})^2$ 为各处理内离均差平方和之和，反映了各处理内的变异即误差，称为处理内平方和（或）误差平方和，记为 SS_e，即：

$$SS_e=\sum_{i=1}^{k}\sum_{j=1}^{n}(x_{ij}-\bar{x}_{i.})^2$$

于是有　$SS_T=SS_t+SS_e$

单因素试验结果总平方和、处理间平方和、处理内平方和的简便计算公式如下：

$$C=x_{..}^2/(kn)\qquad (C\text{ 称为校正系数}) \tag{6-1}$$

$$SS_T=\sum_{i=1}^{k}\sum_{j=1}^{n}x_{ij}^2-C \tag{6-2}$$

$$SS_t=\frac{1}{n}\sum_{i=1}^{k}x_{i.}^2-C \tag{6-3}$$

$$SS_e=SS_T-SS_t \tag{6-4}$$

(2) 总自由度的剖分　在计算总平方和时，资料中的各个观测值要受 $\sum_{i=1}^{k}\sum_{j=1}^{n}(x_{ij}-\bar{x}_{..})=0$ 这一条件的约束，故总自由度等于资料中观测值的总个数减 1，即 $kn-1$。总自由度记为 df_T，即 $df_T=kn-1$。

在计算处理间平方和时，各处理均数 $\bar{x}_{i.}$ 要受 $\sum_{j=1}^{k}(\bar{x}_{i.}-\bar{x}_{..})=0$ 这一条件的约束，故处理间自由度为处理数减 1，即 $k-1$。处理间自由度记为 df_t，即 $df_t=k-1$。

在计算处理内平方和时，要受 k 个条件的约束，即 $\sum_{j=1}^{k}(x_{ij}-\bar{x}_{i.})=0$ $(i=1, 2, \cdots, k)$。故处理内自由度为资料中观测值的总个数减 k，即 $kn-k$。处理内自由度记为 df_e，即：

$$df_e=kn-k=k(n-1)$$

因为 $$kn-1=(k-1)+(kn-k)=(k-1)+k(n-1)$$

所以 $$df_T=df_t+df_e$$

综合以上各式得：$df_T=kn-1, df_t=k-1, df_e=df_T-df_t$

各部分平方和除以各自的自由度便得到总均方、处理间均方和处理内均方，分别记为 MS_T（或 S_T^2）、MS_t（或 S_t^2）和 MS_e（或 S_e^2）。即：

$$MS_T=S_T^2=SS_T/df_T \qquad MS_t=S_t^2=SS_t/df_t \qquad MS_e=S_e^2=SS_e/df_e$$

总均方一般不等于处理间均方加处理内均方。

【例 6.1】 研究不同品种对幼兔增重的影响，选取塞北兔、比利时兔、新西兰兔、加利福尼亚兔各 8 只，在相同饲养管理条件下经过 40 天饲养试验，每个品种幼兔个体日增重列于表 6-2。

表 6-2 供试兔 40 天饲养试验的日增重　　单位：g

品种	试验期的日增重(x_{ij})								合计 $x_{i.}$	平均数 $\bar{x}_{i.}$
塞北兔	28	38	31	33	33	28	31	30	252	31.50
比利时兔	19	30	21	25	30	30	24	33	212	26.50
新西兰兔	21	18	15	20	14	30	10	26	154	19.25
加利福尼亚兔	16	18	20	18	20	18	23	15	148	18.50
合计	—								$x_{..}=766$	—

解　这是一个单因素试验，处理数 $k=4$，重复数 $n=8$。各项平方和及自由度计算如下：

校正系数　$C=x_{..}^2/(nk)=766^2/(8\times4)=18336.13$

总平方和　$SS_T=\sum\sum x_{ij}^2-C=28^2+38^2+\cdots+15^2-18336.13=1511.87$

处理间平方和　$SS_t=\frac{1}{n}\sum x_{i.}^2-C=\frac{1}{8}(252^2+212^2+154^2+148^2)-18336.13=922.37$

处理内平方和　$SS_e=SS_T-SS_t=1511.87-922.37=589.50$

总自由度　$df_T=kn-1=4\times8-1=31$

处理间自由度　$df_t=k-1=4-1=3$

处理内自由度　$df_e=k(n-1)=df_T-df_t=31-3=28$

用 SS_t、SS_e 分别除以 df_t 和 df_e 便得到处理间均方 MS_t 及处理内均方 MS_e。

$$MS_t=S_t^2=SS_t/df_t=922.38/3=307.46$$

$$MS_e = S_e^2 = SS_e/df_e = 589.50/28 = 21.05$$

因为方差分析中不涉及总均方的数值，所以不必计算。

3. F 分布与 F 检验

（1）F 分布　假设在一个正态总体 $N(\mu, \sigma^2)$ 中随机抽取样本含量为 n 的样本 k 个，将各样本观测值整理成表 6-1 的形式。此时所谓的各处理没有真实差异，各处理只是随机分的组。因此，计算出的 S_t^2 和 S_e^2 都是误差方差 σ^2 的估计量。以 S_e^2 作分母，S_t^2 作分子，求其比值。统计学上把两个均方的比值称为 F 值。即：

$$F = \frac{S_t^2}{S_e^2} = \frac{MS_t}{MS_e} \tag{6-5}$$

F 具有两个自由度：$df_1 = df_t = k-1$，$df_2 = df_e = k(n-1)$。

F 值所具有的概率分布称为 F 分布。F 分布密度曲线是随自由度 df_1、df_2 的变化而变化的一簇偏态曲线，其形态随着 df_1、df_2 的增大逐渐趋于对称，如图 6-1 所示。

F 分布的取值范围是 $(0, +\infty)$，其平均值 $\mu_F = 1$。

用 $f(F)$ 表示 F 分布的概率密度函数，则其分布函数 $F(F_\alpha)$ 为：

$$F(F_\alpha) = P(F < F_\alpha) = \int_0^{F_\alpha} f(F)\mathrm{d}F$$

因而 F 分布右尾从 F_α 到 $+\infty$ 的概率为：

$$P(F \geqslant F_\alpha) = 1 - F(F_\alpha) = \int_{F_\alpha}^{+\infty} f(F)\mathrm{d}F$$

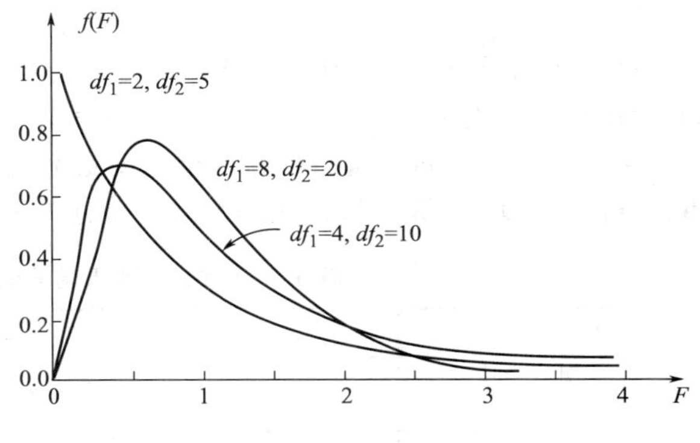

图 6-1　F 分布密度曲线

F 值表中所列出的是不同 df_1、df_2 下，$P(F \geqslant F_\alpha) = 0.05$ 和 $P(F \geqslant F_\alpha) = 0.01$ 时的 F 值，即右尾概率 $\alpha = 0.05$ 和 $\alpha = 0.01$ 时的临界 F 值，一般记作 $F_{0.05(df_1, df_2)}$，$F_{0.01(df_1, df_2)}$。如当 $df_1 = 3$，$df_2 = 18$ 时，$F_{0.05(3,18)} = 3.16$，$F_{0.01(3,18)} = 5.39$，表示如以 $df_1 = df_t = 3$，$df_2 = df_e = 18$ 在同一正态总体中连续抽样，则所得 F 值大于 3.16 的仅为 5%，而大于 5.39 的仅为 1%。

（2）F 检验　F 值表是专门为检验 S_t^2 代表的总体方差是否比 S_e^2 代表的总体方差大而设计的。若实际计算的 F 值大于 $F_{0.05(df_1, df_2)}$，则 F 值在 $\alpha = 0.05$ 的水平上显著，有 95% 的可靠性（即冒 5% 的风险）推断 S_t^2 代表的总体方差大于 S_e^2 代表的总体方差。这种用 F 值出现概率的大小推断两个总体方差是否相等的方法称为 F 检验。

在方差分析中进行 F 检验目的在于推断处理间的差异是否存在，检验某项变异因素的效应方差是否为零。因此，在计算 F 值时总是以被检验因素的均方作分子，以误差均方作分母。应当注意，分母项的正确选择是由方差分析的模型和各项变异原因的期望均方决定的。

在单因素试验结果的方差分析中，无效假设为 H_0：$\mu_1 = \mu_2 = \cdots = \mu_k$，或 H_0：$\sigma_\alpha^2 = 0$；备择假设为 H_A：各 μ_i 不全相等，或 H_A：$\sigma_\alpha^2 \neq 0$。

$F = MS_t/MS_e$，也就是要判断处理间均方是否显著大于处理内（误差）均方。如果结论是肯定的，将否定 H_0；反之，不否定 H_0。反过来理解：如果 H_0 是正确的，那么 MS_t 与

MS_e 都是总体误差 σ^2 的估计值，理论上讲 F 值等于 1；如果 H_0 是不正确的，那么 MS_t 的期望均方中的 σ_α^2 就不等于零，理论上讲 F 值就必大于 1。但是由于抽样的原因，即使 H_0 正确，F 值也会出现大于 1 的情况。所以，只有 F 值大于 1 达到一定程度时，才有理由否定 H_0。

实际进行 F 检验时，是将由试验资料所算得的 F 值与根据 $df_1=df_t$（大均方，即分子均方的自由度）、$df_2=df_e$（小均方，即分母均方的自由度）查附表所得的临界 F 值 $F_{0.05(df_1,df_2)}$、$F_{0.01(df_1,df_2)}$ 相比较做出统计推断的。

若 $F<F_{0.05(df_1,df_2)}$，即 $P>0.05$，不能否定 H_0，统计学上把这一检验结果表述为各处理间差异不显著，在 F 值的右上方标记“ns”，或不标记符号；若 $F_{0.05(df_1,df_2)}\leqslant F<F_{0.01(df_1,df_2)}$，即 $0.01<P\leqslant0.05$，否定 H_0，接受 H_A，统计学上把这一检验结果表述为各处理间差异显著，在 F 值的右上方标记“*”；若 $F\geqslant F_{0.01(df_1,df_2)}$，即 $P\leqslant0.01$，否定 H_0，接受 H_A，统计学上把这一检验结果表述为各处理间差异极显著，在 F 值的右上方标记“**”。

对于【例 6.1】，因为 $F=MS_t/MS_e=307.46/21.05=14.61$；根据 $df_1=df_t=3$，$df_2=df_e=28$ 查附表 4，得 $F>F_{0.01(3,28)}=4.57$，$P<0.01$，表明不同家兔品种的增重效果差异极显著，即不同家兔品种的增重速度是不同的。在方差分析中，通常将变异来源、平方和、自由度、均方和 F 值归纳成一张方差分析表，见表 6-3。

表 6-3 供试兔 40 天饲养试验的日增重方差分析

变异来源	SS	df	MS	F
处理	922.37	3	307.46	14.61**
误差	589.50	28	21.05	
总变异	1511.87	31	—	—

经 F 检验差异极显著，故在 F 值 14.61 右上方标记“**”。在实际进行方差分析时，只需计算出各项平方和与自由度，各项均方的计算及 F 检验可在方差分析表上进行。

四、方差分析的基本步骤

① 计算各项平方和与自由度；
② 计算均方（方差）；
③ 列方差分析表，求 F 值；
④ 进行 F 检验；
⑤ 若 F 检验差异显著，则进行多重比较。

第二节 多重比较

F 值显著或极显著，否定了无效假设 H_0，表明试验的总变异主要来源于处理间的变异，试验中各处理平均数间存在显著或极显著差异，但并不意味着每两个处理平均数间的差异都显著或极显著，也不能具体说明哪些处理平均数间有显著或极显著差异，哪些差异不显著。因而有必要进行两两处理平均数间的比较，以具体判断两两处理平均数间的差异显著性。统计上把多个平均数两两间的相互比较称为多重比较。

一、最小显著差数法

此法的基本做法是：在 F 检验显著的前提下，先计算出显著水平为 α 的最小显著差数（least significant difference，LSD）LSD_α，然后将任意两个处理平均数的差数的绝对值 $|\bar{x}_{i.}-\bar{x}_{j.}|$ 与其比较。若 $|\bar{x}_{i.}-\bar{x}_{j.}|>LSD_\alpha$ 时，则 $\bar{x}_{i.}$ 与 $\bar{x}_{j.}$ 在 α 水平上差异显著；反之，则在 α 水平上差异不显著。最小显著差数由如下公式计算：

$$LSD_\alpha=t_{\alpha(df_e)}S_{\bar{x}_{i.}-\bar{x}_{j.}} \tag{6-6}$$

式中 $t_{\alpha(df_e)}$——在 F 检验中误差自由度下，显著水平为 α 的临界 t 值；

$S_{\bar{x}_{i.}-\bar{x}_{j.}}$——均数差异标准误，$S_{\bar{x}_{i.}-\bar{x}_{j.}}=\sqrt{2MS_e/n}$；

MS_e——F 检验中的误差均方；

n——各处理的重复数。

当显著水平 $\alpha=0.05$ 和 $\alpha=0.01$ 时，从 t 值表中查出 $t_{0.05(df_e)}$ 和 $t_{0.01(df_e)}$，代入公式(6-6）得：

$$LSD_{0.05}=t_{0.05(df_e)}S_{\bar{x}_{i.}-\bar{x}_{j.}} \qquad LSD_{0.01}=t_{0.01(df_e)}S_{\bar{x}_{i.}-\bar{x}_{j.}}$$

LSD 法步骤：①列出平均数的多重比较表，比较表中各处理按其平均数从大到小自上而下排列；②计算最小显著差数 $LSD_{0.05}$ 和 $LSD_{0.01}$；③将平均数多重比较表中两两平均数的差数与 $LSD_{0.05}$、$LSD_{0.01}$ 比较，做出统计推断。对于【例 6.1】各品种的多重比较如表 6-4 所示。

表 6-4 供试兔 40 天饲养试验日增重的多重比较表（LSD 法）

处理	平均数 $\bar{x}_{i.}$	$\bar{x}_{i.}-18.50$	$\bar{x}_{i.}-19.25$	$\bar{x}_{i.}-26.50$
塞北兔	31.50	13.00**	12.25**	5.00*
比利时兔	26.50	8.00**	7.25**	
新西兰兔	19.25	0.75ns		
加利福尼亚兔	18.50			

因为，$S_{\bar{x}_{i.}-\bar{x}_{j.}}=\sqrt{2MS_e/n}=\sqrt{2\times21.05/8}=2.294$

查 t 值表得：$t_{0.05(df_e)}=t_{0.05(28)}=2.048$，$t_{0.01(df_e)}=t_{0.01(28)}=2.763$

所以，显著水平为 0.05 与 0.01 的最小显著差数为：

$$LSD_{0.05}=t_{0.05(df_e)}S_{\bar{x}_{i.}-\bar{x}_{j.}}=2.048\times2.294=4.698$$

$$LSD_{0.01}=t_{0.01(df_e)}S_{\bar{x}_{i.}-\bar{x}_{j.}}=2.763\times2.294=6.338$$

将表 6-4 中的 6 个差数与 $LSD_{0.05}$、$LSD_{0.01}$ 比较：小于 $LSD_{0.05}$ 者不显著，在差数的右上方标记“ns”或不标记符号；介于 $LSD_{0.05}$ 与 $LSD_{0.01}$ 之间者差异显著，在差数的右上方标记“*”；大于 $LSD_{0.01}$ 者差异极显著，在差数的右上方标记“**”。检验结果除差数 0.75 不显著、5.00 显著外，其余 4 个差数 13.00、12.25、8.00、7.25 极显著。表明塞北兔的平均日增重效果极显著高于新西兰兔和加利福尼亚兔，与比利时兔的平均日增重存在显著差异。比利时兔的平均日增重与新西兰兔和加利福尼亚兔有极显著差异。而新西兰兔和加利福尼亚兔的平均日增重的差异不显著。

关于 LSD 法的应用有以下几点说明。

① LSD 法实质上就是 t 检验法。它是将 t 检验中由所求得的 t 的绝对值与临界 t_α 值的比较转为将各对均数差值的绝对值与最小显著差数的比较而做出统计推断的。但是，由于

LSD 法是利用 F 检验中的误差自由度 df_e 查临界 t_α 值，利用误差均方 MS_e 计算均数差异标准误 $S_{\bar{x}_{i\cdot}-\bar{x}_{j\cdot}}$，因而 LSD 法又不同于每次利用两组数据进行多个平均数两两比较的 t 检验法。它解决了 t 检验法检验过程繁琐，无统一的试验误差且估计误差的精密度和检验的灵敏性低这两个问题。但 LSD 法并未解决推断的可靠性降低、犯Ⅰ型错误的概率变大的问题。

② 有人提出，与检验任何两个均数间的差异相比较，LSD 法适用于各处理组与对照组比较而处理组间不进行比较的比较形式。实际上关于这种形式的比较更适用的方法有顿纳特(Dunnett) 法。

③ LSD 法最适宜的比较形式是：在进行试验设计时就确定各处理只是固定的两个两个相比，每个处理平均数在比较中只比较一次。例如，在一个试验中共有 4 个处理，设计时已确定只是处理 1 与处理 2、处理 3 与处理 4（或 1 与 3、2 与 4；或 1 与 4、2 与 3）比较，而其他的处理间不进行比较。因为这种比较形式实际上不涉及多个平均数的极差问题，所以不会增大犯Ⅰ型错误的概率。

综上所述，对于多个处理平均数所有可能的两两比较，LSD 法的优点在于方法比较简便，克服一般 t 检验法所具有的某些缺点，但是由于没有考虑相互比较的处理平均数依数值大小排列上的秩次，故仍有推断可靠性低、犯Ⅰ型错误概率增大的问题。

二、最小显著极差法

最小显著极差（least significant ranges，LSR）法的特点是把平均数的差数看成是平均数的极差，根据极差范围内所包含的处理数（称为秩次距）k 的不同而采用不同的检验尺度，以克服 LSD 法的不足。这些在显著水平 α 上依秩次距 k 的不同而采用的不同的检验尺度叫做最小显著极差 LSR。例如有 10 个 $\bar{x}$ 要相互比较，先将 10 个 $\bar{x}$ 依其数值大小顺次排列，两极端平均数的差数（极差）的显著性，由其差数是否大于秩次距 $k=10$ 时的最小显著极差决定（≥为显著，<为不显著）；而后是秩次距 $k=9$ 的平均数的极差的显著性，则由极差是否大于 $k=9$ 时的最小显著极差决定；……直到任何两个相邻平均数的差数的显著性由这些差数是否大于秩次距 $k=2$ 时的最小显著极差决定为止。因此，有 k 个平均数相互比较，就有 $k-1$ 种秩次距（k，$k-1$，$k-2$，…，2），因而需求得 $k-1$ 个最小显著极差（$LSR_{\alpha,k}$），分别作为判断具有相应秩次距的平均数的极差是否显著的标准。

因为 LSR 法是一种极差检验法，所以当一个平均数大集合的极差不显著时，其中所包含的各个较小集合极差也应一概作不显著处理。

LSR 法克服了 LSD 法的不足，但检验的工作量有所增加。常用的 LSR 法有 q 检验法和新复极差法两种。

1. q 检验法

此法是以统计量 q 的概率分布为基础的。q 值由下式求得：

$$q=\frac{\omega}{S_{\bar{x}}}$$

式中　　ω——极差；

$S_{\bar{x}}=\sqrt{MS_e/n}$——标准误。

q 分布依赖于误差自由度 df_e 及秩次距 k。

利用 q 检验法进行多重比较时，为了简便起见，不是将由公式算出的 q 值与临界 q 值 $q_{\alpha(df_e,k)}$ 比较，而是将极差与 $q_{\alpha(df_e,k)}S_{\bar{x}}$ 比较，从而做出统计推断。$q_{\alpha(df_e,k)}S_{\bar{x}}$ 即为 α 水平上的最小显著极差，即：

$$LSR_{\alpha}=q_{\alpha(df_e,k)}S_{\bar{x}} \quad (6\text{-}7)$$

当显著水平 $\alpha=0.05$ 和 0.01 时，从附表 5（q 值表）中根据自由度 df_e 及秩次距 k 查出 $q_{0.05(df_e,k)}$ 和 $q_{0.01(df_e,k)}$ 代入公式(6-7) 得：

$$LSR_{0.05,k}=q_{0.05(df_e,k)}S_{\bar{x}} \qquad LSR_{0.01,k}=q_{0.01(df_e,k)}S_{\bar{x}}$$

q 检验法步骤：①列出平均数多重比较表；②由自由度 df_e、秩次距 k 查临界 q 值，计算最小显著极差 $LSR_{0.05,k}$，$LSR_{0.01,k}$；③将平均数多重比较表中的各极差与相应的最小显著极差比较，做出统计推断。

对于【例 6.1】，各品种平均数多重比较表同表 6-4。在表 6-4 中，极差 0.75、7.25、5.00 的秩次距为 2；极差 8.00、12.25 的秩次距为 3；极差 13.00 的秩次距为 4。

因为 $MS_e=21.05$，故标准误

$$S_{\bar{x}}=\sqrt{MS_e/n}=\sqrt{21.05/8}=1.62$$

根据 $df_e=28$，$k=2$，3，4，由附表 5 查出 $\alpha=0.05$、$\alpha=0.01$ 水平下临界 q 值，乘以标准误 $S_{\bar{x}}$ 求得各最小显著极差，所得结果列于表 6-5。将表 6-4 中的极差 0.75、7.25、5.00 与表 6-5 中的最小显著极差 4.70、6.33 比较；将极差 8.00、12.25 与 5.67、7.26 比较；将极差 13.00 与 6.25、7.84 比较。其检验结果同 LSD 法。

表 6-5　表 6-2 资料 q 检验的 LSR 值

k	$q_{0.05}$	$q_{0.01}$	$LSR_{0.05}$	$LSR_{0.01}$
2	2.90	3.91	4.70	6.33
3	3.50	4.48	5.67	7.26
4	3.86	4.84	6.25	7.84

2. 新复极差法（new multiple range method）

此法是由邓肯（Duncan）于 1955 年提出，故又称 Duncan 法，此法又称 SSR 法（shortest significant ranges）。

新复极差法与 q 检验法的检验步骤相同，唯一不同的是计算最小显著极差时需查 SSR 表（附表 6）而不是查 q 值表。最小显著极差计算公式为：

$$LSR_{\alpha,k}=SSR_{\alpha(df_e,k)}S_{\bar{x}} \quad (6\text{-}8)$$

式中　$SSR_{\alpha(df_e,k)}$——根据显著水平 α、误差自由度 df_e、秩次距 k，由 SSR 表查得的临界值；

$S_{\bar{x}}$——标准误，$S_{\bar{x}}=\sqrt{MS_e/n}$。

$\alpha=0.05$ 和 $\alpha=0.01$ 水平下的最小显著极差为：

$$LSR_{0.05,k}=SSR_{0.05(df_e,k)}S_{\bar{x}} \qquad LSR_{0.01,k}=SSR_{0.01(df_e,k)}S_{\bar{x}}$$

对于【例 6.1】，各品种均数多重比较表同表 6-4。

已算出 $S_{\bar{x}}=1.62$，依 $df_e=28$，$k=2$，3，4，由附表 6 查临界 $SSR_{0.05(28,k)}$ 和 $SSR_{0.01(28,k)}$ 值，求得各最小显著极差，所得结果列于表 6-6。

表 6-6　表 6-2 资料 SSR 检验的 LSR 值

k	$SSR_{0.05}$	$SSR_{0.01}$	$LSR_{0.05}$	$LSR_{0.01}$
2	2.90	3.91	4.70	6.33
3	3.04	4.08	4.92	6.61
4	3.13	4.18	5.07	6.77

将表 6-4 中的平均数差数（极差）与表 6-6 中的最小显著极差比较，检验结果与 q 检验法相同。

在多重比较中，当各处理重复数不等时，为简便起见，不论 LSD 法还是 LSR 法，都可用如下公式计算出一个各处理平均的重复数 n_0，以代替计算 $S_{\bar{x}_{i.}-\bar{x}_{j.}}$ 或 $S_{\bar{x}}$ 所需的 n。

$$n_0=\frac{1}{k-1}\left[\sum n_i-\frac{\sum n_i^2}{\sum n_i}\right] \tag{6-9}$$

式中　k——试验的处理数；

$n_i(i=1,\ 2,\ \cdots,\ k)$——第 i 个处理的重复数。

以上介绍的 3 种多重比较方法，其检验尺度有如下关系：LSD 法≤SSR 法≤q 检验法。当秩次距 $k=2$ 时，取等号；秩次距 $k\geqslant3$ 时，取小于号。上述排列顺序用前面方法检验显著的差数，用后面方法检验未必显著；用后面方法检验显著的差数，用前面方法检验必然显著。一般地讲，一个试验资料，究竟采用哪一种多重比较方法，主要应根据否定一个正确的 H_0 和接受一个不正确的 H_0 的相对重要性来决定。如果否定正确的 H_0 是事关重大或后果严重的，或对试验要求严格时，用 q 检验法较为妥当；如果接受一个不正确的 H_0 是事关重大或后果严重的，则宜用新复极差法。生物试验中，由于试验误差较大，常采用新复极差法；F 检验显著后，为了简便，也可采用 LSD 法。

三、多重比较结果的表示方法

1. 三角形法

此法是将多重比较结果直接标记在平均数多重比较表上，如表 6-4 所示。由于在多重比较表中各个平均数差数构成一个三角形阵列，故称为三角形法。

2. 字母标记法

此法是先将各处理平均数由大到小自上而下排列；然后在最大平均数后标记字母 a，并将该平均数与以下各平均数依次相比，凡差异不显著标记同一字母 a，直到某一个与其差异显著的平均数标记字母 b；再以标有字母 b 的平均数为标准，与上方比它大的各个平均数比较，凡差异不显著一律再加标 b，直至显著为止；再以标记有字母 b 的最大平均数为标准，与下面各未标记字母的平均数相比，凡差异不显著，继续标记字母 b，直至某一个与其差异显著的平均数标记 c；……如此重复下去，直至最小一个平均数被标记比较完毕为止。这样，各平均数间凡有一个相同字母的即为差异不显著，凡无相同字母的即为差异显著。用小写拉丁字母表示显著水平 $\alpha=0.05$，用大写拉丁字母表示显著水平 $\alpha=0.01$。在利用字母标记法表示多重比较结果时，常在三角形法的基础上进行。

对于【例 6.1】，现根据表 6-4 所表示的用新复极差法进行多重比较，结果用字母标记，如表 6-7 所示。

表 6-7　表 6-4 多重比较结果的字母标记法表示

处理	平均数 $\bar{x}_{i.}$	$\alpha=0.05$	$\alpha=0.01$	处理	平均数 $\bar{x}_{i.}$	$\alpha=0.05$	$\alpha=0.01$
塞北兔	31.50	a	A	新西兰兔	19.25	c	B
比利时兔	26.50	b	A	加利福尼亚兔	18.50	c	B

3. 连线法

此法同样将处理平均数由大到小但从左至右依次排列，在差异不显著的各平均数的下面连成一线，在差异显著的平均数的下面不连线。例如表 6-4 该用连线法表示，见表 6-8。应当注意，无论采用哪种方法表示多重比较结果，都应注明采用的是哪一种多重比较法。

表 6-8 表 6-4 多重比较结果连线法表示

处理	塞北兔	比利时兔	新西兰兔	加利福尼亚兔
平均数	31.50	26.50	19.25	18.50
$\alpha=0.05$	——	——	——————	——————
$\alpha=0.01$	——————	——————	——————	——————

第三节 单因素试验资料的方差分析

依据试验因素数目的多少，将方差分析分为单因素方差分析、两因素方差分析和多因素方差分析。单因素方差分析是方差分析中最简单的，依据每个处理所包含的观察值数目是否相等又分为处理内重复数相等的方差分析和处理内重复数不等的方差分析。

一、处理内重复数相等的方差分析

【例 6.2】 随机抽测 5 个不同品种每个品种 5 头母猪的窝产仔数资料，数据如表 6-9 所示，对试验结果进行方差分析，以说明不同品种母猪的窝产仔数的差异是否显著。

表 6-9 5 个不同品种母猪的窝产仔数

品　种	观察值 x_{ij}					合计 $x_{i\cdot}$	平均数 $\bar{x}_{i\cdot}$
品种 1	8	13	12	9	9	51	10.2
品种 2	7	8	10	9	7	41	8.2
品种 3	13	14	10	11	12	60	12.0
品种 4	13	9	8	8	10	48	9.6
品种 5	12	11	15	14	13	65	13
合计	—					$x_{\cdot\cdot}=265$	—

这是一个单因素试验，且每个处理重复数相等，$k=5$，$n=5$。对试验结果进行方差分析如下。

1. 计算各项平方和与自由度

$$C=x_{\cdot\cdot}^2/(kn)=265^2/(5\times5)=2809.00$$

$$SS_T=\sum\sum x_{ij}^2-C=(8^2+13^2+\cdots+14^2+13^2)-2809.00=136.00$$

$$SS_t=\frac{1}{n}\sum x_{i\cdot}^2-C=\frac{1}{5}(51^2+41^2+60^2+48^2+65^2)-2809.00=73.20$$

$$SS_e=SS_T-SS_t=136.00-73.20=62.80$$

$$df_T=kn-1=5\times5-1=24,\quad df_t=k-1=5-1=4,\quad df_e=df_T-df_t=24-4=20$$

2. 列出方差分析表，进行 *F* 检验

表 6-10 不同品种母猪窝产仔数的方差分析

变异来源	平方和	自由度	均方	*F* 值
品种间	73.20	4	18.30	5.83**
误差	62.80	20	3.14	
总变异	136.00	24	—	—

不同品种母猪窝产仔数的方差分析见表 6-10。根据 $df_1=df_t=4$，$df_2=df_e=20$ 查临

界 F 值得：$F_{0.05(4,20)}=2.87$，$F_{0.01(4,20)}=4.43$，因为 $F>F_{0.01(4,20)}$，即 $P<0.01$，表明品种间产仔数的差异达到1%显著水平。

3. 多重比较

采用新复极差法，各处理平均数多重比较见表6-11。

表6-11 不同品种母猪的平均窝产仔数多重比较（SSR法）

品 种	平均数 $\bar{x}_{i.}$	$\bar{x}_{i.}-8.2$	$\bar{x}_{i.}-9.6$	$\bar{x}_{i.}-10.2$	$\bar{x}_{i.}-12.0$
5	13.0	4.8**	3.4*	2.8*	1.0
3	12.0	3.8**	2.4	1.8	
1	10.2	2.0	0.6		
4	9.6	1.4			
2	8.2				

因为 $MS_e=3.14$，$n=5$，所以

$$S_{\bar{x}}=\sqrt{MS_e/n}=\sqrt{3.14/5}=0.793$$

根据 $df_e=20$，秩次距 $k=2，3，4，5$，由附表6查出 $\alpha=0.05$ 和 $\alpha=0.01$ 的各临界SSR值，乘以 $S_{\bar{x}}$，即得各最小显著极差，所得结果列于表6-12。

表6-12 表6-9资料的SSR检验的 *LSR* 值

k	$SSR_{0.05}$	$SSR_{0.01}$	$LSR_{0.05}$	$LSR_{0.01}$	k	$SSR_{0.05}$	$SSR_{0.01}$	$LSR_{0.05}$	$LSR_{0.01}$
2	2.95	4.02	2.339	3.188	4	3.18	4.33	2.522	3.434
3	3.10	4.22	2.458	3.346	5	3.25	4.40	2.577	3.489

将表6-11中的差数与表6-12中相应的最小显著极差比较并标记检验结果。由表6-11的标记结果可知，品种5的平均窝产仔数极显著地高于品种2，显著地高于品种4和品种1，品种3的窝产仔数极显著地高于品种2，其余各品种间窝产仔数差异不显著。

二、处理内重复数不等的方差分析

【例6.3】 某饲料厂在饲料中添加赖氨酸形成4种日粮配方，分别饲喂6只同一品种的产蛋鸡，记录每组6只鸡的日产蛋数（见表6-13），试检验各处理有无显著差异。

表6-13 饲喂不同饲料的蛋鸡日产蛋数

处理	6只鸡日产蛋数 x_{ij}											重复数 n_i	合计 $x_{i.}$	平均数 $\bar{x}_{i.}$
配方1	2	2	2	2	2	3	3	3	3			9	22	2.44
配方2	3	4	4	6	3	3	4	3	4	5	3	11	42	3.82
配方3	3	3	3	3	2	3	3	2	2	2		10	26	2.60
配方4	4	2	3	3	1	3	4	3	4	4	4	11	35	3.18
合计	—											$N=41$	$x_{..}=125$	—

设处理数为 k；各处理重复数为 $n_1,n_2,\cdots,n_k$；试验观测值总数为 $N=\sum n_i=41$。

1. 计算各项平方和与自由度

$$C=x_{..}^2/N=125^2/41=381.10$$

$$SS_T=\sum\sum x_{ij}^2-C=(2^2+2^2+\cdots+4^2)-381.10=35.90,\quad df_T=N-1=41-1=40$$

$$SS_t=\sum x_{i.}^2/n_i-C=(22^2/9+42^2/11+26^2/10+35^2/11)-381.10=12.01$$

$$SS_e=SS_T-SS_t=35.90-12.01=23.89$$

$$df_t=k-1=4-1=3,\quad df_e=df_T-df_e=40-3=37$$

2. 列出方差分析表，进行 F 检验

饲喂不同饲料的蛋鸡日产蛋数方差分析见表 6-14。临界 F 值为：$F_{0.05(3,37)}=2.859$，$F_{0.01(3,37)}=4.36$，因为处理间的 F 值 $6.197>F_{0.01(4,20)}$，$P<0.01$，表明处理间差异极显著。

表 6-14 饲喂不同饲料的蛋鸡日产蛋数方差分析

变异来源	平方和 SS	自由度 df	均方 MS	F 值
处理间	12.01	3	4.00	6.197**
处理内（误差）	23.89	37	0.65	
总变异	35.90	40	—	—

3. 多重比较

采用 q 检验法，各处理平均数多重比较见表 6-15。因为各处理重复数不等，应先计算出平均重复次数 n_0 来代替标准误 $S_{\bar{x}}=\sqrt{MS_e/n}$中的 n，此例：

$$n_0=\frac{1}{k-1}\left[\sum n_i-\frac{\sum n_i^2}{\sum n_i}\right]=\frac{1}{4-1}\times\left(41-\frac{9^2+11^2+10^2+11^2}{41}\right)=10.228$$

于是

$$S_{\bar{x}}=\sqrt{MS_e/n}=\sqrt{0.65/10.228}=0.251$$

表 6-15 表 6-13 资料的多重比较（q 检验）

饲料配方	平均数 $\bar{x}_{i\cdot}$	$\bar{x}_{i\cdot}-2.44$	$\bar{x}_{i\cdot}-2.60$	$\bar{x}_{i\cdot}-3.18$	饲料配方	平均数 $\bar{x}_{i\cdot}$	$\bar{x}_{i\cdot}-2.44$	$\bar{x}_{i\cdot}-2.60$	$\bar{x}_{i\cdot}-3.18$
配方 2	3.82	1.38**	1.22**	0.64	配方 3	2.60	0.16		
配方 4	3.18	0.74	0.58		配方 1	2.44			

根据 $df_e=37$，秩次距 $k=2$，3，4，从附表 5 中查出 $\alpha=0.05$ 与 $\alpha=0.01$ 的临界 q 值，乘以 $S_{\bar{x}}=0.251$，即得各最小显著极差，所得结果列于表 6-16。

将表 6-15 中的各个差数与表 6-16 中相应的最小显著极差比较，做出推断，检验结果已标记在表 6-15 中。比较结果表明，配方 2 的平均日产蛋数极显著地高于配方 1 和配方 3，其余各配方间差异不显著。

表 6-16 表 6-13 资料的 q 检验的 LSR 值

k	$q_{0.05}$	$q_{0.01}$	$LSR_{0.05}$	$LSR_{0.01}$
2	2.87	3.84	0.72	0.96
3	3.45	4.39	0.87	1.10
4	3.81	4.73	0.96	1.19

第四节 两因素交叉分组资料的方差分析

如果一个试验包含 A、B 两个因素称此试验为二因子试验。在二因子试验中，依据分组方式的不同，又分为交叉分组和系统分组。交叉分组是指 A 因素每个水平与 B 因素的每个水平都要碰到，两者交叉搭配形成 ab 个水平组合即处理，试验因素 A、B 在试验中处于平等地位，试验单位分成 ab 个组，每组随机接受一种处理，因而试验数据也按两因素两方向分组。

一、两因素单独观测值试验资料的方差分析

设：试验考察 A、B 两个因素，A 因素分 a 个水平，B 因素分 b 个水平。对于 A、B 两

个试验因素的全部 ab 个水平组合，每个水平组合只有一个观测值，全试验共有 ab 个观测值，其数据模式如表 6-17 所示。

表 6-17 两因素单独观测值试验资料的数据模式

A 因素	B 因素						合计 $x_{i\cdot}$	平均 $\bar{x}_{i\cdot}$
	B_1	B_2	…	B_j	…	B_b		
A_1	x_{11}	x_{12}	…	x_{1j}	…	x_{1b}	$x_{1\cdot}$	$\bar{x}_{1\cdot}$
A_2	x_{21}	x_{22}	…	x_{2j}	…	x_{2b}	$x_{2\cdot}$	$\bar{x}_{2\cdot}$
⋮	⋮	⋮	⋮	⋮	⋮	⋮	⋮	⋮
A_i	x_{i1}	x_{i2}	…	x_{ij}	…	x_{ib}	$x_{i\cdot}$	$\bar{x}_{i\cdot}$
⋮	⋮	⋮	⋮	⋮	⋮	⋮	⋮	⋮
A_a	x_{a1}	x_{a2}	…	x_{aj}	…	x_{ab}	$x_{a\cdot}$	$\bar{x}_{a\cdot}$
合计 $x_{\cdot j}$	$x_{\cdot 1}$	$x_{\cdot 2}$	…	$x_{\cdot j}$	…	$x_{\cdot b}$	$x_{\cdot\cdot}$	—
平均 $\bar{x}_{\cdot j}$	$\bar{x}_{\cdot 1}$	$\bar{x}_{\cdot 2}$	…	$\bar{x}_{\cdot j}$	…	$\bar{x}_{\cdot b}$	—	$\bar{x}_{\cdot\cdot}$

表 6-17 中，

$$x_{i\cdot}=\sum_{j=1}^{b}x_{ij}\,,\ \bar{x}_{i\cdot}=\frac{1}{b}\sum_{j=1}^{b}x_{ij}\,,\ x_{\cdot j}=\sum_{i=1}^{a}x_{ij}\,,\ \bar{x}_{\cdot j}=\frac{1}{a}\sum_{i=1}^{a}x_{ij}\,,\ x_{\cdot\cdot}=\sum_{i=1}^{a}\sum_{j=1}^{b}x_{ij}\,,\ \bar{x}_{\cdot\cdot}=\frac{1}{ab}\sum_{i=1}^{a}\sum_{j=1}^{b}x_{ij}$$

两因素单独观测值试验的数学模型为：

$$x_{ijl}=\mu+\alpha_i+\beta_j+\varepsilon_{ijl}\,(i=1,2,\cdots,a;j=1,2,\cdots,b)$$

式中 μ——总平均数；

α_i，β_j——A_i、B_j 的效应，$\alpha_i=\mu_i-\mu$，$\beta_j=\mu_j-\mu$；

μ_i、μ_j——A_i、B_j 观测值总体平均数，且 $\sum\alpha_i=0$，$\sum\beta_j=0$；

ε_{ijl}——随机误差，相互独立，且服从 $N(0,\sigma^2)$。

交叉分组两因素单独观测值的试验，A 因素的每个水平有 b 次重复，B 因素的每个水平有 a 次重复，每个观测值同时受到 A、B 两因素及随机误差的作用。因此全部 ab 个观测值的总变异可以剖分为 A 因素水平间变异、B 因素水平间变异及试验误差三部分；自由度也相应剖分。

平方和与自由度的剖分式如下：

$$SS_T=SS_A+SS_B+SS_e \qquad df_T=df_A+df_B+df_e$$

各项平方和与自由度的计算公式为：

校正系数 $C=x_{\cdot\cdot}^2/(ab)$

总平方和 $SS_T=\sum_{i=1}^{a}\sum_{j=1}^{b}(x_{ij}-\bar{x}_{\cdot\cdot})^2=\sum_{i=1}^{a}\sum_{j=1}^{b}x_{ij}^2-C$

A 因素平方和 $SS_A=b\sum_{i=1}^{a}(\bar{x}_{i\cdot}-\bar{x}_{\cdot\cdot})^2=\frac{1}{b}\sum_{i=1}^{a}x_{i\cdot}^2-C$

B 因素平方和 $SS_B=a\sum_{i=1}^{b}(\bar{x}_{\cdot j}-\bar{x}_{\cdot\cdot})^2=\frac{1}{a}\sum_{i=1}^{b}x_{\cdot j}^2-C$

误差平方和 $SS_e=SS_T-SS_A-SS_B$

总自由度 $df_T=ab-1$

A 因素自由度 $df_A=a-1$

B 因素自由度 $df_B=b-1$

误差自由度 $df_e=df_T-df_A-df_B=(a-1)(b-1)$

相应均方　　$MS_A=SS_A/df_A$，　$MS_B=SS_B/df_B$，　$MS_e=SS_e/df_e$

【例 6.4】 4 个不同品种的猪 A_1、A_2、A_3、A_4 各 3 头，分别用 3 种配合饲料（每种配合饲料喂一头同一品种的猪）B_1、B_2、B_3 饲喂 3 个月的增重结果列于表 6-18，试进行方差分析。

表 6-18　不同品种猪饲喂 3 种配合饲料的增重结果　　单位：kg

品种	配合饲料(B)			合计 $x_{i\cdot}$	平均 $\bar{x}_{i\cdot}$
	B_1	B_2	B_3		
A_1	51	53	52	156	52
A_2	56	57	58	171	57
A_3	45	49	47	141	47
A_4	42	44	43	129	43
合计 $x_{\cdot j}$	194	203	200	$x_{\cdot\cdot}=597$	—
平均 $\bar{x}_{\cdot j}$	48.50	50.75	50.00	—	$\bar{x}_{\cdot\cdot}=49.75$

这是一个两因素单独观测值的试验结果。A 因素（品种）有 4 个水平，即 $a=4$；B 因素（配合饲料）有 3 个水平，即 $b=3$，共有 $a\times b=4\times 3=12$ 个观测值。方差分析如下。

1. 计算各项平方和与自由度

$$C=x^2_{\cdot\cdot}/(ab)=597^2/(4\times 3)=29700.75$$

$$SS_T=\sum\sum x_{ij}^2-C=(51^2+53^2+\cdots+44^2+43^2)-29700.75=346.25$$

$$SS_A=\frac{1}{b}\sum x_{i\cdot}^2-C=\frac{1}{3}(156^2+171^2+141^2+129^2)-29700.75=332.25$$

$$SS_B=\frac{1}{a}\sum x_{\cdot j}^2-C=\frac{1}{4}(194^2+203^2+200^2)-29700.75=10.50$$

$$SS_e=SS_T-SS_A-SS_B=346.25-332.25-10.50=3.50$$

$$df_T=ab-1=4\times 3-1=11,\quad df_A=a-1=4-1=3$$

$$df_B=b-1=3-1=2,\quad df_e=df_T-df_A-df_B=11-3-2=6$$

2. 列出方差分析表，进行 *F* 检验（表 6-19）

表 6-19　不同品种猪增重的方差分析

变异来源	平方和 *SS*	自由度 *df*	均方 *MS*	*F* 值
品种	332.25	3	110.75	190.95**
配合饲料	10.50	2	5.25	9.05*
误差	3.50	6	0.58	
总变异	346.25	11	—	—

根据 $df_1=df_A=3$，$df_2=df_e=6$ 查临界 *F* 值，$F_{0.01(3,6)}=9.78$；根据 $df_1=df_B=2$，$df_2=df_e=6$ 查临界 *F* 值，$F_{0.05(2,6)}=5.14$，$F_{0.01(2,6)}=10.92$。所以不同品种对猪增重的影响差异极显著，不同饲料对猪增重的影响差异显著。

3. 多重比较

(1) 不同品种猪 3 个月增重多重比较　各品种平均数多重比较见表 6-20。

表 6-20　不同品种猪平均增重的多重比较（*q* 检验）

品种	$\bar{x}_{i\cdot}$	$\bar{x}_{i\cdot}-43$	$\bar{x}_{i\cdot}-47$	$\bar{x}_{i\cdot}-52$	品种	$\bar{x}_{i\cdot}$	$\bar{x}_{i\cdot}-43$	$\bar{x}_{i\cdot}-47$	$\bar{x}_{i\cdot}-52$
A_2	57	14**	10**	5**	A_3	47	4**		
A_1	52	9**	5**		A_4	43			

在两因素单独观测值试验情况下，因为A因素每一水平的重复数恰为B因素的水平数b，此例$b=3$，$MS_e=0.58$，故：

$$S_{\bar{x}_{i.}}=\sqrt{MS_e/b}=\sqrt{0.58/3}=0.44$$

根据$df_e=6$，秩次距$k=2$，3，4从附表5中查出$\alpha=0.05$和$\alpha=0.01$的临界q值，与标准误0.44相乘，计算出最小显著极差LSR，结果见表6-21。将表6-20中的极差分别与相应的LSR值比较并标记结果。比较结果表明，各个品种间差异均极显著。

表6-21 不同品种猪平均增重的q检验的LSR值

k	$q_{0.05(6,k)}$	$q_{0.01(6,k)}$	$LSR_{0.05(6,k)}$	$LSR_{0.01(6,k)}$
2	3.46	5.24	1.52	2.31
3	4.34	6.33	1.91	2.79
4	4.90	7.03	2.16	3.09

（2）不同配合饲料3个月猪的平均增重比较　见表6-22。

表6-22 各配合饲料组平均增重的多重比较（q检验）

配合饲料	$\bar{x}_{.j}$	$\bar{x}_{.j}-48.5$	$\bar{x}_{.j}-50.0$
B_2	50.75	2.25*	0.75
B_3	50.00	1.50*	
B_1	48.50		

在两因素单独观测值试验情况下，B因素每一水平的重复数恰为A因素的水平数a，故B因素的标准误为：

$$S_{\bar{x}_{.j}}=\sqrt{MS_e/a}=\sqrt{0.58/4}=0.38$$

根据$df_e=6$，秩次距$k=2$，3查临界q值并与$S_{\bar{x}_{.j}}$相乘，求得最小显著极差LSR，见表6-23。将表6-22的极差与相应的LSR值比较，并标记比较结果。比较结果表明配合饲料B_2与B_3之间差异不显著，二者均显著高于配合饲料B_1。

表6-23 各配合饲料组平均增重的q检验的LSR值

k	$q_{0.05(6,k)}$	$q_{0.01(6,k)}$	$LSR_{0.05(6,k)}$	$LSR_{0.01(6,k)}$
2	3.46	5.24	1.31	1.99
3	4.34	6.33	1.65	2.41

前面介绍的两因素单独观测值试验只适用于两个因素间无交互作用的情况。若两因素间有交互作用，则每个水平组合中只设一个试验单位（观察单位）的试验设计是不正确或不完善的。这是因为：①在这种情况下，公式中SS_e，df_e实际上是A、B两因素交互作用平方和与自由度，所算得的MS_e是交互作用均方，主要反映由交互作用引起的变异；②这时若仍按【例6.4】所采用的方法进行方差分析，由于误差均方值大（包含交互作用在内），有可能掩盖试验因素的显著性，从而增大犯Ⅱ型错误的概率；③因为每个水平组合只有一个观测值，所以无法估计真正的试验误差，因而不可能对因素的交互作用进行研究。因此，进行两因素或多因素试验时，一般应设置重复，以便正确估计试验误差，深入研究因素间的交互作用。对两因素和多因素有重复观测值试验结果的分析，能研究因素的简单效应、主效应和因素间的交互作用（互作）效应。

① 简单效应　在某因素同一水平上，另一因素不同水平对试验指标的影响称为简单效应。如在表6-24中，在A_1（不加赖氨酸）上，$B_2-B_1=480-470=10$；在A_2（加赖氨酸）

上，$B_2-B_1=512-472=40$；在 B_1（不加蛋氨酸）上，$A_2-A_1=472-470=2$；在 B_2（加蛋氨酸）上，$A_2-A_1=512-480=32$ 等就是简单效应。简单效应实际上是特殊水平组合间的差数。

表 6-24　日粮中加与不加赖氨酸、蛋氨酸雏鸡的增重　　单位：g

项目	A_1	A_2	A_2-A_1	B 平均数
B_1	470	472	2	471
B_2	480	512	32	496
B_2-B_1	10	40	—	25
A 平均数	475	492	17	—

② 主效应　由于因素水平的改变而引起的平均数的改变量称为主效应。如在表 6-24 中，当 A 因素由 A_1 水平变到 A_2 水平时，A 因素的主效应为 A_2 水平的平均数减去 A_1 水平的平均数，即：

A 因素的主效应＝492－475＝17

同理，B 因素的主效应＝496－471＝25

主效应也就是简单效应的平均，如 (32＋2)÷2＝17，(40＋10)÷2＝25

③ 交互作用（互作，interaction）　在多因素试验中，一个因素的作用要受到另一个因素的影响，表现为某一因素在另一因素的不同水平上所产生的效应不同，这种现象称为该两因素存在交互作用。如在表 6-24 中：

A 在 B_1 水平上的效应＝472－470＝2

A 在 B_2 水平上的效应＝512－480＝32

B 在 A_1 水平上的效应＝480－470＝10

B 在 A_2 水平上的效应＝512－472＝40

显而易见，A 的效应随着 B 因素水平的不同而不同，反之亦然，此时称 A、B 两因素间存在交互作用，记为 A×B。或者说，某一因素的简单效应随着另一因素水平的变化而变化时，则称该两因素间存在交互作用。互作效应可由 $(A_1B_1+A_2B_2-A_1B_2-A_2B_1)/2$ 来估计。表 6-24 中的互作效应为 (470＋512－480－472)/2＝15。

所谓互作效应实际指的就是由于两个或两个以上试验因素的相互作用而产生的效应。如在表 6-23 中，$A_2B_1-A_1B_1=472-470=2$，这是添加赖氨酸单独作用的效应；$A_1B_2-A_1B_1=480-470=10$，这是添加蛋氨酸单独作用的效应，两者单独作用的效应总和是 2＋10＝12；但是，$A_2B_2-A_1B_1=512-470=42$，而不是 12；这就是说，同时添加赖氨酸、蛋氨酸产生的效应不是单独添加一种氨基酸所产生效应的和，而另外多增加了 30，这个 30 是两种氨基酸共同作用的结果。若将其平均分到每种氨基酸头上，则各为 15，即估计的互作效应。

具有正效应的互作称为正的交互作用；具有负效应的互作称为负的交互作用；互作效应为零则称无交互作用。没有交互作用的因素是相互独立的因素，此时，不论在某一因素哪个水平上，另一因素的简单效应是相等的。

二、两因素有重复观测值试验资料的方差分析

设：A 与 B 两因素分别具有 a 与 b 个水平，共有 ab 个水平组合，每个水平组合有 n 次重复，则全试验共有 abn 个观测值。试验数据模式如表 6-25 所示。表 6-25 中：

$$x_{ij\cdot}\ \sum_{l=1}^{n} x_{ijl} \qquad \bar{x}_{ij\cdot} = \sum_{l=1}^{n} x_{ijl}/n$$

$$x_{i\cdot\cdot} = \sum_{j=1}^{b}\sum_{l=1}^{n} x_{ijl} \qquad \bar{x}_{i\cdot\cdot} = \sum_{j=1}^{b}\sum_{l=1}^{n} x_{ijl}/(bn)$$

$$x_{\cdot j\cdot} = \sum_{i=1}^{a}\sum_{l=1}^{n} x_{ijl} \qquad \bar{x}_{\cdot j\cdot} = \sum_{i=1}^{a}\sum_{l=1}^{n} x_{ijl}/(an)$$

$$x_{\cdots} = \sum_{i=1}^{a}\sum_{j=1}^{b}\sum_{l=1}^{n} x_{ijl} \qquad \bar{x}_{\cdots} = \sum_{i=1}^{a}\sum_{j=1}^{b}\sum_{l=1}^{n} x_{ijl}/(abn)$$

表 6-25 两因素有重复观测值试验数据模式

A 因素		B 因素				A_i 合计 $x_{i\cdot\cdot}$	A_i 平均 $\bar{x}_{i\cdot\cdot}$
		B_1	B_2	…	B_b		
A_1	x_{1jl}	x_{111}	x_{121}	…	x_{1b1}	$x_{1\cdot\cdot}$	$\bar{x}_{1\cdot\cdot}$
		x_{112}	x_{122}	…	x_{1b2}		
		⋮	⋮	⋮	⋮		
		x_{11n}	x_{12n}	…	x_{1bn}		
	$x_{1j\cdot}$	$x_{11\cdot}$	$x_{12\cdot}$	…	$x_{1b\cdot}$		
	$\bar{x}_{1j\cdot}$	$\bar{x}_{11\cdot}$	$\bar{x}_{12\cdot}$	…	$\bar{x}_{1b\cdot}$		
A_2	x_{2jl}	x_{211}	x_{221}	…	x_{2b1}	$x_{2\cdot\cdot}$	$\bar{x}_{2\cdot\cdot}$
		x_{212}	x_{122}	…	x_{2b2}		
		⋮	⋮	⋮	⋮		
		x_{21n}	x_{22n}	…	x_{2bn}		
	$x_{2j\cdot}$	$x_{21\cdot}$	$x_{22\cdot}$	…	$x_{2b\cdot}$		
	$\bar{x}_{2j\cdot}$	$\bar{x}_{11\cdot}$	$\bar{x}_{12\cdot}$	…	$\bar{x}_{1b\cdot}$		
⋮	⋮	⋮	⋮	⋮	⋮	⋮	⋮
A_a	x_{ajl}	x_{a11}	x_{a21}	…	x_{ab1}	$x_{a\cdot\cdot}$	$\bar{x}_{a\cdot\cdot}$
		x_{a12}	x_{a22}	…	x_{ab2}		
		⋮	⋮	⋮	⋮		
		x_{a1n}	x_{a2n}	…	x_{abn}		
	$x_{aj\cdot}$	$x_{a1\cdot}$	$x_{a2\cdot}$	…	$x_{ab\cdot}$		
	$\bar{x}_{aj\cdot}$	$x_{a1\cdot}$	$\bar{x}_{a2\cdot}$	…	$\bar{x}_{ab\cdot}$		
B_j 合计 $x_{\cdot j\cdot}$		$x_{\cdot 1\cdot}$	$x_{\cdot 2\cdot}$	…	$x_{\cdot b\cdot}$	$x_{\cdots}$	$\bar{x}_{\cdots}$
B_j 平均 $\bar{x}_{\cdot j\cdot}$		$\bar{x}_{\cdot 1\cdot}$	$\bar{x}_{\cdot 2\cdot}$	…	$\bar{x}_{\cdot b\cdot}$		

两因素有重复观测值试验结果方差分析平方和与自由度的剖分式为：

$$SS_T = SS_A + SS_B + SS_{A\times B} + SS_e \qquad df_T = df_A + df_B + df_{A\times B} + df_e$$

其中，$SS_{A\times B}$、$df_{A\times B}$为 A 因素与 B 因素交互作用平方和与自由度。

若用 SS_{AB}、df_{AB}表示 A、B 水平组合间的平方和与自由度，即处理间平方和与自由度，则因处理变异可剖分为 A 因素、B 因素及 A、B 交互作用变异 3 部分，于是 SS_{AB}、df_{AB}可剖分为：

$$SS_{AB} = SS_A + SS_B + SS_{A\times B} \qquad df_{AB} = df_A + df_B + df_{A\times B}$$

各项平方和、自由度及均方的计算公式如下：

校正系数 $C=x^2_{\cdots}/(abn)$

总平方和与自由度 $SS_{\mathrm{T}}=\sum\sum\sum x_{ijl}^2-C$，$df_{\mathrm{T}}=abn-1$

水平组合平方和与自由度 $SS_{\mathrm{AB}}=\dfrac{1}{n}\sum x_{ij.}^2-C$，$df_{\mathrm{AB}}=ab-1$

A 因素平方和与自由度 $SS_{\mathrm{A}}=\dfrac{1}{bn}\sum x_{i..}^2-C$，$df_{\mathrm{A}}=a-1$

B 因素平方和与自由度 $SS_{\mathrm{B}}=\dfrac{1}{an}\sum x_{.j.}^2-C$，$df_{\mathrm{B}}=b-1$

交互作用平方和与自由度 $SS_{\mathrm{A\times B}}=SS_{\mathrm{AB}}-SS_{\mathrm{A}}-SS_{\mathrm{B}}$，$df_{\mathrm{A\times B}}=(a-1)(b-1)$

误差平方和与自由度 $SS_{\mathrm{e}}=SS_{\mathrm{T}}-SS_{\mathrm{AB}}$，$df_{\mathrm{e}}=ab(n-1)$

相应均方为 $MS_{\mathrm{A}}=SS_{\mathrm{A}}/df_{\mathrm{A}}$，$MS_{\mathrm{B}}=SS_{\mathrm{B}}/df_{\mathrm{B}}$，$MS_{\mathrm{A\times B}}=SS_{\mathrm{A\times B}}/df_{\mathrm{A\times B}}$，$MS_{\mathrm{e}}=SS_{\mathrm{e}}/df_{\mathrm{e}}$

【例 6.5】 为了研究饲料中钙、磷的含量对幼猪生长发育的影响，将钙（A）在日粮中的含量设为 1.0%、0.8%、0.6%、0.4%四个水平，磷（B）在日粮中的含量设为 0.8%、0.6%、0.4%、0.2%四个水平，采用交叉分组进行饲养试验。选用品种、性别、年龄相同、初试体重基本一致的幼猪 48 头，随机分成 16 组，每组 3 头，用能量、蛋白值含量相同的饲料在不同钙、磷的用量搭配下各喂一组，经过两个月试验，幼猪增重结果列于表 6-26。试分析饲料中钙、磷的含量及两因素间存在的交互作用对幼猪生长发育的影响。

表 6-26 不同钙、磷含量（质量分数）试验猪的增重结果 单位：kg

项目		B_1	B_2	B_3	B_4	A_i 合计 $x_{i..}$	A 平均 $\bar{x}_{i..}$
A_1	x_{1jl}	22.0	30.0	32.4	30.5	324.9	27.1
		26.5	27.5	26.5	27.0		
		24.4	26.0	27.0	25.1		
	$x_{1j.}$	72.9	83.5	85.9	82.6		
	$\bar{x}_{1j.}$	24.3	27.8	28.6	27.5		
A_2	x_{2jl}	23.5	33.2	38.0	26.5	350.1	29.2
		25.8	28.5	35.5	24.0		
		27.0	30.1	33.0	25.0		
	$x_{2j.}$	76.3	91.8	106.5	75.5		
	$\bar{x}_{2j.}$	25.4	30.6	35.5	25.2		
A_3	x_{3jl}	30.5	36.5	28.0	20.5	332.4	27.7
		26.8	34.0	30.5	22.5		
		25.5	33.5	24.6	19.5		
	$x_{3j.}$	82.8	104.0	83.1	62.5		
	$\bar{x}_{3j.}$	27.6	34.7	27.7	20.8		
A_4	x_{4jl}	34.5	29.0	27.5	18.5	319.5	26.6
		31.4	27.5	26.3	20.0		
		29.3	28.0	28.5	19.0		
	$x_{4j.}$	95.2	84.5	82.3	57.5		
	$\bar{x}_{4j.}$	31.7	28.2	27.4	19.2		
B_i 合计 $x_{.j.}$		327.2	363.8	357.8	278.1	$x_{\cdots}=1326.9$	$\bar{x}_{\cdots}=27.6$
B 平均值 $\bar{x}_{.j.}$		27.3	30.3	29.8	23.2		

解 本例A因素钙的含量分4个水平，即$a=4$；B因素磷的含量分4个水平，即$b=4$；共有$ab=4\times4=16$个水平组合；每个组合重复数$n=3$；全试验共有$abn=4\times4\times3=48$个观测值。现对本例资料进行方差分析如下。

① 计算各项平方和与自由度

$$C=x^2_{\cdots}/(abn)=1326.9^2/(4\times4\times3)=36680.4919$$

$$SS_T=\sum\sum\sum x^2_{ijl}-C=(22.0^2+26.5^2+\cdots+20.0^2+19.0^2)-36680.4919=982.3181$$

$$SS_{AB}=\frac{1}{n}\sum x^2_{ij\cdot}-C=\frac{1}{3}(72.9^2+83.5^2+\cdots+57.5^2)-36680.4919=834.9048$$

$$SS_A=\frac{1}{bn}\sum x^2_{i\cdot\cdot}-C=\frac{1}{4\times3}(324.9^2+350.1^2+332.4^2+319.5^2)-36680.4919=44.5106$$

$$SS_B=\frac{1}{an}\sum x^2_{\cdot j\cdot}-C=\frac{1}{4\times3}(327.2^2+363.8^2+357.8^2+278.1^2)-36680.4919=383.7356$$

$$SS_{A\times B}=SS_{AB}-SS_A-SS_B=834.9048-44.5106-383.7356=406.6586$$

$$SS_e=SS_T-SS_{AB}=982.3181-834.9048=147.4133$$

$df_T=abn-1=4\times4\times3-1=47$，$df_{AB}=ab-1=4\times4-1=15$，$df_A=a-1=4-1=3$，$df_B=b-1=4-1=3$，$df_{A\times B}=(a-1)(b-1)=(4-1)\times(4-1)=9$，$df_e=df_T-df_{AB}=47-15=32$

② 列出方差分析表，进行F检验

表6-27 不同钙、磷含量试验猪增重的方差分析

变异来源	SS	df	MS	F值
A(钙含量)	44.51	3	14.84	3.22*
B(磷含量)	383.74	3	127.91	27.77**
交互(A×B)	406.66	9	45.18	9.81**
误差	147.41	32	4.61	
总变异	982.32	47	—	—

不同钙、磷含量试验猪增重的方差分析见表6-27。查临界F值：$F_{0.05(3,32)}=2.90$，$F_{0.01(3,32)}=4.47$，$F_{0.01(9,32)}=3.02$。因为，$F_A>F_{0.05(3,32)}$；$F_B>F_{0.01(3,32)}$；$F_{A\times B}>F_{0.01(9,32)}$，表明钙、磷及其互作对幼猪的生长发育均有显著或极显著影响。所以应进一步进行钙各水平平均数间、磷各水平平均数间、钙与磷水平组合平均数间的多重比较和进行简单效应的检验。

③ 多重比较（q法） a. 钙含量（A）各水平平均数间的比较 不同钙含量平均数多重比较见表6-28。

表6-28 不同钙含量试验猪平均增重的多重比较（q检验）

A(钙含量)	$\bar{x}_{i\cdot\cdot}$	$\bar{x}_{i\cdot\cdot}-26.6$	$\bar{x}_{i\cdot\cdot}-27.1$	$\bar{x}_{i\cdot\cdot}-27.7$	A(钙含量)	$\bar{x}_{i\cdot\cdot}$	$\bar{x}_{i\cdot\cdot}-26.6$	$\bar{x}_{i\cdot\cdot}-27.1$	$\bar{x}_{i\cdot\cdot}-27.7$
A_2	29.2	2.6*	2.1	1.5	A_1	27.1	0.5		
A_3	27.7	1.1	0.6		A_4	26.6			

因为A因素各水平的重复数为bn，故A因素各水平的标准误（记为$S_{\bar{x}_{i\cdot\cdot}}$）的计算公式为：

$$S_{\bar{x}_{i\cdot\cdot}}=\sqrt{MS_e/(bn)}=\sqrt{4.6067/(4\times3)}=0.6196$$

由 $df_e=32$，秩次距 $k=2$，3，4，从附表 5 中查出 $\alpha=0.05$ 与 $\alpha=0.01$ 的临界 q 值，乘以 0.6196，即得各 LSR 值，所得结果列于表 6-29，检验结果标在表 6-28 内。

表 6-29　不同钙含量试验猪平均增重的 q 检验的 LSR 值

k	$q_{0.05(32,k)}$	$q_{0.01(32,k)}$	$LSR_{0.05(32,k)}$	$LSR_{0.01(32,k)}$
2	2.88	3.88	1.78	2.40
3	3.47	4.43	2.15	2.74
4	3.83	4.78	2.37	2.96

b. 磷含量（B）各水平平均数间的比较　不同磷含量平均数多重比较见表 6-30。

表 6-30　不同磷含量试验猪平均数增重的多重比较（q 检验）

B(磷含量)	$\bar{x}_{.j.}$	$\bar{x}_{.j.}-23.2$	$\bar{x}_{.j.}-27.3$	$\bar{x}_{.j.}-29.8$
B_2	30.3	7.1**	3.0**	0.5
B_3	29.8	6.6**	2.5**	
B_1	27.3	4.1		
B_4	23.2			

因 B 因素各水平的重复数为 an，故 B 因素各水平的标准误（记为 $S_{\bar{x}_{.j.}}$）的计算公式为：

$$S_{\bar{x}_{.j.}}=\sqrt{MS_e/(an)}=\sqrt{4.6067/(4\times3)}=0.6196$$

A、B 两因素各水平的标准误相同，所以 LSR 值也相同，因此用表 6-29 的 LSR 值去检验 B 因素各水平平均数间差数的显著性，结果标在表 6-30 内。

比较结果表明，钙的含量以 0.8%（A_2 组）增重效果最好；磷的含量以 0.6%（B_2 组）增重效果最好。若 A、B 因素交互作用不显著，则可从主效应检验中分别选出 A、B 因素的最优水平相组合，得到最优水平组合；若 A、B 因素交互作用显著，则应进行水平组合平均数间的多重比较，以选出最优水平组合。

c. 各水平组合平均数间的比较　因为水平组合数通常较大（本例 $ab=4\times4=16$），采用最小显著极差法进行各水平组合平均数的比较，计算较麻烦。为了简便起见，常采用 T 检验法。所谓 T 检验法，实际上就是以 q 检测法中秩次距 k 最大时的 LSR 值作为检验尺度检验各水平组合平均数间的差异显著性。

因为水平组合的重复数为 n，故水平组合的标准误（记为 $S_{\bar{x}_{ij.}}$）的计算公式为：

$$S_{\bar{x}_{ij.}}=\sqrt{MS_e/n}/\sqrt{4.6067/3}=1.2392$$

由 $df_e=32$、$k=16$ 从附表 5 中查出 $\alpha=0.05$、$\alpha=0.01$ 的临界 q 值，乘以 1.2392，得各 LSR 值，即：

$$LSR_{0.05(32,16)}=q_{0.05(32,16)}S_{\bar{x}_{ij.}}=5.25\times1.2392=6.51$$

$$LSR_{0.01(32,16)}=q_{0.05(32,16)}S_{\bar{x}_{ij.}}=6.17\times1.2392=7.65$$

用上述 LSR 值去检验各水平组合平均数间的差数，结果列于表 6-31。

各水平组合平均数的多重比较结果表明，由于钙磷交互作用的存在，最优组合（即增重好的组合）并不是 A_2B_2，而是 A_2B_3，即钙含量 0.8%和磷含量 0.4%的组合增重效果最好。

以上的比较结果表明：当 A、B 因素的交互作用显著时，一般不必进行两个因素主效应的显著性检验（因为这时主效应的显著性在实用意义上并不重要），而直接进行各水平组合平均数的多重比较，选出最优水平组合。

表 6-31 *LSR* 值检验各水平组合平均数间差数

水平组合	均数 $\bar{x}_{ij.}$	$\bar{x}_{ij.}-19.2$	$\bar{x}_{ij.}-20.8$	$\bar{x}_{ij.}-24.3$	$\bar{x}_{ij.}-25.2$	$\bar{x}_{ij.}-25.4$	$\bar{x}_{ij.}-27.4$	$\bar{x}_{ij.}-27.5$	$\bar{x}_{ij.}-27.6$	$\bar{x}_{ij.}-27.7$	$\bar{x}_{ij.}-27.8$	$\bar{x}_{ij.}-28.2$	$\bar{x}_{ij.}-28.6$	$\bar{x}_{ij.}-30.6$	$\bar{x}_{ij.}-31.7$	$\bar{x}_{ij.}-34.7$
A_2B_3	35.5	16.3*	14.7*	11.2*	10.3*	10.1*	8.1**	8.0**	7.9**	7.8**	7.7**	7.3*	6.9*	4.9	3.8	0.8
A_3B_2	34.7	15.5*	13.9*	10.4*	9.5**	9.3**	7.3*	7.2*	7.1*	7.0*	6.9*	6.5	6.1	4.1	3.0	
A_4B_1	31.7	12.5*	10.9*	7.4*	6.5	6.3	4.3	4.2	4.1	4.0	3.9	3.5	3.1	1.1		
A_2B_2	30.6	11.4*	9.8**	6.3	5.4	5.2	3.2	3.1	3.0	2.9	2.8	2.4	2.0			
A_1B_3	28.6	9.4**	7.8**	4.3	3.4	3.2	1.2	1.1	1.0	0.9	0.8	0.4				
A_4B_2	28.2	9.0**	7.4*	3.9	3.0	2.8	0.8	0.7	0.6	0.5	0.4					
A_1B_2	27.8	8.6**	7.0*	3.5	2.6	2.4	0.4	0.3	0.2	0.1						
A_3B_3	27.7	8.5**	6.9*	3.4	2.5	2.3	0.3	0.2	0.1							
A_3B_1	27.6	8.4*	6.8*	3.3	2.4	2.2	0.2	0.1								
A_1B_4	27.5	8.3*	6.7*	3.2	2.3	2.1	0.1									
A_4B_3	27.4	8.2*	6.6*	3.1	2.2	2.0										
A_2B_1	25.4	6.2	4.6	1.1	0.2											
A_2B_4	25.2	6.0	4.4	0.9												
A_1B_1	24.3	5.1	3.5													
A_3B_4	20.8	1.6														
A_4B_4	19.2															

第五节 系统分组资料的方差分析

交叉分组的特点是不同因素每个水平可以自由结合。但是在自然界或生产中，有些资料不能用交叉方式进行分组，因为因素不是平等关系，而有主次之分。例如研究公畜的种用价值就必须通过其后代的表现来评定，但是后代的表现又受到母猪的影响。公猪、母猪这两个因素不能交叉，即同一头母猪不可能在同期与不同公猪交配产生后代。所以这类问题就要通过系统分组进行分析。

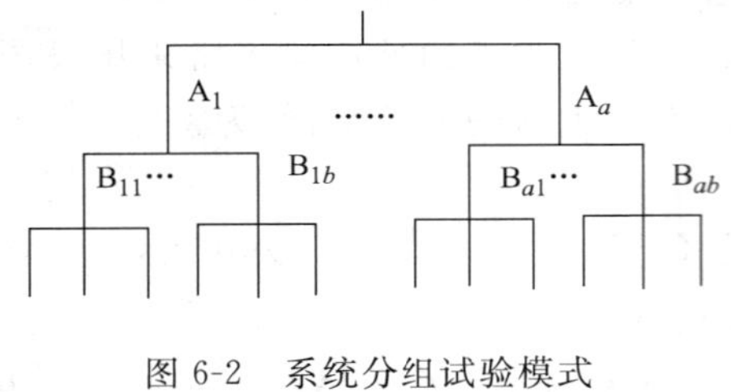

图 6-2 系统分组试验模式

系统分组在安排多因素试验方案时，将 A 因素分为 a 个水平，在 A 因素每个水平 A_i 下又将 B 因素分成 b 个水平，再在 B 因素每个水平 B_{ij} 下将 C 因素分 c 个水平……这样得到各因素水平组合的方式称为系统分组或称多层分组、套设计、窝设计。其设计方式见图 6-2。

在系统分组中，首先划分水平的因素叫一级因素（或一级样本），其次划分水平的因素叫二级因素（二级样本，次级样本），依此有三级因素，……在系统分组中，次级因素的各水平会套在一级因素的每个水平下，它们之间是从属关系而不是平等关系，分析侧重于一级因素。

由系统分组方式安排的多因素试验而得到的资料称为系统分组资料。根据次级样本含量是否相等，系统分组资料分为次级样本含量相等与次级样本含量不等两种。下面以两因素系统分组资料为例进行数据分析。

设：A 因素有 a 个水平；A 因素每个水平 A_i 下，B 因素分 b 个水平；B 因素每个水平 B_{ij} 下有 n 个观测值，则共有 abn 个观测值，其数据模式如表 6-32 所示。

表 6-32　两因素系统分组资料数据模式

一级因素 A	二级因素 B	观察值 C x_{ijl}				二级因素		一级因素	
						总和 $x_{ij.}$	平均 $\bar{x}_{ij.}$	总和 $x_{i..}$	平均 $\bar{x}_{i..}$
A_1	B_{11}	x_{111}	x_{112}	…	x_{11n}	$x_{11.}$	$\bar{x}_{11.}$	$x_{1..}$	$\bar{x}_{1..}$
	B_{12}	x_{121}	x_{122}	…	x_{12n}	$x_{12.}$	$\bar{x}_{12.}$		
	⋮	⋮	⋮	⋮	⋮	⋮	⋮		
	B_{1b}	x_{1b1}	x_{1b2}	…	x_{1bn}	$x_{1b.}$	$\bar{x}_{1b.}$		
A_2	B_{21}	x_{211}	x_{212}	…	x_{21n}	$x_{21.}$	$\bar{x}_{21.}$	$x_{2..}$	$\bar{x}_{2..}$
	B_{22}	x_{221}	x_{222}	…	x_{22n}	$x_{22.}$	$\bar{x}_{22.}$		
	⋮	⋮	⋮	⋮	⋮	⋮	⋮		
	B_{2b}	x_{2b1}	x_{2b2}	…	x_{2bn}	$x_{2b.}$	$\bar{x}_{2b.}$		
⋮	⋮	⋮	⋮	⋮	⋮	⋮	⋮	⋮	⋮
A_a	B_{a1}	x_{a11}	x_{a12}	…	x_{a1n}	$x_{a1.}$	$\bar{x}_{a1.}$	$x_{a..}$	$\bar{x}_{a..}$
	B_{a2}	x_{a21}	x_{a22}	…	x_{a2n}	$x_{a2.}$	$\bar{x}_{a2.}$		
	⋮	⋮	⋮	⋮	⋮	⋮	⋮		
	B_{ab}	x_{ab1}	x_{ab2}	…	x_{abn}	$x_{ab.}$	$\bar{x}_{ab.}$		
合计	—	—				—	—	$x_{...}$	$\bar{x}_{...}$

表 6-32 中，

$$x_{ij.}=\sum_{l=1}^{n}x_{ijl}\qquad \bar{x}_{ij.}=x_{ij.}/n\qquad x_{...}=\sum_{i=1}^{a}\sum_{j=1}^{b}\sum_{l=1}^{n}x_{ijl}$$

$$x_{i..}=\sum_{j=1}^{b}\sum_{l=1}^{n}x_{ijl}\qquad \bar{x}_{i..}=x_{i..}/(bn)\qquad \bar{x}_{i..}=x_{..}/(abn)$$

总变异可分解为 A 因素各水平（A_i）间的变异（一级样本间的变异），A_i 内 B 因素各水平（B_{ij}）间的变异（一级样本内二级样本间的变异）和试验误差（B_{ij} 内观测值间的变异）。对两因素系统分组资料进行方差分析，平方和与自由度的剖分式为：

$$SS_T=SS_A+SS_{B(A)}+SS_e,\ df_T=df_A+df_{B(A)}+df_e$$

各项平方和与自由度计算公式如下：

校正系数　$C=x^2_{...}/(abn)$

总平方和与自由度　$SS_T=\sum\sum\sum x_{ijl}^2-C$，$df_T=abn-1$

一级因素平方和与自由度　$SS_A=\frac{1}{bn}\sum x_{i..}^2-C$，$df_A=a=1$

一级因素内二级因素平方和与自由度　$SS_{B(A)}=\frac{1}{n}\sum\sum x_{ij}^2-\frac{1}{bn}\sum x_{i..}^2$，$df_{B(A)}=a(b-1)$

误差（二级因素内三级因素）的平方和与自由度

$$SS_e=SS_{C(B)}=SS_T-SS_A-SS_{B(A)},\ df_e=df_{C(B)}=df_T-df_A-df_{B(A)}$$

各项均方分别为：$MS_A=SS_A/df_A$，$MS_{B(A)}=SS_{B(A)}/df_{B(A)}$，$MS_{C(B)}\ SS_{C(B)}/df_{C(B)}$

F 检验时 F 值的计算：当检验一级因素时，用 $MS_{B(A)}$ 作分母；当检验一级因素内二级因素时，用 $MS_{C(B)}$ 作分母，即 $F_A=MS_A/MS_{B(A)}$，$F_{B(A)}=MS_{B(A)}/MS_{C(B)}$。

一、次级样本含量相等的系统分组资料的方差分析

【例 6.6】 为测定鱼粉的蛋白质消化率，在不含蛋白质的饲料中按两种配合比率加入鱼粉，调制成 A_1、A_2 两种饲料，各喂 3 头试验动物（B）。收集排泄物、风干、粉碎、混合均匀。分别从每头动物的排泄物中取两份样品作化学分析。为简化计算，从每个测定值减去 82，再乘以 10，列于表 6-33。

表 6-33 鱼粉的蛋白质消化率

饲料(A)	个体(B)	测定结果(x_{ijl})		$x_{ij.}$	$\bar{x}_{ij.}$	$x_{i..}$	$\bar{x}_{i..}$
A_1	B_{11}	5	4	9	4.50	144	24.00
	B_{12}	51	45	96	48.00		
	B_{13}	20	19	39	19.50		
A_2	B_{21}	46	38	84	42.00	269	44.83
	B_{22}	42	37	79	39.50		
	B_{23}	50	56	106	53.00		
合计	—	—		—	—	$x_{...}=413$	—

解 这是一个两因素系统分组资料，A 因素的水平数 $a=2$，A_i 内 B 因素的水平数 $b=3$，B_{ij} 内重复测定次数 $n=2$，共有 $abn=2\times3\times2=12$ 个观测值，方差分析如下。

① 计算各项平方和与自由度

校正系数 $$C=x^2_{...}/(abn)=413^2/12=14214$$

总平方和及其自由度

$$SS_T=\sum\sum\sum x_{ijl}^2-C=5^2+4^2+\cdots+56^2-14214=3543$$

$$df_T=abn-1=2\times3\times2-1=11$$

鱼粉间平方和及其自由度

$$SS_A=\frac{1}{bn}\sum x_{i..}^2-C=\frac{1}{3\times2}(144^2+269^2)-14214=1302$$

$$df_A=a-1=2-1=1$$

鱼粉内个体间的平方和及其自由度

$$SS_{B(A)}=\frac{1}{n}\sum\sum x_{ij.}^2-\frac{1}{bn}\sum x_{i..}^2=\frac{1}{2}(9^2+96^2+\cdots+106^2)-\frac{1}{3\times2}(144^2+269^2)=2159.50$$

$$df_{B(A)}=a(b-1)=2\times(3-1)=4$$

误差（个体内分析样品间）平方和及其自由度

$$SS_e=SS_{C(B)}=\sum\sum\sum x_{ijl}^2-\frac{1}{n}\sum\sum x_{ij.}^2=81.50$$

$$df_e=df_{C(B)}=ab(n-1)=2\times3\times(2-1)=6$$

② 列出方差分析表，进行 F 检验（表 6-34）

表 6-34 鱼粉的蛋白质消化率方差分析

变异来源	SS	df	MS	F
饲料(A)	1302.0	1	1302.00	2.41
个体(B)	2159.5	4	539.88	39.76**
误差	81.5	6	13.58	
总变异	3543.0	11	—	—

查临界 F 值：$F_{0.05(1,4)}=7.71$，$F_{0.01(4,6)}=9.15$ 因为鱼粉间的 $F_A<F_{0.05(1,4)}$，鱼粉内个体间的 $F_{B(A)}>F_{0.01(4,6)}$，表明不同来源的鱼粉蛋白质消化率差异不显著，即两种鱼粉的质量差异不显著；喂同一鱼粉的不同个体对鱼粉的消化利用能力差异极显著。对于鱼粉内个体间的差异问题，由于不是研究的重点，故可以不进行多重比较。

二、次级样本含量不等的系统分组资料的方差分析

次级样本含量不等和次级样本含量相等方差分析的分析方法基本类似，仅仅是平方和与自由度的计算上略有区别。下面结合实例说明次级样本含量不等的方差分析的分析方法。

【例 6.7】 某猪场为研究公猪和母猪对仔猪断奶重的影响，统计了 3 头公猪与所配 8 头母猪产仔的断奶重（kg）资料，为简化计算，从每个测定值减去 20，列于表 6-35，试进行方差分析。

表 6-35　3 头公猪与所配 8 头母猪产仔的断奶重资料　　单位：kg

公猪 A	所配母猪 B	仔猪数 n_{ij}	仔猪断奶重 x_{ijl}	$x_{ij.}$
A_1	B_{11}	9	1　−3.5　−2.5　−0.5　0　−1　−2.5　−1.5　−5.5	−16.0
	B_{12}	7	−6　−4.5　−3.5　−2　−4　−5　−1.5	−26.5
小计	$b_1=2$	$dn_1=16$	—	−42.5
A_2	B_{21}	8	4　2.5　4　0　2　3　2　2.5	20.0
	B_{22}	7	−1　−0.5　0　3.5　−1　1　−3.5	−1.5
	B_{23}	9	−4　−4　−4.5　0.5　−6　−2.5　−5.5　−4.5　−1	−31.5
小计	$b_2=3$	$dn_2=24$	—	−13.0
A_3	B_{31}	8	−5　−7　−6.5　−7.5　−3.5　−6.5　−4　−2.5	−42.5
	B_{32}	7	−1　1　1.5　−1　−4.5　1　1.5	−1.5
	B_{33}	8	2.5　1　1.5　−1　−5.5　0　3.5　2	4.0
小计	$b_3=3$	$dn_3=23$	—	−40.0
$a=3$	$\sum b_i=8$	$N=63$	$\sum\sum\sum x_{ijl}^2=754.75$，$\bar{x}_{...}=-1.52$	$x_{...}=-95.5$

注：a 为公猪数；b_i 为第 i 头公猪与配母猪数；n_{ij} 为第 i 头公猪与配第 j 头母猪所产的仔猪数；$dn_i=\sum_{j=1}^{b_i}n_{ij}$ 为第 i 头公猪仔猪数；$\sum b_i$ 为母猪总数；$N=\sum\sum n_{ij}$ 为仔猪总数。

解　方差分析如下：

① 计算各项平方和与自由度

校正系数　　$C=x_{...}^2/N=(-95.5)^2/63=144.77$

总平方和及其自由度

$$SS_T=\sum_{i=1}^{a}\sum_{j=1}^{b_i}\sum_{l=1}^{n_{ij}}(x_{ijl}-\bar{x}_{...})^2=\sum_{i=1}^{a}\sum_{j=1}^{b_i}\sum_{l=1}^{n_{ij}}x_{ijl}^2-C$$

$$=\{1^2+(-3.5)^2+\cdots+3.5^2+2^2\}-144.77=600.98$$

$$df_T=N-1=63-1=62$$

公猪间的平方和及其自由度

$$SS_A=\sum_{i=1}^{a}dn_i(\bar{x}_{i..}-\bar{x}_{...})^2=\sum_{i=1}^{a}x_{i.}^2/dn_i-C$$

$$=\{(-42.5)^2/16+(-13.0)^2/24+(-40.0)^2/23\}-144.77=44.73$$

$$df_A=a-1=3-1=2$$

公猪内母猪间的平方和及其自由度

$$SS_{B(A)} = \sum_{i=1}^{a}\sum_{j=1}^{b_i} n_{ij}(\bar{x}_{ij\cdot} - \bar{x}_{i\cdot\cdot})^2 = \sum_{i=1}^{a}\sum_{j=1}^{b_i} x_{ij\cdot}^2/n_{ij} - \sum_{i=1}^{a} x_{i\cdot\cdot}^2/dn_i$$
$$=\{(-16.0)^2/9+(-26.5)^2/7+20.0^2/8+\cdots+4.0^2/8\}-\{(-42.5)^2/16+(-13.0)^2/24+(-40.0)^2/23\}$$
$$=327.89$$

$$df_{B(A)} = \sum_{i=1}^{a}(b_i-1) = \sum_{i=1}^{a} b_i - a = 8-3=5$$

母猪内仔猪间（误差）平方和及其自由度

$$SS_{C(B)}=SS_e=SS_T-SS_A-SS_{B(A)}=600.98-44.73-327.89=228.36$$
$$df_{C(B)}=df_e=df_T-df_A-df_{B(A)}=62-2-5=55$$

② 列出方差分析表，进行 F 检验（表 6-36） 因为公猪间的 $F_A=0.34<1$，即 $P>0.05$，所以公猪对仔猪的断奶重影响差异不显著，可以认为它们的种用价值是一致的；因为公猪内母猪间的 $F_{B(A)}=15.74>F_{0.01(5,55)}=3.37$，即 $P<0.01$，所以母猪对仔猪的断奶重影响差异极显著，即同一公猪内不同母猪的仔猪断奶重有极显著的差异。

表 6-36 仔猪断奶重的方差分析

变异来源	平方和 SS	自由度 df	均方 MS	F 值
公猪间	44.73	2	22.37	0.34
公猪内母猪间	327.89	5	65.58	15.80**
母猪内仔猪间	228.36	55	4.15	
总变异	600.98	62	—	—

③ 多重比较 对一级因素（公猪）各水平以及一级因素内二级因素（母猪）各水平平均数进行多重比较（SSR 法或 q 法）。

当对公猪平均数进行多重比较时，标准误为：

$$S_{\bar{x}} = \sqrt{MS_{B(A)}/dn_0}$$

其中 $dn_0=\frac{1}{df_A}\left[N-\frac{\sum(dn_i)^2}{N}\right]$

当对母猪平均数进行多重比较时，标准误为：

$$S_{\bar{x}} = \sqrt{MS_{C(B)}/n_0}$$

其中 $n_0 = \frac{1}{df_{B(A)}}\left[N-\sum_i\left(\frac{\sum_j n_{ij}^2}{dn_i}\right)\right]$。

实际上对于此类资料，主要关注一级因素的效应，同一公猪内母猪平均数的多重比较一般可不进行。

第六节 用 Excel 软件进行方差分析

Excel 软件中提供的方差分析工具，既可进行单因素方差分析，也可进行两因素方差分析，但不能直接进行多重比较。

一、单因素方差分析

以【例 6.3】数据为例，操作步骤如下。

① 新建 Excel 数据表，将表 6-13 数据输入工作表中。

② 点击“工具”菜单中的“数据分析”，在对话框分析工具中选择“方差分析：单因素方差分析”，单击“确定”。

③ 在“方差分析：单因素方差分析”对话框中，选定“输入区域”（待分析数据）；根据输入数据的分组方式选定“逐行”或“逐列”；根据输入区域的第一行或第一列是否包含变量名决定是否选取“标志”复选框；输入显著水平 0.05 或 0.01；选定“输出区域”。以上内容选择完成以后，单击“确定”按钮，即可显示出结果。本例数据是按行排列的，应选定“逐行”，假设选定区域包含变量名，则应选取“标志”复选框，输入显著水平 0.01，“输出区域”选择新工作表，然后单击“确定”按钮，即显示出结果，如图 6-3 所示。

	A	B	C	D	E	F	G
1	方差分析：单因素方差分析						
2							
3	SUMMARY						
4	组	观测数	求和	平均	方差		
5	配方1	9	22	2.444444	0.277778		
6	配方2	11	42	3.818182	0.963636		
7	配方3	10	26	2.6	0.266667		
8	配方4	11	35	3.181818	0.963636		
9							
10							
11	方差分析						
12	差异源	*SS*	*df*	*MS*	*F*	*P*-value	*F* crit
13	组间	12.00749	3	4.002497	6.197643	0.001609	4.35954
14	组内	23.89495	37	0.645809			
15							
16	总计	35.90244	40				

图 6-3 【例 6.3】数据分析结果

由图 6-3 分析结果可知，$F=6.197643>F_{0.01(3,37)}=4.35954$，$p<0.01$，表明各处理组差异极显著。

二、两因素单独观测值试验资料的方差分析

以【例 6.4】数据为例，操作步骤如下。

① 将表 6-18 中数据输入新工作表中，见图 6-4。

A	B	C	D
表6-18 不同品种猪饲喂三种配合饲料的增重结果(kg)			
	饲料B_1	饲料B_2	饲料B_3
品种A_1	51	53	52
品种A_2	56	57	58
品种A_3	45	49	47
品种A_4	42	44	43

图 6-4 【例 6.4】数据输入

② 点击“工具”菜单中的“数据分析”，在对话框分析工具中选择“方差分析：无重复双因素分析”，单击“确定”。

③ 与单因素方差分析的操作方法相同，确定相应选项后点击“确定”（注意选择“标志”以区分两个因素），即可输出分析结果，本例分析结果见图 6-5。

	A	B	C	D	E	F	G
	方差分析：无重复双因素分析						
	SUMMARY	观测数	求和	平均	方差		
	品种A_1	3	156	52	1		
	品种A_2	3	171	57	1		
	品种A_3	3	141	47	4		
	品种A_4	3	129	43	1		
	饲料B_1	4	194	48.5	39		
	饲料B_2	4	203	50.75	30.91667		
	饲料B_3	4	200	50	42		
	方差分析						
	差异源	*SS*	*df*	*MS*	*F*	*P*-value	*F* crit
	行	332.25	3	110.75	189.8571	2.47E-06	4.757063
	列	10.5	2	5.25	9	0.015625	5.143253
	误差	3.5	6	0.583333			
	总计	346.25	11				

图 6-5 【例 6.4】数据分析结果

由图 6-5 分析结果可知，行因素间 $P=2.47\times10^{-6}<0.01$，差异极显著，列因素间 $0.01<P=0.015625<0.05$，差异显著，所以不同品种猪增重差异极显著，饲料对猪增重的影响差异显著。

三、两因素有重复观测值试验资料的方差分析

以【例 6.5】数据为例，操作步骤如下。

① 按照图 6-6 的方法将数据输入新工作表中。

	A	B	C	D	E
1	表6-26 不同钙、磷含量(%)试验猪的增重结果（kg）				
2		B_1	B_2	B_3	B_4
3	A_1	22	30	32.4	30.5
4		26.5	27.5	26.5	27
5		24.4	26	27	25.1
6	A_2	23.5	33.2	38	26.5
7		25.8	28.5	35.5	24
8		27	30.1	33	25
9	A_3	30.5	36.5	28	20.5
10		26.8	34	30.5	22.5
11		25.5	33.5	24.6	19.5
12	A_4	34.5	29	27.5	18.5
13		31.4	27.5	26.3	20
14		29.3	28	28.5	19

图 6-6 【例 6.5】数据输入

② 点击“工具”菜单中的“数据分析”，在对话框分析工具中选择“方差分析：可重复双因素分析”，单击“确定”。

③ 在“方差分析：可重复双因素分析”对话框中选择相应的选项，注意在“输入区域”中必须将行标志和列标志选入，单击“确定”即可输出分析结果。本例选择“每一样本行数”为 3，显著水平为 0.05，在新工作表中输出结果，除了得到图 6-7 的方差分析表外，还有各项平均值和方差。

由图 6-7 可知，样本（钙含量）间差异显著（$0.01<P=0.035576<0.05$），列因素（磷含量）间差异和钙磷交互作用均极显著（$P<0.01$）。

	A	B	C	D	E	F	G
34							
35	方差分析					*F*	
36	差异源	*SS*	*df*	*MS*	*F*	*P*-value	*F* crit
37	样本	44.51063	3	14.83688	3.22074	0.035576	4.459429
38	列	383.7356	3	127.9119	27.76669	4.92E-09	4.459429
39	交互	406.6585	9	45.18428	9.808455	5.11E-07	3.020818
40	内部	147.4133	32	4.606667			
41							
42	总计	982.3181	47				

图 6-7 【例 6.5】方差分析结果

【本章小结】

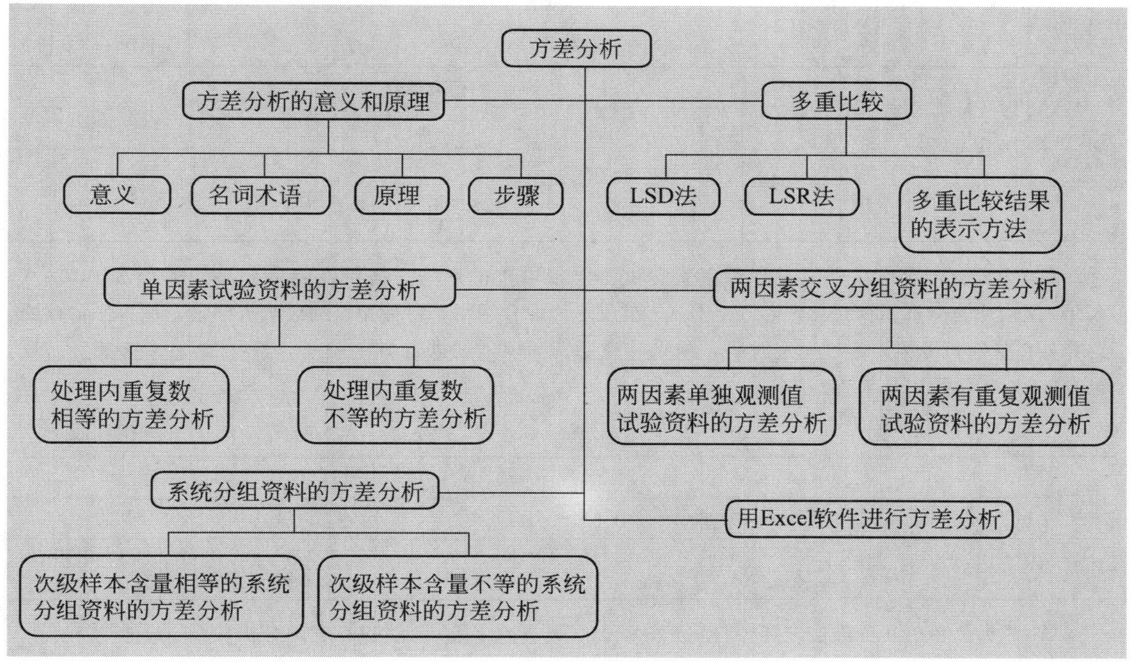

【习　　题】

1. 多个处理平均数间的相互比较为什么不宜用 t 检验法？

2. 什么是方差分析？方差分析在科学研究中有何意义？

3. 举例说明试验指标、试验因素、因素水平、试验处理、试验单位、重复常用名词的含义。

4. 方差分析差异显著为什么要进行多重比较？

5. 什么叫多重比较？多个平均数相互比较时，LSD法与一般 t 检验法相比有何优点？还存在什么问题？如何选用多重比较方法？

6. 什么是主效应、简单效应与交互作用？为什么说两因素交叉分组单独观测值的试验设计是不完善的试验设计？在多因素试验时，如何选取最优水平组合？

7. 两因素系统分组资料的方差分析与交叉分组资料的方差分析有何区别？

8. 在同样饲养管理条件下，3 个品种猪的增重见表 1，试检验 3 个品种猪增重是否有显著性差异。

表 1

品种	n	增重 x_{ij}/kg									
A_1	10	16	12	18	18	13	11	15	10	17	18
A_2	10	10	13	11	9	16	14	8	15	13	8
A_3	10	11	8	13	6	7	15	9	12	10	11

9. 由 3 组样本测定青鱼肝糖含量（见表 2），试判断各组青鱼肝糖含量差异是否显著。

表 2

组别	n_i	青鱼肝糖含量									
A	8	21	29	24	22	25	30	27	25		
B	10	20	25	25	23	29	31	24	26	20	21
C	6	34	32	28	35	41	36				

10. 用3种不同饲料配方对3个杂交组合肉用仔鸡进行肥育试验，该群鸡共9组，从初生到12周龄的平均增重见表3，试检验两种因素对仔鸡的增重效果，何种饲料配方和杂交组合的增重效果最好？

表3 单位：kg

饲料配方	杂交组合		
	Ⅰ	Ⅱ	Ⅲ
1	1.26	1.21	1.19
2	1.29	1.23	1.23
3	1.38	1.27	1.22

11. 为研究配合饲料中能量和蛋白质含量对仔猪增重的影响，饲料中能量分高低两个水平（A_1、A_2），蛋白质也分高低两个水平（B_1、B_2），组成四种配合饲料，每种饲料饲喂7头仔猪，每头仔猪单圈饲养，并且随机分组，经过一定时间，测得体重数见表4，试进行方差分析，选择最优的能量蛋白质组合。

表4 单位：kg

能量(A)	蛋白质含量(B)													
	B_1							B_2						
A_1	34.5	35.1	33.8	40.3	42.5	24.6	16.8	27.5	33.5	31.6	34.7	41.0	27.6	22.4
A_2	20.2	24.8	20.6	22.3	16.5	20.4	25.5	28.2	11.9	23.4	20.9	24.9	14.6	13.5

12. 3头公牛与6头母牛配种，其女儿305天产奶量列于表5，试进行方差分析。

表5 单位：kg

公牛号S	母牛序号0	女儿产奶量C		母牛女儿头数	公牛女儿头数
1	1	5700	5700	2	4
	2	6900	7200	2	
2	3	5500	4900	2	4
	4	5500	7400	2	
3	5	4600	4000	2	4
	6	5300	5200	2	

13. 某农场3头大白公猪与8头大白母猪选配，所生仔猪的断奶个体重列于表6，试进行方差分析。

表6

公猪号	母猪号	仔猪的断奶个体重/kg								
51-4	3-1	21.0	16.5	17.5	19.5	20.0	19.0	17.5	18.5	14.5
	95-8	14.0	15.5	16.5	18.0	16.0	15.0	18.5		
49-3	91-3	24.0	22.5	24.0	20.0	22.0	23.0	22.0	22.5	
	71-4	19.0	19.5	20.0	23.5	19.0	21.0	16.5		
	37-5	16.0	16.0	15.5	20.5	14.0	17.5	14.5	15.5	19.0
91-1	93-4	15.0	13.0	13.5	12.5	16.5	13.5	16.0	17.5	
	46-6	19.0	21.0	21.5	19.0	15.5	21.0	21.5		
	51-7	22.5	21.0	21.5	19.0	14.5	20.0	23.5	22.0	

第七章 次数资料分析——χ^2 检验

【知识目标】

- 理解χ^2 检验的意义、原理及χ^2 的连续性校正。
- 掌握适合性检验理论值、自由度的计算方法。
- 掌握独立性检验理论值、自由度的计算方法。

【技能目标】

- 在畜牧生产资料统计中，能正确运用适合性检验、独立性检验的检验方法和检验步骤。

在畜牧、水产等科学研究中，除了计量资料以外，还有一类重要的资料即计数资料。通过计数方式获得的数量性状资料以及由质量性状数量化得来的次数资料都是计数资料，χ^2 检验（卡方检验）是适合于服从二项分布或多项分布的一类计数资料的显著性检验方法。

第一节 概　　述

一、χ^2 统计量

为了便于理解，现结合一实例说明χ^2 统计量的意义。根据遗传学理论，哺乳动物的性别比例是 1∶1。统计某猪场一年所产的 204 头仔猪中，有公猪 98 头，母猪 106 头。按 1∶1 的性别比例计算，公、母仔猪均应为 102 头。以 O 表示实际观察次数，E 表示理论次数，可将上述情况列成表 7-1。

表 7-1 仔猪性别实际观察次数与理论次数

性　　别	实际观察次数 O	理论次数 E	$O-E$	$(O-E)^2/E$
公	98	102	-4	0.1569
母	106	102	4	0.1569
合计	204	204	0	0.3138

由表 7-1 看到，实际观察次数与理论次数存在一定的差异，这里公、母各相差 4 只。这个差异是属于抽样误差（把对该猪场一年所生仔猪的性别统计当作是一次抽样调查），还是仔猪性别比例发生了实质性的变化？要回答这个问题，首先需要确定一个统计量，用以表示实际观察次数与理论次数偏离的程度，然后判断这一偏离程度是否属于抽样误差，即进行显著性检验。

为了度量实际观察次数与理论次数偏离的程度，最简单的办法是求出实际观察次数与理论次数的差数。由表 7-1 看出：$O_1-E_1=-4$，$O_2-E_2=4$，由于这两个差数之和为 0，显然不能用这两个差数之和来表示实际观察次数与理论次数的偏离程度。为了避免正、负抵消，可将两个差数 O_1-E_1、O_2-E_2 平方后再相加，即计算$\sum(O-E)^2$，其值越大，实际观察次数与理论次数相差亦越大，反之则越小。但利用$\sum(O-E)^2$ 表示实际观察次数与理论次数的偏离程度尚有不足。例如某一组实际观察次数为 505，理论次数为 500，相差 5；而另一组实际观察次数为 16，理论次数为 11，相差亦为 5。显然这两组实际观察次数与理论次数的偏离程度是不同的。因为前者是相对于理论次数 500 相差 5，后者是相对于理论次数 11 相差 5。为了弥补这一不足，可先将各差数平方除以相应的理论次数后再相加，并记为χ^2，即：

$$\chi^2=\sum\frac{(O-E)^2}{E} \tag{7-1}$$

也就是说，χ^2 是度量实际观察次数与理论次数偏离程度的一个统计量，χ^2 越小，表明实际观察次数与理论次数越接近；$\chi^2=0$，表示两者完全吻合；χ^2 越大，表示两者相差越大。

对于表 7-1 的资料，可计算得：

$$\chi^2=\sum\frac{(O-E)^2}{E}=\frac{(-4)^2}{102}+\frac{(4)^2}{102}=0.3138$$

表明实际观察次数与理论次数是比较接近的。

二、χ^2 检验的原理与基本步骤

χ^2 是度量实际观察次数与理论次数偏离程度的一个统计量，但是χ^2 究竟大到何种程度才能推断实际观察次数与理论次数不相符合，χ^2 究竟小到何种程度才可推断实际观察次数与理论次数相符合，而实际差异是由抽样误差所造成的。要解决这一问题，须对计算所得的χ^2 值进行显著性检验。

χ^2 检验的基本原理也是以无效假设为前提，即假设实际观察次数与理论次数相符，其差异是由抽样误差所造成的。取 0.05 和 0.01 作为显著水平，然后依据小概率原理判断实际结果与理论假设是否相符。

χ^2 检验的基本步骤如下。

① 提出无效假设和备择假设，H_0：实际观察次数与理论次数相符；H_A：实际观察次数与理论次数不相符。

② 在无效假设成立的前提条件下，计算χ^2 值。

③ 确定显著水平 α，根据资料的自由度，由χ^2 表查出临界值$\chi^2_{\alpha(df)}$。

④ 把实际算得的χ^2 值与临界值比较，做出统计推断。若$\chi^2<\chi^2_{\alpha(df)}$，表明 $P>\alpha$，接受 H_0，推断实际观察次数与理论次数相符；若$\chi^2\geqslant\chi^2_{\alpha(df)}$，表明 $P\leqslant\alpha$，否定 H_0，接受 H_A，推断实际观察次数与理论次数不相符。

三、χ^2 检验的连续性校正

由式(7-1) 计算的χ^2 只是近似地服从连续型随机变量χ^2 分布。在对次数资料进行χ^2 检验利用连续型随机变量χ^2 分布计算概率时，常常偏低，特别是当自由度为 1 时偏差较大。Yates (1934) 提出了一个校正公式，校正后的χ^2 值记为χ^2_c：

$$\chi_c^2=\sum\frac{(|O-E|-0.5)^2}{E} \tag{7-2}$$

当自由度大于1时，式(7-1)的χ^2分布与连续型随机变量χ^2分布相近似，这时，可不做连续性校正，但要求各组内的理论次数不小于5。若某组的理论次数小于5，则应把它与其相邻的一组或几组合并，直到理论次数大于5为止。

第二节　适合性检验

一、适合性检验的意义

所谓适合性检验，是判断实际观察的属性类别分配是否符合已知属性类别分配的理论或学说的一种χ^2检验方法。在适合性检验中，无效假设H_0是实际观察的属性类别分配符合已知的属性类别分配的理论或学说；备择假设H_A是实际观察的属性类别分配不符合已知的属性类别分配的理论或学说。并在无效假设成立的条件下，按已知的属性类别分配的理论或学说计算各属性类别的理论次数。因所计算得的各个属性类别理论次数的总和应等于各个属性类别实际观察次数的总和，即独立的理论次数的个数等于属性类别分类数减1。也就是说，适合性检验的自由度等于属性类别分类数减1。若属性类别分类数为k，则适合性检验的自由度为$k-1$。然后根据式(7-1)或式(7-2)计算出χ^2或χ_c^2。将所计算得的χ^2或χ_c^2值与根据自由度$k-1$查χ^2值表所得的临界χ^2值——$\chi_{0.05}^2$、$\chi_{0.01}^2$比较：

若χ^2（或χ_c^2）$<\chi_{0.05}^2$，$P>0.05$，表明实际观察次数与理论次数差异不显著，可以认为实际观察的属性类别分配符合已知的属性类别分配的理论或学说；

若$\chi_{0.05}^2\leqslant\chi^2$（或$\chi_c^2$）$<\chi_{0.01}^2$，$0.01<P\leqslant0.05$，表明实际观察次数与理论次数差异显著，实际观察的属性类别分配显著不符合已知的属性类别分配的理论或学说；

若χ^2（或χ_c^2）$\geqslant\chi_{0.01}^2$，$P\leqslant0.01$，表明实际观察次数与理论次数差异极显著，实际观察的属性类别分配极显著不符合已知的属性类别分配的理论或学说。

二、适合性检验的方法

下面结合实例说明适合性检验的方法。

【例 7.1】 有人观察了猪的黑白毛色的遗传现象，发现所观察的260头杂交子二代猪中，有181头为白色，79头为黑色。试问这个观察结果是否符合孟德尔的3∶1的分离定律？

解 这是一个检验一对属性性状（$k=2$）分配是否符合已知的属性分配（3∶1）的例子。按照孟德尔的分离定律，一对性状的遗传，在杂交子二代中，白猪应有195$\left(260\times\frac{3}{4}\right)$头，黑猪应有65$\left(260\times\frac{1}{4}\right)$头。显然，实际抽样结果与此不一致，很可能是由于抽样误差造成的，但也不能排除变异的可能。因此所作的假设如下。

H_0：子二代分离现象符合3∶1的理论比例。

H_A：子二代分离现象不符合3∶1的理论比例。

本例属性类别分类数 $k=2$，自由度 $df=k-1=2-1=1$，应用式(7-2) 有：

$$\chi_c^2=\sum\frac{(|O-E|-0.5)^2}{E}=\frac{(|181-195|-0.5)^2}{195}+\frac{(|79-65|-0.5)^2}{65}=3.739$$

取 $\alpha=0.05$，查得 $\chi^2_{0.05(1)}=3.84$，计算的 $\chi_c^2<\chi^2_{0.05(1)}$，故 $P>0.05$，接受 H_0，表明实际观察次数与理论次数差异不显著，可以认为白猪与黑猪的比率符合孟德尔遗传分离定律 3∶1的理论比例。

三、χ^2 显著性检验的再分割法

χ^2 检验理论次数和实际观察次数不符合，说明整个资料的结论和理论比例不符，但具体是哪个比例不符，还是所有比例都不符，是不能反映出来的，可以根据 χ^2 值的可加性对 χ^2 值进行再分割，分割后的 χ^2 值相互独立且不能做校正。下面举例说明。

【例 7.2】 有两对性状杂种后代的分离现象，杂种后代 4 种表现型的观察次数为 B__C__∶B__cc∶bbC__∶bbcc＝1180∶365∶420∶35，问该现象是否符合 9∶3∶3∶1 的比例。

解 这是一个检验两对属性性状分配是否符合已知属性性状分配的例子，先做假设。

H_0：实际观察次数之比符合 9∶3∶3∶1 的理论比例。

H_A：实际观察次数之比不符合 9∶3∶3∶1 的理论比例。

本例的属性类别分类数 $k=4$，自由度 $df=k-1=4-1=3$，应用式(7-1) 计算，计算结果见表 7-2。

$$\chi^2=\sum\frac{(O-E)^2}{E}=2.69+0.27+5.40+64.8=73.16$$

表 7-2 χ^2 计算

表现型	实际观察次数(O)	理论次数(E)	$O-E$	$(O-E)^2/E$
B__C__	1180	1125	55	2.69
B__cc	365	375	−10	0.27
bbC__	420	375	45	5.40
bbcc	35	125	−90	64.8
总和	2000	2000	0	73.16

由表 7-2 可知，$\chi^2=73.16$，由 $df=3$ 查 χ^2 值表得：$\chi^2_{0.05(3)}=7.81$，$\chi^2_{0.01(3)}=11.34$。因为 $\chi^2>\chi^2_{0.01(3)}$，$P<0.01$，表明本试验两对基因后代的分离现象不符合 9∶3∶3∶1 的比例。有必要进一步检验，以确定具体哪种表现型的实际观察次数不符合 9∶3∶3∶1 的比例。这时须采用 χ^2 检验的再分割法。

χ^2 检验的再分割法的具体做法是：将一张列联表的总 χ^2 统计量分割为数目等于该表总自由度的多个分量。每个分量的 χ^2 值对应于由原始数据所产生的一个特殊列联表，且每个分量独立于其他分量，这样各分量的 χ^2 值之和等于总 χ^2 值。

χ^2 检验的再分割法检验步骤如下。

① 由表 7-2 可见，bbcc 的实际次数和理论次数相差最大，其 χ^2 值最大，可以把前三项合并，检验其与最后一项的比例是否符合 15∶1，分割后的 χ^2 值记为 χ_1^2，见表 7-3。

表 7-3 χ_1^2 分割表（理论比例 1∶15）

表现型	实际观察次数 O	理论次数 E	$O-E$	$(O-E)^2/E$
bbcc	35	125	−90	64.80
其他表现型合并组	1965	1875	90	4.32
总和	2000	2000	0	69.12

$$\chi_1^2=\sum\frac{(O-E)^2}{E}=64.80+4.32=69.12$$

由 $df_1=2-1=1$，查χ^2 值表得，$\chi^2_{0.01(1)}=6.63$，由于$\chi_1^2>\chi^2_{0.01(1)}$，故 $P<0.01$，差异极显著，即 bbcc 表现型与其他 3 种表现型的合并组比例不符合 1∶15 的理论比例，为进一步说明实质，可再检验 B＿C＿、B＿cc、bbC＿三项是否符合 9∶3∶3 的比例关系。

② 检验 B＿C＿、B＿cc、bbC＿三项是否符合 9∶3∶3 的比例关系。分割后的χ^2 值记为χ_2^2，见表 7-4。

表 7-4 χ_2^2 分割表（理论比例 9∶3∶3）

表现型	实际观察次数 O	理论次数 E	$O-E$	$(O-E)^2/E$
B＿cc	1180	1179	1	0
B＿C＿	365	393	−28	1.99
bbC＿	420	393	27	1.85
总和	1965	1965	0	3.84

由表 7-4 可知，$\chi_2^2=3.84$，$df_2=3-1=2$，查χ^2 值表得，$\chi^2_{0.05(2)}=5.99$，$\chi_2^2<\chi^2_{0.05(2)}$，$P>0.05$，差异不显著，可以认为 3 种表现型符合 9∶3∶3 的理论比例。

χ^2 经分割后，可以看出实际次数不符合 9∶3∶3∶1 的比例，主要是由于 bbcc 的理论次数与实际次数偏差过大造成，且$\chi_1^2=69.12$，$\chi_2^2=3.84$，$\chi_1^2+\chi_2^2=72.96$ 与总$\chi^2=73.16$ 略有差异，这是由于计算的舍入误差所造成；总自由度 $df=3$，$df_1=1$，$df_2=2$，所以 $df=df_1+df_2$。如果分割后χ^2 值或自由度之和不等于χ^2 值或总自由度，说明所分割的列联表相互不独立。

第三节 独立性检验

上一节中，对服从二项分布或多项分布的计数资料进行了χ^2 的适合性检验，其目的是判断它们是否符合某种已知理论或学说。在有的情况下，对计数资料进行χ^2 检验的目的是判断它们与某种因素有无关系。例如，研究注射猪瘟疫苗能否显著地降低猪的死亡率时，如果把疫苗注射看作是一个因子，猪瘟病死亡数看成是一个与疫苗注射有关的因子，那么，判断疫苗有无预防效果的问题，就成了判断这两个因子有无相关性的问题，如果疫苗有预防猪瘟病的效果，也就是这两个因子相关，否则就是无关或独立。推广到一般的情况，便不难得到χ^2 的独立性检验的定义：根据计数资料判断两类因子彼此相关或相互独立的显著性检验方法。

应用χ^2 进行独立性检验时，H_0：两个因子相互独立；H_A：两个因子彼此相关。在计算χ^2 时，应先将所得计数资料按两个因子作两向分组，排列成相依表，然后，根据两个因子相互独立的假设，算出每一组的理论次数，再由公式(7-1) 或式(7-2) 算得χ^2 值或χ_c^2 值。

这个χ^2的自由度随两个因子各自的分组数而不同，设横行分 r 组，纵行分 c 组，则排列成 $r\times c$表，其自由度 $df=(r-1)(c-1)$。当观察的χ^2或$\chi_c^2<\chi^2_{\alpha(df)}$时，则接受 H_0，表明两个因子相互独立；当观察的χ^2或$\chi_c^2\geqslant\chi^2_{\alpha(df)}$时，则否定 H_0 接受 H_A，表明两个因子彼此有关。下面举例说明 2×2 表、2×c 表、$r\times c$ 表的独立性检验方法。

一、2×2 表的独立性检验

2×2 表的一般形式如表 7-5 所示，其自由度 $df=(r-1)(c-1)=(2-1)\times(2-1)=1$，在进行$\chi^2$检验时，需做连续性校正，计算$\chi_c^2$值。

表 7-5　2×2 表的一般形式

项　　目	1	2	行总和
1	$O_{11}(E_{11})$	$O_{12}(E_{12})$	R_1
2	$O_{21}(E_{21})$	$O_{22}(E_{22})$	R_2
列总和	C_1	C_2	T

注：O_{ij}为实际观察次数，E_{ij}为理论次数。

【例 7.3】 某鸡场用 160 只鸡检验某种新研制的鸡马立克疫苗的预防效果。结果是注射新疫苗的 80 只鸡中有 8 只发病，72 只未发病；注射旧疫苗的 80 只鸡中有 12 只发病，68 只未发病。试问新旧疫苗的预防效果是否有差异？

解　① 将资料整理成列联表　见表 7-6。

表 7-6　2×2 列联表

项　　目	发　病	未发病	行总和	发病率
注射新疫苗	8(10)	72(70)	80	10.0%
注射旧疫苗	12(10)	68(70)	80	15.0%
列总和	20	140	160	12.5%

② 提出假设

H_0：新旧疫苗的预防效果相同。

H_A：新旧疫苗的预防效果不相同。

③ 计算理论次数　在 H_0 成立的前提条件下，由样本数据计算出各个理论次数。新旧疫苗的预防效果相同，也就是说注射新疫苗或旧疫苗不影响发病率，即注射新疫苗组与注射旧疫苗组的理论发病率应当相同，均应等于总发病率 20/160=0.125=12.5%。依此计算出各个理论次数如下。

注射新疫苗组的理论发病数：$E_{11}=20\times80/160=10$

注射新疫苗组的理论未发病数：$E_{12}=140\times80/160=70$

注射旧疫苗组的理论发病数：$E_{21}=20\times80/160=10$

注射旧疫苗组的理论未发病数：$E_{22}=140\times80/160=70$

④ 计算χ^2值　由于 $df=1$，故需进行连续性校正。

$$\chi_c^2=\sum\frac{(|O-E|-0.5)^2}{E}$$

$$=\frac{(|8-10|-0.5)^2}{10}+\frac{|72-70|-0.5)^2}{70}+\frac{|12-10|-0.5)^2}{10}+\frac{(|68-70|-0.5)^2}{70}$$

$$=0.514$$

⑤ 由自由度 $df=1$ 查临界χ^2 值，做出统计推断　因为$\chi^2_{0.05(1)}=3.84$，而$\chi^2=0.514<\chi^2_{0.05(1)}$，所以 $P>0.05$，接受 H_0，表明新旧疫苗对鸡马立克病的预防效果无差别。

二、2×c 表的独立性检验

2×c 表的一般形式见表 7-7，其自由度 $df=(2-1)\times(c-1)=c-1$，因为 $c\geqslant3$，所以自由度大于 2，在进行χ^2 检验时，无需做连续性校正。

表 7-7　2×c 表一般形式

项　目	1	2	…	c	行总和
1	$O_{11}(E_{11})$	$O_{12}(E_{12})$	…	$O_{1c}(E_{1c})$	R_1
2	$O_{21}(E_{21})$	$O_{22}(E_{22})$	…	$O_{2c}(E_{2c})$	R_2
列总和	C_1	C_2	…	C_c	T

注：O_{ij} 为实际观察次数，E_{ij} 为理论次数。

【例 7.4】 在甲、乙两地进行秦川牛肉用性能外形调查，划分为优、良、中、下 4 个等级，调查结果列于表 7-8。试问两地秦川牛肉用性能各级构成比差异是否显著？

表 7-8　两地秦川牛肉用性能调查结果

地　区	优	良	中	下	行总和
甲	12(15.48)	13(14.19)	63(55.48)	12(14.84)	100
乙	12(8.52)	9(7.80)	23(30.52)	11(8.16)	55
列总和	24	22	86	23	155

解　这是一个 2×4 列联表独立性检验的问题。

① 提出假设

H_0：两地秦川牛肉用性能各级构成比相同。

H_A：两地秦川牛肉用性能各级构成比不同。

② 计算理论次数　在 H_0 成立的前提条件下，由样本数据计算出各个理论次数。

甲地优等组理论次数：$E_{11}=100\times24/155=15.48$

乙地优等组理论次数：$E_{21}=55\times24/155=8.52$

其余各个理论次数的计算类似。

③ 计算χ^2 值

$$\chi^2=\sum\frac{(O-E)^2}{E}$$
$$=\frac{(12-15.48)^2}{15.48}+\frac{(13-14.19)^2}{14.19}+\cdots+\frac{(23-30.52)^2}{30.52}+\frac{(11-8.16)^2}{8.16}$$
$$=6.896$$

④ 由自由度 $df=3$ 查临界χ^2 值，做出统计推断　因为$\chi^2_{0.05(3)}=7.81$，而$\chi^2=6.896<\chi^2_{0.05(3)}$，$P>0.05$，不能否定 H_0，可以认为甲、乙两地秦川牛肉用性能各级构成比相同。

三、r×c 表的独立性检验

$r\times c$ 表的一般形式见表 7-9，其自由度 $df=(r-1)(c-1)$，因为 $r\geqslant3$，$c\geqslant3$，所以在进行χ^2 检验时，无需做连续性校正。

表 7-9 $r\times c$ 表一般形式

	1	2	…	c	行总和
1	$O_{11}(E_{11})$	$O_{12}(E_{12})$	…	$O_{1c}(E_{1c})$	R_1
2	$O_{21}(E_{21})$	$O_{22}(E_{22})$	…	$O_{2c}(E_{2c})$	R_2
⋮	⋮	⋮	⋮	⋮	⋮
r	$O_{r1}(E_{r1})$	$O_{r2}(E_{r2})$	…	$O_{rc}(E_{rc})$	R_r
列总和	C_1	C_2	…	C_c	T

注：O_{ij} 为实际观察次数，E_{ij} 为理论次数。

【例 7.5】 调查甲、乙、丙 3 个水库中草食、肉食和杂食性鱼的结果见表 7-10（括号内数字为构成比）。试问甲、乙、丙 3 水库 3 种鱼的构成比有无显著差异？

表 7-10 3 个水库 3 种食性鱼构成比调查结果

水 库	草食性鱼	肉食性鱼	杂食性鱼	行总和
甲水库	182(206.0)	215(214.8)	203(179.2)	600
乙水库	154(137.3)	136(143.2)	110(119.5)	400
丙水库	179(171.7)	186(179.0)	135(149.3)	500
列总和	515	537	448	1500

解 这是一个 3×3 表独立性检验的问题。

① 提出假设

H_0：甲、乙、丙 3 水库 3 种鱼的构成比相同。H_A：甲、乙、丙 3 水库 3 种鱼的构成比不相同。

② 计算理论次数 在 H_0 成立的前提条件下，由样本数据计算出各个理论次数。

③ 计算χ^2 值

$$\chi^2=\sum\frac{(O-E)^2}{E}$$
$$=\frac{(182-206)^2}{206}+\frac{(215-214.8)^2}{214.8}+\cdots+\frac{(135-149.3)^2}{149.3}$$
$$=11.059$$

④ 由自由度 $df=4$ 查临界χ^2 值，做出统计推断 因为$\chi^2_{0.05(4)}=9.49$，$\chi^2_{0.01(4)}=13.28$，而$\chi^2_{0.05(4)}<\chi^2=11.059<\chi^2_{0.01(4)}$，$0.05<P$，$P<0.01$，否定 H_0，可以认为甲、乙、丙 3 水库的草食、肉食和杂食性鱼类的构成比不相同。

【本章小结】

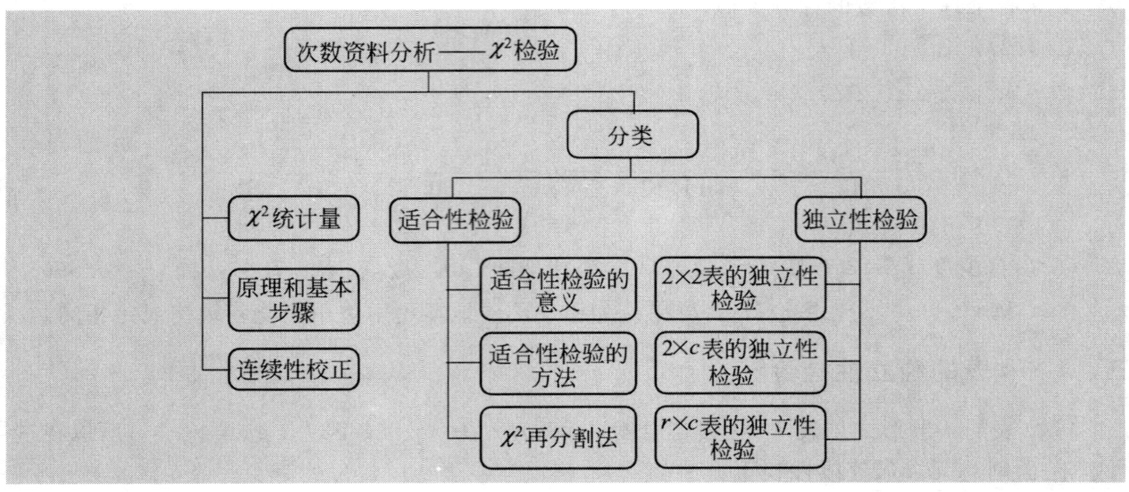

【习　题】

1. 什么是适合性检验和独立性检验？它们有何区别？

2. 什么情况下χ^2 检验需做校正？如何校正？

3. 白猪与黑猪杂交，在子二代获得 349 头仔猪，其中白猪 252 头，黑猪 97 头。问是否符合 3∶1 的遗传比例？

4. 用甲、乙两种药物治疗仔猪下痢，治疗结果见表 1。问两种药物的疗效是否有显著差异？

表 1　两种药物治疗仔猪下痢结果

药　物	治　愈	死　亡	总　和
甲	64	36	100
乙	24	36	60

5. 某猪场采用“单次配”和“双重配”两种配种方法，其受胎结果见表 2。问两种配种方法的受胎率是否有显著差异？

表 2　两种配种方法受胎率结果

配种方法	受胎数	未受胎数	总和	受胎率
单次配	110	68	178	62%
双重配	116	14	130	89%

6. 分别统计了 A、B 两个品种各 70 头经产母猪的产仔情况，结果见表 3。问 A、B 两个品种的产仔构成比是否相同？

表 3　两个品种经产母猪产仔情况构成

药　物	9 头以下	10～12 头	13 头以上	总和
A	18	45	7	70
B	6	34	30	70

7. 对比 3 种治疗方案对同一种疾病的治疗效果试验，治疗效果分为四级，试验结果见表 4。试检验 3 种治疗方案的疗效是否相同？

表 4　3 种治疗方案对某一疾病的治疗效果

疗　效	治愈	显效	好转	无效	总和
甲方案	37	6	5	2	50
乙方案	15	16	11	8	50
丙方案	10	12	19	9	50

第八章　简单相关与回归

【知识目标】

- 掌握直线相关与回归的概念。
- 理解相关系数与回归系数的含义，并掌握其计算方法。
- 掌握直线相关及直线回归分析的步骤与方法。
- 了解曲线相关与回归分析的步骤与方法。

【技能目标】

- 能够确定变量间相关的性质，并能度量其相关的密切程度。
- 会计算相关系数及回归系数，并能够对其进行显著性检验。
- 能够建立直线回归方程并绘制回归直线。

前面几章所介绍的统计分析方法均只涉及一个变量，但生产实践及科学研究中所涉及的问题是多种多样的，往往需要研究多个变量之间的相互关系，例如家畜的生长发育速度就与遗传、营养、饲养管理等许多因素有关，常常需要研究多个变量之间的关系。本章讨论两个或两个以上变量间的相互联系，进而掌握其变化规律和特征，以指导畜牧生产实践。

第一节　概　　述

一、变量之间的关系

变量间的相互关系有两类，一类是变量间存在着完全确定性的关系，可以用精确的数学表达式来表示，这类变量间的关系称为函数关系，如圆面积（S）与其半径（r）的关系可以表达为：$S=\pi r^2$。只要知道了其中一个变量的值就可以精确地计算出另一个变量的值。另一类是变量间关系密切但不能由一个或几个变量的值精确地求出另一个变量的值，这类不确定的关系称为相关关系，存在相关关系的变量称为相关变量。在生物界中相关关系是普遍存在的，例如蛋鸡的产蛋量与蛋重的关系；牛的胸围与体重的关系；猪瘦肉率与背膘厚度、眼肌面积、胴体长的关系等。

相关变量间的关系有两种，一种是因果关系，即一个变量的变化受另一个或几个变量的影响，如仔猪的生长速度受遗传、营养、饲养管理等因素的影响；另一种是平行关系，即两个以上变量之间共同受到另外因素的影响，如牛的胸围和体重之间的关系，牛奶中脂肪和蛋白质含量的关系等都属于平行关系。

二、相关分析与回归分析的意义

研究呈平行关系的相关变量之间的关系的分析方法称为相关分析，相关分析的目的是确定相关变量之间的相关程度和性质。研究呈因果关系的相关变量之间的关系的分析方法称为回归分析，表示原因的变量称为自变量，表示结果的变量称为依变量。回归分析的目的是揭示自变量与依变量之间的联系形式，建立它们之间的回归方程，利用所建立的回归方程，由自变量（原因）来预测、控制依变量的变化（结果）。相关分析是回归分析的前提，只有变量间存在相关关系，回归关系才有可能存在。通过相关与回归分析，可以了解家畜与外界条件间、家畜与家畜间和家畜各个性状间的相互影响、相互作用及其影响与作用的密切程度。所以，相关与回归分析广泛地应用于家畜饲养管理技术调整与修正；家畜饲养环境对家畜影响的分析；家畜饲养管理及疾病诊疗技术应用结果的预测；家畜育种指标的选择等。

三、相关分析与回归分析的分类

根据研究相关与回归时涉及的变量的多少，把相关与回归分别分为两大类：一类是简单相关与简单回归，只涉及两个变量；另一类是多元相关与多元回归，涉及两个以上的变量。简单相关与简单回归又分为直线相关与直线回归和曲线相关与曲线回归。

设有两个变量，分别用 x，y 表示，各个变量的观察值数为 n，这两个变量的观察值为：(x_1, y_1)、(x_2, y_2)、(x_3, y_3)、…、(x_n, y_n)，如果以 x 为横坐标轴，y 为纵坐标轴建立直角坐标系，则在坐标系中就能找到各组观察值对应的点，这些点称为散点，其构成的图形叫散点图（见图 8-1）。

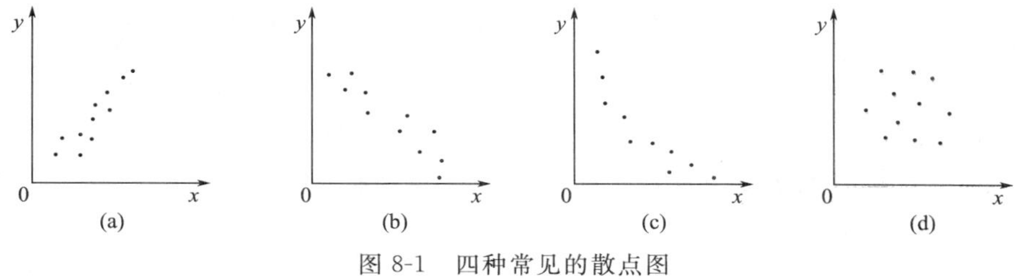

图 8-1　四种常见的散点图

图 8-1 中，(a) 和 (b) 散点呈直线分布趋势；(c) 散点呈曲线分布趋势；(d) 散点呈圆面分布趋势。像图 8-1(a) 和 (b) 那样，在散点图中，两个变量构成的散点，如果呈直线分布趋势，可以近似地用一条直线来表示，则这两个变量间的相关称为直线相关。两个直线相关变量 x 和 y，如果存在着 y 随着 x 变化而变化的单向依存关系，则称 y 与 x 的关系为直线回归。

像图 8-1(c) 那样，在散点图中，两个变量构成的散点，如果呈曲线分布趋势，可以近似地用一条曲线来表示，则这两个变量的相关称为曲线相关。两个曲线相关的变量，如果存在着 y 随着 x 变化而变化的单向主从关系，则称 y 与 x 的关系为曲线回归。

像图 8-1(d) 那样，两个变量构成的散点呈圆面分布趋势，则这两个变量间不存在相关关系。

第二节　直线相关

一、相关性质的确定和相关程度的度量

1. 相关的性质

将图 8-1 的 (a) 和 (b) 中的直角坐标系的原点移到点 $(\overline{x}, \overline{y})$，散点分别用直线 l_1 和 l_2 来近似表示，见图 8-2。

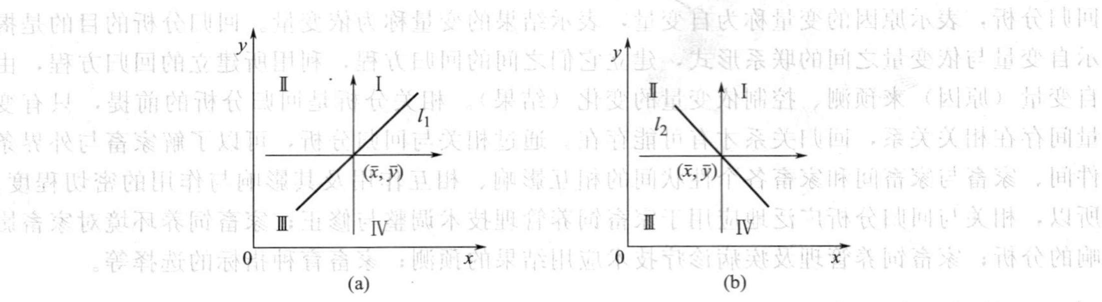

图 8-2 相关性质示意

观察图 8-2(a) 发现：直线 l_1 上的点 y 随着 x 增大而增大，变量 x 与 y 的相关为正相关。直线 l_1 通过坐标系的第Ⅰ、第Ⅲ象限。对于直线 l_1 在第Ⅰ象限上任意一点都有$(x-\overline{x})>0$，$(y-\overline{y})>0$，则$\sum(x-\overline{x})(y-\overline{y})>0$。

在第Ⅲ象限，任意一点都有$(x-\overline{x})<0$，$(y-\overline{y})<0$，则$\sum(x-\overline{x})(y-\overline{y})>0$。

也就是说在直线 l_1 上的点有$\sum(x-\overline{x})(y-\overline{y})>0$ 的特性。

观察图 8-2(b) 发现：直线 l_2 上的点 y 随着 x 增大而减小，变量 x 与 y 的相关为负相关。直线 l_2 通过坐标系的第Ⅱ、第Ⅳ象限。对于直线 l_2 在第Ⅱ象限上任意一点都有$(x-\overline{x})<0$，$(y-\overline{y})>0$，则$\sum(x-\overline{x})(y-\overline{y})<0$。

在第Ⅳ象限，直线 l_2 上任意一点都有 $(x-\overline{x})>0$，$(y-\overline{y})<0$，则$\sum(x-\overline{x})(y-\overline{y})<0$。

也就是说在直线 l_2 上的点有$\sum(x-\overline{x})(y-\overline{y})<0$ 的特性。

$\sum(x-\overline{x})(y-\overline{y})$是两个变量离均差的乘积之和，简称为乘积和，记作 SP_{xy}，即：

$$SP_{xy}=\sum(x-\overline{x})(y-\overline{y}) \tag{8-1}$$

$$SP_{xy}=\sum xy-\frac{\sum x\sum y}{n} \tag{8-2}$$

通过以上讨论可以得出：两个直线相关变量，在正相关时，其乘积和（SP_{xy}）大于零；在负相关时，其乘积和（SP_{xy}）小于零。

2. 相关程度的度量

在生产实践中，人们不但关心两个相关变量的性质，更关心两个相关变量的关系密切程度。相关程度的度量用相关系数 r 表示。

通过以上讨论，得出相关系数（r）的计算公式为：

$$r=\frac{SP_{xy}}{\sqrt{SS_xSS_y}} \tag{8-3}$$

式中 SP_{xy}——两个变量的乘积和；

SS_x——x 变量的平方和；

SS_y——y 变量的平方和。

在实际应用中，为了计算的方便该公式常书写成如下形式：

$$r=\frac{\sum xy-\frac{\sum x\sum y}{n}}{\sqrt{\left[\sum x^2-\frac{(\sum x)^2}{n}\right]\left[\sum y^2-\frac{(\sum y)^2}{n}\right]}} \tag{8-4}$$

相关系数反映了变量之间的相关关系的密切程度，其值域为［－1，1］，相关系数的绝对值越大，变量之间的相关关系越强。当｜r｜＝1 时，变量间的相关称为完全相关，在生

物界，完全相关的变量是很少见到的；当 $|r|=0$ 时，变量间的相关称为零相关；当 $|r|\geqslant 0.66$ 时，变量间的相关为强相关；当 $0.33\leqslant|r|<0.66$ 时，变量间的相关为中等强度相关；当 $|r|<0.33$ 时，变量间的相关为弱相关。

相关系数也反映了相关性质，由公式(8-3) 可知，相关系数的符号取决于 SP_{xy}，当 $SP_{xy}>0$ 时，$r>0$；当 $SP_{xy}<0$ 时，$r<0$。因此，$r>0$ 时，变量间的相关关系为正相关；$r<0$时，变量间的相关关系为负相关。

二、相关系数的计算

【例 8.1】 10 只绵羊胸围与体重的资料见表 8-1，试计算绵羊胸围和体重之间的相关系数。

表 8-1　10 只绵羊胸围与体重资料

胸围/cm	68	70	70	71	71	71	73	74	76	76
体重/kg	50	60	68	65	69	72	71	73	75	77

解　计算步骤如下：

① 设定变量　在生产和科研记录中，生物性状常常用文字描述而不用字母表示（如本例），为了方便他人阅读，在计算相关系数系数之前一定要设定变量。如果记录中给定了代表符号就不必再另行设定了。另外，有些变量习惯上使用与相关系数计算公式不同的代表符号（如体重用 G 表示，体长用 L 表示，体高用 h 表示），这些符号在带入相关系数计算公式时，一定要对公式原形做出相应调整。

本例题中设绵羊的胸围为 x，绵羊的体重为 y。

② 列相关系数计算表　根据公式(8-4) 中的项目和计算器统计运算键的设置，为使计算简便明了，应该对原始资料进行整理，列出相关系数计算表，并计算出$\sum xy$、$\sum x$、$\sum y$、$\sum x^2$、$\sum y^2$ 等，见表 8-2。

表 8-2　绵羊胸围与体重相关系数计算

序号	胸围(x)	体重(y)	xy	x^2	y^2
1	68	50	3400	4624	2500
2	70	60	4200	4900	3600
3	70	68	4760	4900	4624
4	71	65	4615	5041	4225
5	71	69	4899	5041	4761
6	71	72	5112	5041	5184
7	73	71	5183	5329	5041
8	74	73	5402	5476	5329
9	76	75	5700	5776	5625
10	76	77	5852	5776	5929
$\sum$	720	680	49123	51904	46818

③ 代入计算公式　将表 8-2 中的计算结果代入相关系数计算公式。

$$r=\frac{\sum xy-\frac{\sum x\sum y}{n}}{\sqrt{\left[\sum x^2-\frac{(\sum x)^2}{n}\right]\left[\sum y^2-\frac{(\sum y)^2}{n}\right]}}=\frac{49123-\frac{720\times 680}{10}}{\sqrt{\left(51904-\frac{720^2}{10}\right)\left(46818-\frac{680^2}{10}\right)}}\approx 0.8475$$

即绵羊胸围和体重之间的相关系数 (r) 为 0.8475。

根据数据资料中各个变数加上或减去一个常数，其方差不变的原理，在计算数值较大的变量间相关系数时，可以把两个变量的各个变数分别减去一个常数。两个变量减去的常数可以相同也可以不同。下面介绍一下这种方法。

① 设定变量　设绵羊的胸围为 x，绵羊的体重为 y。

② 列相关系数计算表　将 x、y 变量中的各个变数均减去一个常数 70，得到 x' 与 y'，即：$x'=x-70$，$y'=y-70$，见表 8-3。

表 8-3　绵羊胸围与体重相关系数计算

序号	胸围(x)	体重(y)	$x'(x-70)$	$y'(y-70)$	$x'y'$	x'^2	y'^2
1	68	50	−2	−20	40	4	400
2	70	60	0	−10	0	0	100
3	70	68	0	−2	0	0	4
4	71	65	1	−5	−5	1	25
5	71	69	1	−1	−1	1	1
6	71	72	1	2	2	1	4
7	73	71	3	1	3	9	1
8	74	73	4	3	12	16	9
9	76	75	6	5	30	36	25
10	76	77	6	7	42	36	49
Σ	720	680	20	−20	123	104	618

③ 代入计算公式　将表 8-3 的计算结果代入相关系数计算公式。

$$r=\frac{\sum x'y'-\frac{\sum x'\sum y'}{n}}{\sqrt{\left[\sum x'^2-\frac{(\sum x')^2}{n}\right]\left[\sum y'^2-\frac{(\sum y')^2}{n}\right]}}=\frac{123-\frac{20\times(-20)}{10}}{\sqrt{\left(104-\frac{20^2}{10}\right)\left[618-\frac{(-20)^2}{10}\right]}}\approx 0.8475$$

用简化后的资料计算相关系数，计算过程就简便多了，计算结果与用原始记录资料相同。

【例 8.2】　10 头育肥猪的饲料消耗和增重资料见表 8-4，试计算饲料消耗与增重间的相关系数。

表 8-4　10 头育肥猪的饲料消耗和增重　　单位：kg

饲料消耗	191	167	194	158	200	179	178	174	170	175
增重	33	11	42	24	38	44	38	37	30	35

解　计算步骤如下：

① 设定变量　设育肥猪的饲料消耗为 x，增重为 y。

② 列相关系数计算表，计算表中各项（见表 8-5）

③ 代入公式，计算相关系数 r

$$r=\frac{\sum x'y'-\frac{\sum x'\sum y'}{n}}{\sqrt{\left[\sum x'^2-\frac{(\sum x')^2}{n}\right]\left[\sum y'^2-\frac{(\sum y')^2}{n}\right]}}=\frac{643-\frac{(-14)\times 32}{10}}{\sqrt{\left(1536-\frac{(-14)^2}{10}\right)\left[948-\frac{32^2}{10}\right]}}\approx 0.6074$$

即饲料消耗与增重间的相关系数（r）为 0.6074。

表 8-5　饲料消耗与增重间相关系数计算

序号	饲料消耗(x)	增重(y)	$x'(x-180)$	$y'(y-30)$	$x'y'$	x'^2	y'^2
1	191	33	11	3	33	121	9
2	167	11	−13	−19	247	169	361
3	194	42	14	12	168	196	144
4	158	24	−22	−6	132	484	36
5	200	38	20	8	160	400	64
6	179	44	−1	14	−14	1	196
7	178	38	−2	8	−16	4	64
8	174	37	−6	7	−42	36	49
9	170	30	−10	0	0	100	0
10	175	35	−5	5	−25	25	25
Σ	1786	332	−14	32	643	1536	948

三、相关系数的显著性检验

在生产和科研实践中，通常都是通过从总体中抽取样本，通过样本来计算变量间的相关系数（r）。由样本资料计算得到的相关系数与其他统计量一样，由于抽样误差的存在，必须进行显著性检验。其结果有两种可能性：一种是两个变量所在的总体之间存在相关关系，如果用字母ρ表示总体相关系数，则有$\rho \neq 0$；另一种是两个变量所在的总体之间不存在相关关系，由样本计算得到的相关系数（r）是由抽样误差造成的，即$\rho=0$。

相关系数（r）的显著性检验，可采用t检验法、F检验法以及查表法进行检验。

1. t 检验法

提出无效假设 H_0：$\rho=0$，在此假设前提下有：

$$t=\frac{r-\rho}{S_r}=\frac{r}{S_r} \tag{8-5}$$

式中　S_r——相关系数（r）的标准误。

统计学中已经证明：

$$S_r=\sqrt{\frac{1-r^2}{n-2}} \tag{8-6}$$

计算相关系数时，数据的组数为n，使用了$\sum(x-\overline{x})=0$ 和$\sum(y-\overline{y})=0$ 两个条件，所以相关系数（r）的自由度为：$df=n-2$。

在相关系数显著性检验中，当$|t|<t_{0.05(df)}$，则 $P>0.05$，差异不显著，接受无效假设，即$\rho=0$，两个变量所在的总体间无相关关系，相关系数（r）是由抽样误差造成的；当$t_{(0.05,df)}\leqslant|t|<t_{(0.01,df)}$，则 $P<0.05$，差异显著，$|t|\geqslant t_{(0.01,df)}$，则 $P<0.01$，差异极显著，均否定无效假设，即$\rho \neq 0$，两个变量所在的总体间存在相关关系，相关系数（r）是真实可靠的。

下面对【例 8.1】的相关系数进行显著性检验。

① 提出无效假设　H_0：$\rho=0$。

② 计算t值与自由度　先计算 S_r，然后代入t值计算公式。

$$S_r=\sqrt{\frac{1-r^2}{n-2}}=\sqrt{\frac{1-0.8475^2}{10-2}}=\sqrt{\frac{0.2817}{8}}\approx 0.18765$$

$$t=\frac{r}{S_r}=\frac{0.8475}{0.18765}\approx 4.5164$$

$$df=n-2=10-2=8$$

③ 进行检验　根据 $df=8$ 查 t 值表得：$t_{(0.01,8)}=3.355$；因为 $|t|>t_{(0.01,8)}$，所以 $P<0.01$，故差异极显著。

④ 专业结论　绵羊胸围（cm）与体重（kg）间存在相关关系，并且为强的正相关，相关系数 $r=0.8475$。

2. *F* 检验法

F 检验法的计算公式为：

$$F=\frac{r^2}{(1-r^2)/(n-2)},\quad df_1=1,\quad df_2=n-2 \tag{8-7}$$

3. 查表法

统计学家已经根据公式(8-4) 推导出了在一定显著水平下各自自由度的临界 r 值，并列出了表格（r 及 R 的显著数值表，见附表 8）。在计算出 r 值后，根据自由度（$n-2$）查出相应的 r_α 值就可以对相关系数 r 进行显著性检验了。若 $|r|<r_{0.05(n-2)}$，$P>0.05$，则相关系数 r 不显著，在 r 的右上方标记"ns"或不做标记。若 $r_{0.05(n-2)}\leqslant|r|<r_{0.01(n-2)}$，则 $0.01<P\leqslant0.05$，差异显著；$|r|\geqslant r_{0.01(n-2)}$，则 $P<0.01$，差异极显著，均否定无效假设，即 $\rho\neq0$，两个变量所在的总体间存在相关关系。

对于【例 8.1】，因为 $df=n-2=10-2=8$，查临界 r 值表得：$r_{0.01(8)}=0.765$，$r=0.8475>r_{0.01(8)}$，$P<0.01$，因此否定 H_0，表明绵羊胸围与体重之间存在极其显著的直线相关关系，并且为强正相关。

可见，用直接查表法与用 t 检验得出的结论相同，却省略了繁琐的计算过程，在实践中应用就方便多了。

四、相关分析的注意事项

1. 正确理解相关系数的含义

相关系数的取值范围是：$-1\leqslant r\leqslant1$。当相关系数 $r>0$ 时，说明两个变量间存在正相关关系；当 $r<0$ 时，说明两个变量间存在负相关关系。相关系数 r 的绝对值越大，两变量间相关程度就越强，反之则越弱。事实上人们遇见的常常是 $-1<r<1$ 的情形，属于不完全相关；而 $|r|=1$ 时，两变量间呈完全直线相关，属于函数关系；$r=0$ 时，为零相关，两变量间不存在直线相关关系，但是并不能够排除两个变量间存在其他形式的相关关系。

2. 正确理解相关系数的显著性

相关系数经显著性检验，如果显著（或极其显著），说明在显著水平下有 95%（或 99%）的把握认定这两个变量间存在直线相关关系；例如，【例 8.1】中，10 只绵羊的胸围与体重的关系，经过相关系数差异的显著性检验，差异极其显著，则有 99%的把握说绵羊的胸围与体重之间存在相关关系，但它们之间也存在着 1%的没有相关关系的可能性，也就是说有 1%的可能结论是错误的。若不显著，则不能简单地认为这两个变量间不存在相关关系，因为有可能是曲线相关，也有可能是犯了Ⅱ型错误，还有可能是由于样本容量较小所致。

3. 明确相关显著性与相关程度的区别

相关显著性是说明两个变量间是否存在直线相关关系，是说明相关系数的可靠程度。相关密切程度是说明两个变量间相互依存的紧密程度，是由相关系数的绝对值大小来决定的。对于小样本，只有相关系数的绝对值很大才能达到显著水平；反之，对于较大的样本，不需要很大的绝对值即可达到显著水平。

第三节　直线回归

前面计算的相关系数，它只表示两个变量间相关关系的性质和相关程度，而不能反映出两者之间数量上的变化。然而，在生产实践中，通常需要用一个变量的变化去估测另外一个变量的变化。直线回归分析是将两个随机变量置于直角坐标系中，找到一条能够近似地表示两个随机变量的回归直线，建立该直线的回归方程，并通过回归方程用一个变量的变化估测另一个变量的变化。

一、直线回归方程的建立

设有两个直线回归变量，分别用 x，y 表示，x 为自变量，y 为依变量。各个变量的观察值数目为 n，则这两个变量的对应观察值分别为：（x_1，y_1），（x_2，y_2），（x_3，y_3），…，（x_n，y_n）。如果以 x 为横坐标，y 为纵坐标建立直角坐标系，则在坐标系中就能找到各组观察值对应的点。见图 8-3(a)。

因为 x 和 y 两个变量是直线回归关系，能够找到一条直线 l 代表这些散点，即直线 l 是 y 对 x 的回归直线，如图 8-3(b)。设直线 l 的直线方程的一般形式为：

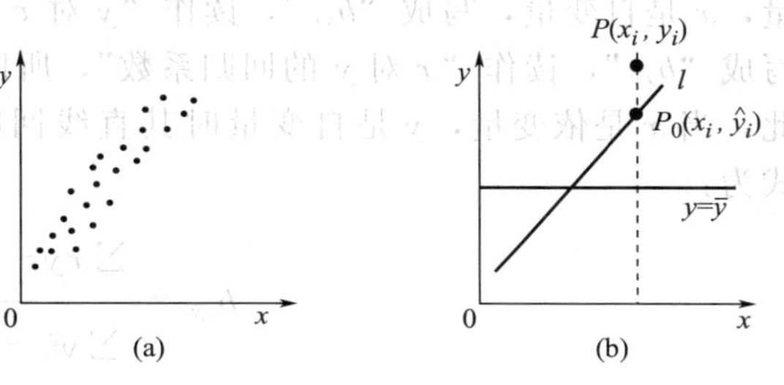

图 8-3　回归关系散点图及直线图

$$\hat{y}=bx+a \tag{8-8}$$

式(8-8) 即为 y 变量依 x 变量的直线回归方程，式中，$\hat{y}$ 为 y 变量的估测值，是对应于自变量 x 依变量 y 的最优估计值，对于每一个自变量 x 来说，依变量 y 对应的不是一个值，而是多个值，也就是说，$\hat{y}$ 实际上是多个值所对应总体的平均数的估计值；b 代表直线的斜率，称为回归系数，其含义是当自变量 x 每增加或减少一个单位，依变量 y 平均增加或减少的数量；a 代表直线在 y 轴上的截距（这里称为常数项），是回归直线与 y 轴交点的纵坐标，当 $x=0$ 时，$\hat{y}=a$。在 x、y 的直角坐标平面上可做出无数条直线，直线在平面坐标系中的位置取决于 a、b 的取值。回归直线是所有直线中最能代表全部散点的直线。因此只要确定了直线的斜率和截距，这条直线 l 就能确定。

要确定斜率 b 和截距 a，先讨论直线上的点与散点的关系。在散点中任取一点 $P(x_i, y_i)$，则当 $x=x_i$ 时，直线上与其对应的点为 $P_0(x_i, \hat{y}_i)$。$\hat{y}_i$ 为 y_i 的估测值，其与实测值 y_i 的差用 e_i 表示，即：

$$e_i=y_i-\hat{y}_i$$

依此类推，对于变量 $x=x_1$，x_2，x_3，…，x_n 时，$\hat{y}$ 与 y 的差可以表示为：

$$e_1=y_1-\hat{y}_1，e_2=y_2-\hat{y}_2，e_3=y_3-\hat{y}_3，\cdots，e_n=y_n-\hat{y}_n$$

如果使直线 l 能够近似地代表两个变量的所有散点，则 $\hat{y}$ 与 y 的差 e 必须符合下面三个条件：

① $\sum(y-\hat{y})=0$；

② $\sum(y-\hat{y})^2$ 最小；

③ 直线 l 通过点（$\overline{x}$，$\overline{y}$）。

设：$Q=\sum(y-\hat{y})^2=\sum(y-bx-a)^2$，根据微积分中求极值的方法，令 Q 对 a 和 b 的一阶偏导数等于零，得到关于 a 和 b 的二元一次方程组为：

$$\begin{cases} na+(\sum x)b=\sum y \\ (\sum x)a+(\sum x)^2 b=\sum xy \end{cases}$$

解这个关于 a 和 b 的二元一次方程组，得

$$b=\frac{\sum xy-\frac{\sum x\sum y}{n}}{\sum x^2-\frac{(\sum x)^2}{n}}=\frac{SP_{xy}}{SS_x} \tag{8-9}$$

$$a=\frac{\sum y-b\sum x}{n}=\overline{y}-b\overline{x} \tag{8-10}$$

因为回归关系是单向的依存关系，两个变量有自变量与依变量区别，因此，在书写回归系数时要用角标注明自变量和依变量，依变量写在前面，自变量写在后面。例如，y 是依变量，x 是自变量，写成“b_{yx}”，读作“y 对 x 的回归系数”；x 是依变量，y 是自变量时，要写成“b_{xy}”，读作“x 对 y 的回归系数”，所以“b_{yx}”和“b_{xy}”的意义及数值是不同的。因此，当 x 是依变量，y 是自变量时其直线回归方程的回归系数 b_{yx} 与回归截距 a 的计算公式为：

$$b_{xy}=\frac{\sum xy-\frac{\sum x\sum y}{n}}{\sum y^2-\frac{(\sum y)^2}{n}}=\frac{SP_{xy}}{SS_y} \tag{8-11}$$

$$a=\overline{x}-b\overline{y} \tag{8-12}$$

由回归系数的计算公式可见，只要自变量的各个观察值不完全相等，则 SS 永远大于零，回归系数的符号只由 SP_{xy} 决定。当 b 为正值时，$\hat{y}$ 随着 x 的增大而增大，直线是斜向上的；当 b 为负值时，$\hat{y}$ 随着 x 的增大而减小，直线是斜向下的。当 b 等于零时，$\hat{y}$ 不因 x 的变化而变化，直线是与 x 轴平行的，两个变量之间也就不存在线性关系。

下面结合例题说明直线回归系数的计算方法和直线方程的建立步骤。

【例 8.3】 在四川白鹅的生产性能研究中，测得其雏鹅重（g）与 70 日龄重（g）的数据（见表 8-6），试计算四川白鹅 70 日龄体重对雏鹅重的回归系数，并建立 70 日龄体重对雏鹅重的直线回归方程。

表 8-6　四川白鹅雏鹅重及其 70 日龄重资料　　单位：g

编号	1	2	3	4	5	6	7	8	9	10	11	12
雏鹅重(x)	80	86	98	90	120	102	95	83	113	105	110	100
70 日龄重(y)	2350	2400	2720	2500	3150	2680	2630	2400	3080	2920	2960	2860

注：引自明道绪《生物统计附试验设计》，中国农业出版社。

解　直线回归系数的计算和直线方程建立的步骤如下：

① 设定变量　在回归分析中，不能像相关分析时任意设定变量，要将处于主要地位、决定地位的变量设为自变量，将处于从属地位的设为依变量。如果将相关变量用作回归分析，常常将易测量的变量设为自变量，而将不易测量的变量设为依变量。由题意分析，四川白鹅 70 日龄重因雏鹅重的变化而变化，雏鹅重决定其 70 日龄时的体重。因此，设四川白鹅雏鹅重为自变量 x，其 70 日龄重为 y。

② 设回归方程　确定了自变量和依变量，按照点斜式设回归方程。本例设四川白鹅 70

日龄重对雏鹅的回归方程为：

$$\hat{y}=b_{yx}x+a$$

③ 列回归系数计算表，并计算表中各项　由于原始资料的数值较大，因此应先将其简化，将自变量 x 减去 100，依变量减去 2720。即：$x'=x-100$，$y'=y-2720$，见表 8-7。

表 8-7　四川白鹅 70 日龄重对雏鹅重回归系数计算

编号	x	y	x'	y'	$x'y'$	x'^2	y'^2
1	80	2350	−20	−370	7400	400	136900
2	86	2400	−14	−320	4480	196	102400
3	98	2720	−2	0	0	4	0
4	90	2500	−10	−220	2200	100	48400
5	120	3150	20	430	8600	400	184900
6	102	2680	2	−40	−80	4	1600
7	95	2630	−5	−90	450	25	8100
8	83	2400	−17	−320	5440	289	102400
9	113	3080	13	360	4680	169	129600
10	105	2920	5	200	1000	25	40000
11	110	2960	10	240	2400	100	57600
12	100	2860	0	140	0	0	19600
$\sum$	1182	32650	−18	10	36570	1712	831500
平均数	98.50	2720.83	—	—	—	—	—

④ 代入回归系数计算公式

$$b_{yx}=\frac{\sum xy-\frac{\sum x\sum y}{n}}{\sum x^2-\frac{(\sum x)^2}{n}}=\frac{36570-\frac{(-18)\times 10}{12}}{1712-\frac{(-18)^2}{12}}=21.7122\approx 21.71$$

$$a=\overline{y}-b\overline{x}=2720.83-21.7122\times 98.50=582.18$$

⑤ 建立直线回归方程　将 a 和 b 代入假设的回归方程。四川白鹅 70 日龄重（y）对雏鹅重（x）的回归方程为：

$$\hat{y}=21.71x+582.18$$

由回归系数可知，雏鹅重在 80～120g 的范围内，雏鹅每增减 1g，70 日龄重就在 582.18g 的基础上平均增减 21.71g。

⑥ 绘制直线　建立了直线回归方程后还应该在直角坐标系中找到该直线，进而来直观地表达两个变量的直线回归关系。

a. 查原始记录资料，找到自变量（x）的最小值和最大值。四川白鹅雏鹅重最小值 $x_1=80$（g）；最大值 $x_5=120$（g）。

b. 将自变量的两个极端值分别代入直线回归方程，计算出对应的依变量的估测值。

$$\hat{y}_1=21.71x_1+582.18=21.71\times 80+582.18=2318.98$$

$$\hat{y}_5=21.71x_5+582.18=21.71\times 120+582.18=3187.34$$

c. 以自变量为横坐标，依变量为纵坐标，建立直角坐标系。横坐标从“80”开始，每 5（g）作为一个坐标单位，确定到 125（g）；纵坐标，将从“2300”开始以 100（g）为一个坐标单位，确定到 3200（g）。见图 8-4。

d. 绘制回归直线。在已经建立的直角坐标系中找到自变量两个极值及其所对应的依变量估测值所组成的两个点，用线段将其连接起来，标明回归方程的数学表达式。本例在坐标系中分别找到点 A（80，2318.98）和点 B（120，3187.34），将其用线段连接起来，标明回归方程 $\hat{y}=21.71x+582.18$（见图 8-4）。

绘制回归直线应注意的问题如下。

第一，绘制回归直线时，必须注意回归方程的定义域。对于直线方程$\hat{y}=bx+a$，在确定自变量定义域时应依据建立该直线方程原始记录资料，其取值范围为原始记录最小值到最大值。本例中，四川白鹅70日龄重（y）对雏鹅重（x）的回归方程的自变量的定义域为闭区间[80，120]。自变量的取值不可向闭区间[80，120]以外任意延伸，否则直线方程$\hat{y}=21.71x+582.18$就有可能不成立，如果需要向外延伸，则必须有新的试验来为之证明。因此，所谓的回归直线实际上是包括两个端点的一条线段，在绘制该直线时，不能任意延长。

第二，由于回归直线必须通过（$\bar{x}$，$\bar{y}$）点。利用这个特点，可以验证所绘制的直线是否正确。

二、直线回归的显著性检验

通过样本资料的n对观测值能够建立直线回归方程，绘制回归直线，但这能否反映两个变量所在的总体之间是否存在真实的直线关系，还必须对回归关系和回归系数进行显著性检验。回归关系的显著性检验用方差分析方法，回归系数的显著性检验用t检验的方法。

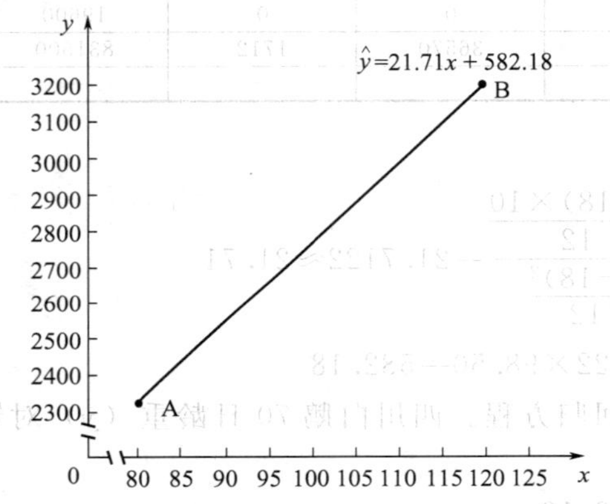

图8-4 四川白鹅70日龄重对雏鹅重的回归方程

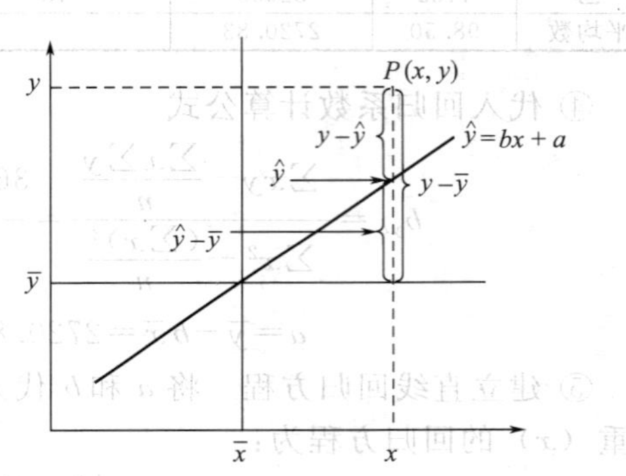

图8-5 （$y-\bar{y}$）分解图

1. 直线回归的变异来源

$\bar{y}$与$\hat{y}$都反映了y的特征和规律，但是从图8-5中可以看到这3个值却不相同。

$$(y-\bar{y})=(\hat{y}-\bar{y})+(y-\hat{y})$$

将等式两边同时平方后再求和得：

$$\sum(y-\bar{y})^2=\sum[(\hat{y}-\bar{y})+(y-\hat{y})]^2=\sum(\hat{y}-\bar{y})^2+\sum(y-\hat{y})^2+2\sum(\hat{y}-\bar{y})(y-\hat{y})$$

先讨论式中$2\sum(\hat{y}-\bar{y})(y-\hat{y})$这一部分。

由于$\hat{y}=a+bx=\bar{y}+b(x-\bar{x})$，所以$\hat{y}-\bar{y}=b(x-\bar{x})$

于是
$$\begin{aligned}\sum(\hat{y}-\bar{y})(y-\hat{y})&=\sum b(x-\bar{x})(y-\hat{y})\\&=\sum b(x-\bar{x})[y-\bar{y}-b(x-\bar{x})]\\&=\sum b(x-\bar{x})(y-\bar{y})-\sum b(x-\bar{x})b(x-\bar{x})\\&=bSP_{xy}-b^2SS_x=\frac{SP_{xy}}{SS_x}SP_{xy}-\left(\frac{SP_{xy}}{SS_x}\right)^2SS_x=0\end{aligned}$$

则有：

$$\sum(y-\bar{y})^2=\sum(\hat{y}-\bar{y})^2+\sum(y-\hat{y})^2$$

其中$\sum(y-\bar{y})^2$称为y变量的总平方和，记作SS_y，$\sum(\hat{y}-\bar{y})^2$反映了y变量对x变

量的回归关系，称为回归平方和，记作 SS_R，$\sum(y-\hat{y})^2$ 反映 y 对 x 存在直线回归关系以外的其他因素（包括随机误差），称为离回归平方和（或剩余平方和），记作 SS_r。因此有 $SS_y=SS_R+SS_r$，与此对应的，统计学上还能证明 y 变量的总自由度（df_y）也可以剖分为回归自由度（df_R）和离回归自由度（df_r）两部分。即：

$$\begin{cases}SS_y=SS_R+SS_r\\ df_y=df_R+df_r\end{cases} \tag{8-13}$$

公式中：

$$SS_y=\sum y^2-\frac{(\sum y)^2}{n} \tag{8-14}$$

$$\begin{aligned}SS_R&=\sum(\hat{y}-\bar{y})^2=\sum(bx+a-\bar{y})^2\\&=\sum(bx+\bar{y}-b\bar{x}-\bar{y})^2\\&=b^2\sum(x-\bar{x})^2=b^2SS_x=bSP_{xy}=\frac{SP_{xy}^2}{SS_x}\end{aligned} \tag{8-15}$$

$$SS_r=SS_y-SS_R \tag{8-16}$$

在计算 SS_y 时使用一个条件，统计学上还能证明回归自由度等于自变量个数，因此有：

$$df_y=n-1;df_R=1;df_r=df_y-df_R \tag{8-17}$$

因此，回归方差为 $MS_R=\frac{SS_R}{df_R}$；离回归方差为 $MS_r=\frac{SS_r}{df_r}$。

2. 回归关系的显著性检验（F 检验）

变量 x 与 y 是否存在直线关系的假设检验，其无效假设为 H_0：总体回归系数 $\beta=0$，备择假设为 H_A：总体回归系数 $\beta\neq0$。在无效假设成立的条件下，回归方差与离回归方差的比值服从 $df_1=1$ 和 $df_2=n-2$ 的 F 分布，所以可以用

$$F=\frac{MS_R}{MS_r}=\frac{SS_R/df_R}{SS_r/df_r}=\frac{SS_R}{SS_r/(n-2)},\ df_1=1,\ df_2=n-2 \tag{8-18}$$

进行回归关系的显著性检验。

【例 8.4】 在【例 8.3】中建立了四川白鹅 70 日龄重（y）对雏鹅重（x）的回归方程为：$\hat{y}=21.71x+582.18$，试检验其是否存在线性回归关系。

解 检验步骤如下：

① 提出无效假设及备择假设

H_0：四川白鹅 70 日龄重（y）与雏鹅重（x）不存在线性回归关系，即 $\beta=0$。

H_A：四川白鹅 70 日龄重（y）与雏鹅重（x）存在线性回归关系，即 $\beta\neq0$。

② 剖分平方和与自由度（利用表 8-7 中数据计算）

总变异的平方和与自由度

$$SS_y=\sum y^2-\frac{(\sum y)^2}{n}=831500-\frac{10^2}{12}=831491.67 \qquad df_y=n-1=12-1=11$$

回归平方和与自由度

$$SS_R=\frac{SP_{xy}^2}{SS_x}=\frac{\left(\sum xy-\frac{\sum x\sum y}{n}\right)^2}{\sum x^2-\frac{(\sum x)^2}{n}}=\frac{\left(36570-\frac{(-18)\times10}{12}\right)^2}{1712-\frac{(-18)^2}{12}}=794339.60,\ df_R=1$$

离回归平方和与自由度

$$SS_r=SS_y-SS_R=831491.67-794339.60=37152.07 \qquad df_r=df_y-df_R=11-1=10$$

③ 计算 F 值，列方差分析表（见表 8-8）。

$$F=\frac{SS_R}{SS_r/(n-2)}=\frac{794339.60}{37152.07/10}\approx 213.81$$

表 8-8 四川白鹅 70 日龄重对雏鹅重回归关系方差分析

变异来源	SS	df	MS	F
回归	794339.60	1	794339.60	213.81**
离回归	37152.07	10	3715.21	
总变异	831491.67	11		

④ 统计推断　根据 $df_R=1$ 和 $df_r=10$ 查 F 值表得，$F_{0.05(1,10)}=4.96$，$F_{0.01(1,10)}=10.0$。由于 $F>F_{0.01(1,10)}$，$P<0.01$，差异极显著，否定无效假设，接受备择假设。即四川白鹅 70 日龄重（y）对雏鹅重（x）存在直线回归关系，其直线回归方程为：$\hat{y}=21.71x+582.18$。

3. 回归系数的显著性检验（t 检验）

t 检验是检验样本回归系数 b 是否来自 $\beta\neq 0$ 的双变量总体，以推断线性回归方程的显著性。

① 建立无效假设和备择假设　H_0：$\beta=0$，H_A：$\beta\neq 0$。

② 计算 t 值，计算公式为

$$t=\frac{b}{S_b}=\frac{b}{\frac{S_{yx}}{\sqrt{SS_x}}},\ df=n-2 \tag{8-19}$$

式中　S_b——回归系数标准误；

S_{yx}——离回归标准误，

$$S_{yx}=\sqrt{\sum(y-\hat{y})^2/(n-2)}=\sqrt{SS_r/(n-2)}$$

对于【例 8.3】

$$SS_x=\sum x^2-(\sum x)^2/n=1712-(-18)^2/12=1685.00$$

$$S_{yx}=\sqrt{SS_r/(n-2)}=\sqrt{37152.07/(12-2)}\approx 60.95$$

则　$S_b=S_{yx}/\sqrt{SS_x}=60.95/\sqrt{1685.00}=1.48$

$$t=\frac{b}{S_b}=\frac{21.71}{1.48}=14.67$$

③ 查临界 t 值表，做出统计推断　由 $df=n-2=12-2=10$，查 t 值表，得 $t_{0.05(10)}=2.228$，$t_{0.01(10)}=3.169$。因 $t>t_{0.01(10)}$，$P<0.01$，否定 H_0：$\beta=0$，接受 H_A：$\beta\neq 0$，即四川白鹅 70 日龄重（y）与雏鹅重（x）的回归系数 $b=21.71$ 是极其显著的。表明四川白鹅 70 日龄重与雏鹅重间存在极其显著的直线回归关系，可用所建立的直线回归方程来进行预测和控制。

通过对回归关系和回归系数的显著性检验，得到的检验结果是一致的，统计学上已经证明这两种检验方法是等价的。在实际工作中，可以任选一种使用。

三、相关与回归的关系

1. 相关与回归的区别

（1）相关与回归的含义不同　相关是存在非确定性关系变量间的相互联系、相互作用和相互影响，变量间的关系是双向的，没有主从区别。例如，绵羊的胸围与体重之间的关系。对于同一个个体来说，绵羊的胸围增大，体重增加，绵羊的体重增大，其胸围也增大；对于不同个体来说，胸围大的体重大，体重大的胸围也大。胸围与体重的关系是相互影响和相互作用，它们的关系是平等的，没有主从地位。

回归是存在非确定性关系的变量间，其中一个或几个变量对一个变量的作用和影响，变量间作用是单向的，地位有主从关系。例如，四川白鹅雏重与70日龄重间的关系。雏鹅重大的，在其生长到70日龄时，一般也较大，雏鹅体重影响其生长发育速度，体重大的雏鹅生长发育也较快，体重小的生长发育速度也较慢。雏鹅体重的大小，是其70日龄时体重大小的重要决定因素之一；而鹅70日龄体重就不能影响雏鹅体重。

(2) 相关分析与回归分析的目的不同　相关分析是研究变量间关系的有无，变量间关系特性以及关系的密切程度。例如，通过对绵羊胸围与体重的相关分析，可以知道绵羊的胸围与体重存在直线相关关系，因为相关系数 $r>0$，$SP_{xy}>0$，所以绵羊的胸围和体重为正相关，胸围随着体重的增大而增大，或者说体重随着胸围的增大而增大。其相关的密切程度用相关系数描述 $r=0.8475>0.66$，是强相关。

回归分析是研究变量间的数量关系是什么样，将变量间关系用数学表达式来描述，借助一个变量的数值估测另一个变量的数值，并且常常通过作图法，直观地描述变量间的数量关系。例如，通过对四川白鹅雏鹅重与70日龄重的回归分析，建立了70日龄重（y）对雏鹅重（x）的直线回归方程 $\hat{y}=21.71x+582.18$，用该方程可以估测一定体重的雏鹅在其生长到70日龄时体重是多少，并且通过该方程也绘制出来四川白鹅70日龄重对雏鹅重的回归直线，直观地描述了这两个变量间的数量关系。

(3) 相关系数与回归系数的意义不同　相关系数 r 表示相关程度，相关系数的绝对值越大，变量间关系越紧密，相关关系越强；相关系数的绝对值越小，变量间关系越松散，相关关系越弱。相关系数还表示了相关的性质，当相关系数为正值时，表示变量间的相关为正相关；当相关系数为负值时，表示变量间的相关为负相关，当 $|r|=1$，变量间为完全相关。相关系数的取值范围是闭区间 $[-1,1]$。

回归系数 b 表示变量间的数量关系，当自变量（x）数值发生变化时，根据回归方程 $\hat{y}=bx+a$ 就能估计依变量（y）变化的数值。回归系数还表示了回归直线的倾斜方向，当 $b>0$ 时，回归直线是斜向上的；当 $b<0$ 时，回归直线是斜向下的；当 $b=0$ 时，直线与 x 轴平行。b_{yx} 代表变量 y 对变量 x 的回归系数，b_{xy} 代表变量 x 对变量 y 的回归系数，$b_{yx}\neq b_{xy}$，所以在进行回归分析中一定要标明自变量与依变量，回归系数的取值范围是全体实数。

2. 相关与回归的联系

① 回归系数与两个变量标准差比值的乘积等于相关系数，即：

$$r=b_{yx}\frac{S_x}{S_y} \tag{8-20}$$

$$r=b_{xy}\frac{S_y}{S_x} \tag{8-21}$$

证明如下：

$$b_{yx}\frac{S_x}{S_y}=\frac{SP_{xy}}{(\sqrt{SS_x})^2}\times\frac{\sqrt{\frac{SS_x}{n-1}}}{\sqrt{\frac{SS_y}{n-1}}}=\frac{SP_{xy}}{\sqrt{SS_xSS_y}}=r$$

同理可证：$r=b_{xy}\frac{S_y}{S_x}$

② 相关系数是两个反向回归系数的几何均数。即：

$$r=\sqrt{b_{yx}b_{xy}} \tag{8-22}$$

证明如下：

$$r=\frac{SP_{xy}}{\sqrt{SS_xSS_y}}=\sqrt{\frac{(SP_{xy})^2}{SS_xSS_y}}=\sqrt{\frac{SP_{xy}}{SS_x}\times\frac{SP_{xy}}{SS_y}}=\sqrt{b_{yx}b_{xy}}$$

相关分析是回归分析的前提，变量间只有存在相关关系，才有可能存在回归关系。两种分析进行的显著性检验都是解决两个变量之间是否存在直线关系的问题，所以二者的检验是等价的。即相关系数显著，回归系数也显著；相关系数不显著，回归系数也必然不显著。由于利用查表法检验相关系数很简便，所以在进行回归分析时，可以先计算相关系数并对其进行显著性检验，如相关系数显著再建立回归方程，若相关系数不显著则不必建立回归方程。

四、简单相关与回归的应用

1. 进行间接估测

生产实践中有些性状的指标对于人们非常重要，但却难以度量，需要利用与之相关密切、易于度量的其他性状指标来进行估测。例如猪的瘦肉率是猪育种中的重要性状，而度量这一性状需要将活猪屠宰，经过肉脂皮骨分离后才能获得。不仅工作量大，而且无法选留瘦肉率高的猪种。为此可利用那些与瘦肉率相关程度高而又易于度量的性状，建立直线方程，进行间接估测。

2. 制定校正系数

在畜牧生产中为了饲养管理方便，常常将幼畜成批集中断奶。由于出生的日期不同，同一天断奶的幼畜的日龄往往不同，这样它们的体重就不好比较，需要校正到相同日龄的体重。根据体重与日龄的关系，先建立体重依日龄的回归方程，并用回归方程算出各日龄体重估计值，而后以标准断奶日龄的体重估计值与各日龄体重估计值的比值作为校正系数，即：

$$\text{实际日龄体重校正系数}=\frac{\text{标准断奶日龄体重估计值}}{\text{实际断奶日龄体重估计值}}$$

最后以各日龄实际体重乘以相应的体重校正系数，即得校正后体重。

$$\text{校正体重}=\text{实际日龄}\times\text{实际日龄体重校正系数}$$

3. 资料补缺

如在某一重要资料中缺失某些数据，可以通过这个变量与另外一关系密切的变量的回归关系，估算出该数据，补入资料中。

4. 协方差分析

把回归分析与方差分析结合起来运用就是协方差分析（详见第九章），可提高试验的精确度。

5. 在遗传育种中的应用

在遗传育种中可以用母女回归和半同胞相关法估计遗传力，可以用多元回归方程对某个个体的育种值进行估计。

五、相关与回归应用时的注意事项

直线回归分析与相关分析在生产实践及科学研究领域中已得到了广泛的应用，但在实际工作中却容易被误用或做出错误的解释。为了正确地应用直线回归分析和相关分析这一工具，必须注意以下几点。

1. 变量间是否存在相关

直线相关和回归分析毕竟是处理变量间关系的数学方法，在将这些方法应用于生产实践及科学研究时要考虑到研究对象本身的客观实际情况，譬如变量间是否存在直线相关以及在什么条件下会发生直线相关，求出的直线回归方程是否有意义，某性状作为自变量或依变量的确定等，都必须由相应的专业知识来决定，并且还要到生产实践中去检验。如果不以一定的科学依据为前提，把风马牛不相及的资料随意凑到一块作直线回归分析或相关分析，那就犯了根本性的错误。

2. 其余变量尽量保持一致

由于自然界各种事物间的相互联系和相互制约，一个变量的变化通常会受到许多其他变量的影响，因此在研究两个变量间关系时，要求其余变量应尽量保持在同一水平上，否则相关分析和回归分析可能会导致完全虚假的结果。例如人的身高和胸围之间的关系，如果体重固定，身高越高的人，胸围越小，但当体重在变化时，其结果就会相反。

3. 观测值要尽可能地多

在进行直线相关与回归分析时，两个变量成对观测值应尽可能多一些，这样可提高分析的精密度，一般至少有 5 对以上的观测值。同时变量 x 的取值范围要尽可能大一些，这样才容易发现两个变量间的变化关系。

4. 外推要谨慎

直线相关与回归分析一般是在一定取值区间内对两个变量间的关系进行描述，超出这个区间，变量间关系类型可能会发生改变，所以回归预测必须限制在自变量 x 的取值区间以内，外推要谨慎，否则会得出错误的结果。

5. 一个显著的回归方程并不一定具有实践上的预测意义

如一个资料 x、y 两个变量间的相关系数 $r=0.5$，在 $df=24$ 时，$r_{0.01(24)}=0.496$，$r>r_{0.01(24)}$，表明相关系数极显著。而 $r^2=0.25$，即 x 变量或 y 变量的总变异能够通过 y 变量或 x 变量以直线回归的关系来估计的比重只占 25%，其余的 75%的变异无法借助直线回归来估计。

第四节　曲线回归

直线关系是两变量间最简单的一种关系。这种关系往往在变量一定的取值范围内成立，取值范围一旦扩大，散点图就明显偏离直线，此时两个变量间的关系不是直线而是曲线。例如，细菌的繁殖速率与温度关系，畜禽在生长发育过程中各种生理指标与年龄的关系，乳牛的泌乳量与泌乳时间（天）的关系等都属这种类型。可用来表示双变量间关系的曲线种类很多，但许多曲线类型都可以通过变量转换化成直线形式，先利用直线回归的方法配合直线回归方程，然后再还原成曲线回归方程。

曲线回归分析的基本任务是通过两个相关变量 x 与 y 的实际观测数据建立曲线回归方程，以揭示 x 与 y 间的曲线联系的形式。

一、曲线相关与回归分析的基本步骤

1. 确定两个变量的函数类型

在进行曲线相关与回归分析时，首先要确定两个变量之间存在什么类型的函数关系。确

定两个变量的函数类型的方法有两种。

一种方法是将两个变量的对应实际测量值组成坐标点，在坐标纸上绘制成散点图，然后仔细观察散点图最接近那种已知函数曲线形状。常见的能直线化的函数如下。

双曲线函数$\frac{1}{y}=a+\frac{b}{x}$如图 8-6 所示；幂函数 $y=ax^b$ 如图 8-7 所示；指数函数 $y=ae^{bx}$ 如图 8-8 所示；对数函数 $y=a+b\lg x$（$y=a+b\ln x$）如图 8-9 所示；生长曲线$y=\frac{k}{1+ae^{-bx}}$，如图 8-10 所示。

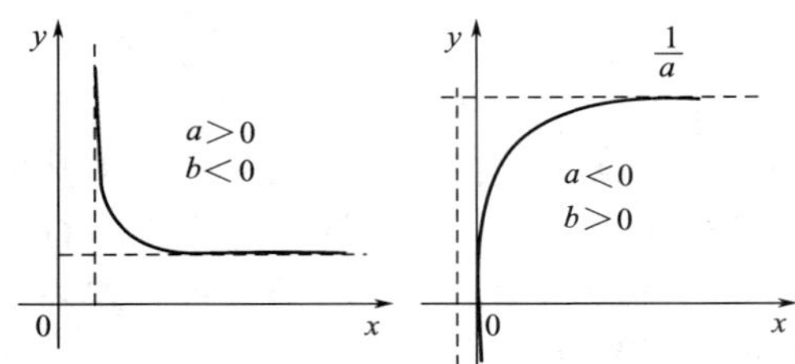

图 8-6　双曲线$\frac{1}{y}=a+\frac{b}{x}$图形

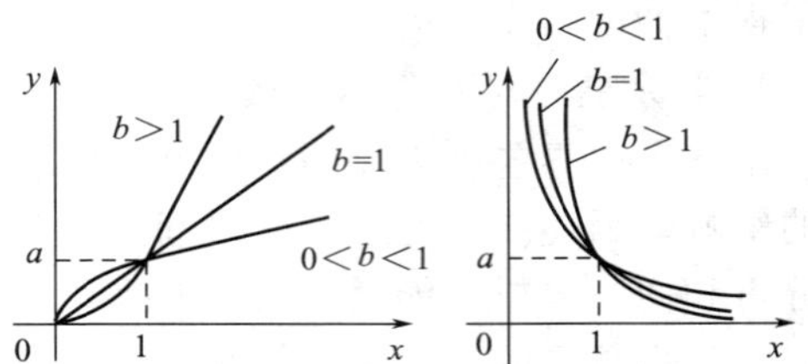

图 8-7　幂函数曲线 $y=ax^b$ 图形

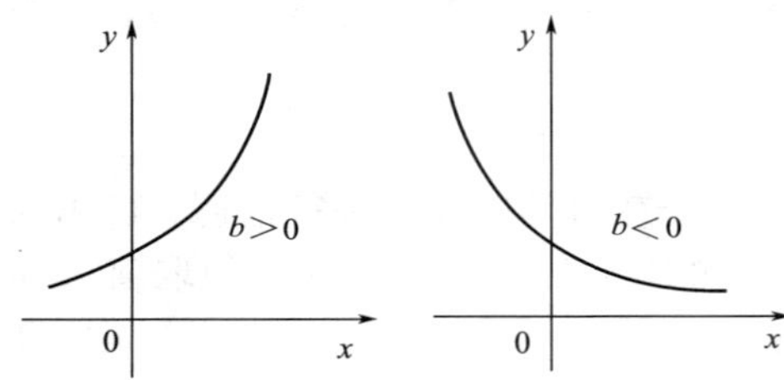

图 8-8　指数函数 $y=ae^{bx}$ 图形

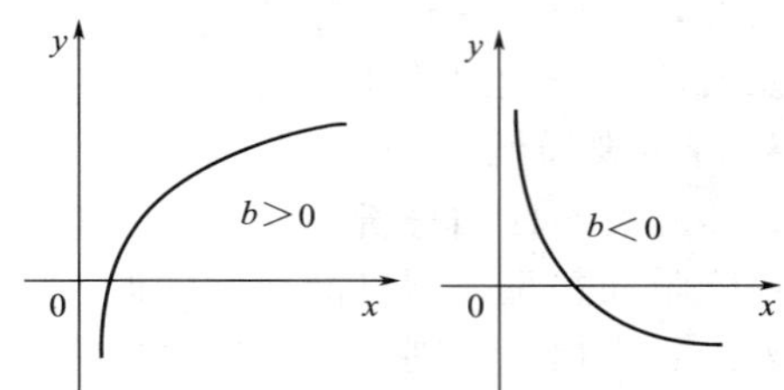

图 8-9　对数函数 $y=a+b\lg x$（$y=a+b\ln x$）图形

另一种方法是根据数学理论知识结合本专业特点和前人试验结论确定两个变量的函数类型。如细菌数量的增长常具有指数函数的形式，$y=ae^{bx}$；幼畜体重的增长常具有“S”形曲线的形状，生长曲线为$y=\frac{k}{1+ae^{-bx}}$形式，即数理逻辑曲线的形式等。

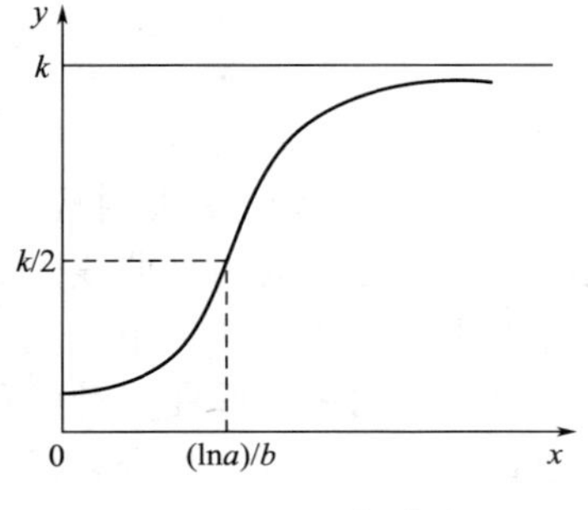

图 8-10　生长曲线 $y=\frac{k}{1+ae^{-bx}}$图形

另外，还有一种情况是找不到已知的函数曲线较接近实测点的分布趋势，这时可利用多项式回归，通过逐渐增加多项式的高次项来拟合，直到满意为止。

2. 将曲线直线化

将给定的两个变量配合的函数做合理的数学变形，重新设定变量。通过新的变量把曲线方程转化为直线回归方程的形式。上述曲线直线化的方法是：

双曲线函数$\frac{1}{y}=a+\frac{b}{x}$，设 $y'=\frac{1}{y}$，$x'=\frac{1}{x}$，则$\hat{y}'=bx'+a$。

幂函数 $y=ax^b$，将等式两端同时取自然对数，得 $\ln y=\ln a+b\ln x$，令 $y'=\ln y$，$a'=\ln a$，$x'=\ln x$，则$\hat{y}'=bx'+a'$。

指数函数 $y=ae^{bx}$，将等式两端同时取自然对数，得 $\ln y=\ln a+bx$，令 $y'=\ln y$，$a'=\ln a$，则 $\hat{y}'=a'+bx$。

对数函数 $y=a+b\lg x$（$y=a+b\ln x$），令 $x'=\lg x$，则 $\hat{y}=bx'+a$。

生长曲线 $y=\dfrac{k}{1+ae^{-bx}}$，将等式两端同时取倒数得 $\dfrac{k}{y}=1+ae^{-bx}$，通过移项整理得 $\dfrac{k-y}{y}=ae^{-bx}$，再将等式两端同时取自然对数得 $\ln\dfrac{k-y}{y}=\ln a-bx$，令 $y'=\ln\dfrac{k-y}{y}$，$a'=\ln a$，$b'=-b$，则 $\hat{y}'=b'x+a'$。

3. 对曲线直线化后的变量进行相关与回归分析

将曲线直线化后，列出新设定的变量相关与回归分析计算表，计算出新设定变量的 $SP_{x'y''}$、$SS_{x'}$、$SS_{y'}$、$\bar{y}'$、$\bar{x}'$，将计算结果分别代入直线相关与回归分析计算公式，即：$r=\dfrac{SP_{x'y'}}{\sqrt{SS_{x'}SS_{y'}}}$、$b=\dfrac{SP_{x'y'}}{SS_{x'}}$、$a=\bar{y}'-b\bar{x}'$，将各项计算完成后列出直线回归方程。

4. 将变量还原建立曲线回归方程

根据变量转化时的数学关系式和直线回归方程，再将其还原为曲线回归方程。

下面结合实例来讨论曲线相关与回归分析的具体方法与步骤。

【例 8.5】 某防疫站重新治疗钩虫病的次数与复查阳性率见表 8-9，试对重新治疗钩虫病的次数与复查阳性率资料进行相关与回归分析。

表 8-9 重新治疗钩虫病的次数与复查阳性率

治疗次数/次	1	2	3	4	5	6	7	8
阳性率/%	63.9	36.0	17.1	10.5	7.3	4.5	2.8	1.7

解 相关与回归分析的步骤如下：

① 设定变量。设重新治疗次数为 x，复查阳性率为 y。

② 在坐标纸上做出治疗次数（x）与复查阳性率（y）散点图，如图 8-11 所示。

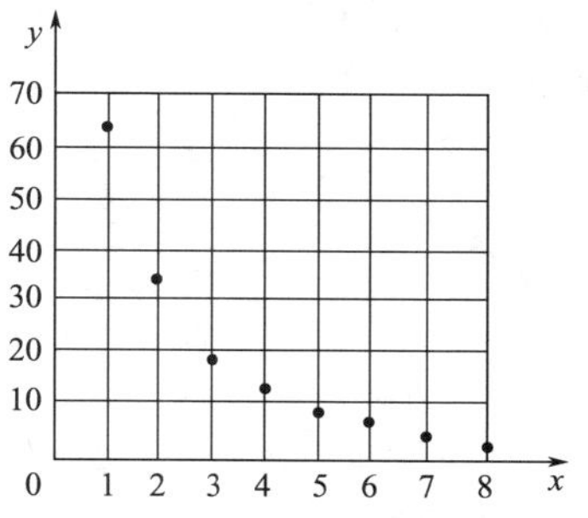

图 8-11 治疗次数与复查阳性率散点图

③ 观察散点图中散点分布趋势，给散点图配合函数曲线。在配合函数曲线时需注意下面 3 个问题：a. 要仔细观察散点分布趋势，看散点与哪种函数曲线最接近，选择最接近的函数曲线；b. 在选择函数曲线时，一定要选择能直线化的函数曲线；c. 在给函数曲线设定函数表达式时，要充分考虑到直线化、建立变形后的直线方程以及直线方程还原成曲线方程的方便，同时也要使计算尽可能简便，不能只考虑曲线方程的简便，否则将无法建立直线化后的直线方程。例如，幂函数 $y=x^n$，如果将其简单地设定为 $y=x^b$，则将其两边取对数为 $\lg y=b\lg x$，在设直线方程时就缺常数项 a，无法建立直线方程。如果将幂函数设定为 $y=ax^b$，则两边取对数得 $\lg y=\lg a+b\lg x$(或 $\ln y=\ln a+b\ln x$)，就能够建立直线方程了。

本例，观察散点图 8-11，其呈指数函数曲线，所以给其配合指数函数方程。按照上述配合曲线要求，设复查阳性率（y）对重新治疗钩虫病次数（x）的曲线回归方程为：

$$\hat{y}=10^{a+bx}$$

④ 曲线方程直线化。将方程两端同时取常用对数得：$\lg\hat{y}=a+bx$，令 $y'=\lg y$。

⑤ 列相关与回归系数计算表（见表 8-10），并计算表中各项。

表 8-10　复查阳性率对重新治疗钩虫病次数相关与回归系数计算

治疗次数(x)	阳性率(y)	$y'=\lg y$	x^2	y'^2	xy'
1	63.9	1.80550	1	3.25983	1.80550
2	36.0	1.55630	4	2.42207	3.11260
3	17.1	1.23300	9	1.52029	3.69900
4	10.5	1.02119	16	1.04283	4.08476
5	7.3	0.86332	25	0.74532	4.31660
6	4.5	0.65321	36	0.42668	3.91926
7	2.8	0.44716	49	0.19995	3.13012
8	1.7	0.23045	64	0.05311	1.84360
$\Sigma=36$	143.8	7.81013	204	9.67008	25.91144

⑥ 计算直线相关系数，建立直线回归方程。

a. 计算直线相关系数。

$$r=\frac{SP_{xy'}}{\sqrt{SS_xSS_{y'}}}=\frac{25.91144-\dfrac{36\times7.81013}{8}}{\sqrt{\left(204-\dfrac{36^2}{8}\right)\left(9.67008-\dfrac{7.81013^2}{8}\right)}}=\frac{-9.23415}{\sqrt{42\times2.04531}}\approx-0.9963$$

根据自由度 $df=n-2=8-2=6$ 查 r 及 R 显著数值表，得 $r_{0.01(6)}=0.834$，由于 $|r|>r_{0.01(6)}$，所以 $P<0.01$，差异极显著。即复查阳性率（y）的常用对数（$\lg y$）与重新治疗钩虫病次数（x）之间存在强的负相关（$r=-0.9963$）。

b. 建立复查阳性率（y）的常用对数（$\lg y$）对重新治疗钩虫病次数（x）的直线回归方程。

设复查阳性率（y）的常用对数（$\lg y$）对重新治疗钩虫病次数（x）的直线回归方程为：

$$\hat{y}'=bx+a$$

$$b=\frac{SP_{xy'}}{SS_x}=\frac{25.91144-\dfrac{36\times7.81013}{8}}{204-\dfrac{36^2}{8}}=\frac{-9.23415}{42}\approx-0.21986$$

$$a=\bar{y}'-b\bar{x}=0.97627-(-0.21986)\times4.5=1.96564$$

复查阳性率（y）的常用对数（$\lg y$）对重新治疗钩虫病次数（x）的直线回归方程为：

$$\hat{y}'=-0.21986x+1.96564$$

⑦ 将直线回归方程还原为曲线方程，并绘制该曲线。将直线回归方程两端同时取反对数，得复查阳性率（y）对重新治疗钩虫病次数（x）的曲线回归方程：$\hat{y}=10^{1.9654-0.21986x}$。

将重新治疗钩虫病次数（x）实际观测值代入曲线方程计算出对应的复查阳性率估测值（$\hat{y}$）见表 8-11。

表 8-11　重新治疗钩虫病的次数与复查阳性率估测值

治疗次数(x)/次	1	2	3	4	5	6	7	8
阳性率估值($\hat{y}$)/%	55.69	33.55	20.22	12.12	7.35	4.43	2.67	1.61

在坐标纸上找到相应的点，用平滑的曲线连接起来。这条曲线就是复查阳性率（y）对重新治疗钩虫病次数（x）的回归曲线（见图 8-12）。

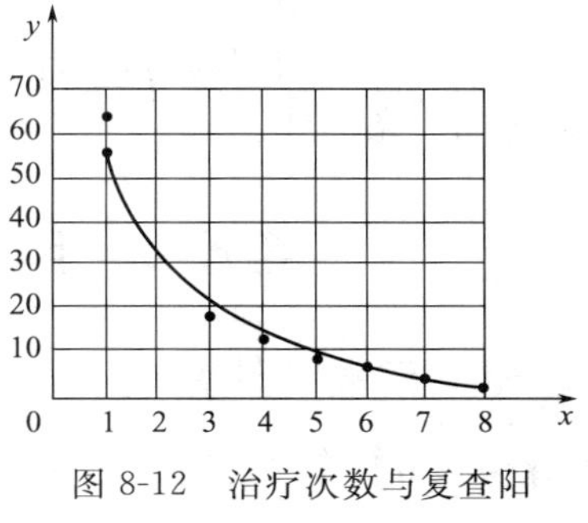

图 8-12　治疗次数与复查阳性率的回归曲线

二、曲线配合的拟合度测定

根据实际观测值的散点图分布趋势配合的曲线与实测值吻合的程度称为拟合度，它反映了曲线上的点与实际观测的误差大小。拟合度越高，曲线上的点与实际观测值误差越小，反之误差就越大。拟合度高说明给实际观测值配合的曲线好。

在前面讨论回归关系的显著性检验时，将总变异分成回归因素和离回归因素引起的变异，将总的平方和剖分为回归平方和和离回归平方和。离回归平方和$\sum(y-\hat{y})^2$ 反映了回归以外因素引起的变异大小。离回归平方和$\sum(y-\hat{y})^2$ 与总平方和$\sum(y-\bar{y})^2$ 的比值越小，说明估测值与实际观测值越接近，曲线配合得越好，反之曲线配合得就差。令：

$$R^2=1-\frac{\sum(y-\hat{y})^2}{\sum(y-\bar{y})^2}$$

这里 R^2 被称为相关指数，它表示了曲线的拟合度的高低，R^2 越接近 1，离回归平方和$\sum(y-\hat{y})^2$ 与总平方和$\sum$（$y-\bar{y}$）^{2} 的比值就越小，曲线的拟合度也就越高。

在计算 R^2 时要注意：①离回归平方和$\sum(y-\hat{y})^2$ 不能用直线化后的$\hat{y}'$值计算，也不能用公式 $SS_r=SS_y-SS_R$ 计算，必须将 x 变量各个实际观测值代入曲线回归方程，计算出其对应的 y 变量的估测值$\hat{y}_i$后，用$\hat{y}$值计算$\sum(y-\hat{y})^2$ 值；②相关指数 R^2 的平方根（R）也称为相关系数，但是其与曲线直线化后的相关系数（r）不是一个含义，一定要将二者区别开。

下面结合【例 8.5】介绍一下曲线拟合度的测定方法。

① 列相关指数计算表，计算表中各项见表 8-12。

表 8-12　复查阳性率对重新治疗钩虫病次数相关指数计算

治疗次数(x)	阳性率(y)	y^2	$\hat{y}_i$	$y-\hat{y}$	$(y-\hat{y})^2$
1	63.9	4083.21	55.69	8.21	67.404
2	36.0	1296.00	33.55	2.45	6.0025
3	17.1	292.41	20.22	−3.12	9.7344
4	10.5	110.25	12.12	−1.62	2.6244
5	7.3	53.29	7.35	−0.05	0.0025
6	4.5	20.25	4.43	0.07	0.0049
7	2.8	7.84	2.67	0.13	0.0169
8	1.7	2.89	1.61	0.09	0.0081
$\sum$	143.8	5866.14	—	—	85.7977

② 计算相关指数。

$$R^2=1-\frac{\sum(y-\hat{y})^2}{\sum(y-\bar{y})^2}=1-\frac{85.7977}{5866.14-\frac{143.8^2}{8}}=1-\frac{85.7977}{3281.335}=0.974$$

③ 测定结论。因为相关指数 $R^2=0.974$，非常接近 1，所以配合的曲线 $\hat{y}=10^{1.9654-0.21986x}$与实际观测值的拟合度非常高。

在实际工作中，会常常遇到实际观测值的散点图的分布趋势不是很明显像一种曲线形状。在遇到这样的问题时，应配合几条曲线，然后测定各个曲线的拟合度，选择相关指数最接近 1 的一条曲线。

第五节　用 Excel 软件进行相关与回归分析

一、相关系数的计算

【例 8.6】 计算表 8-13 资料中育肥猪背膘厚度与瘦肉率的相关系数。

表 8-13　10 头育肥猪背膘厚度与瘦肉率资料

编　号	1	2	3	4	5	6	7	8	9	10
背膘厚/cm	4.02	3.91	3.86	3.63	3.34	3.14	3.03	3.03	2.97	2.78
瘦肉率/%	53.90	53.25	54.49	53.88	57.54	59.40	59.07	58.42	57.00	60.56

解　计算相关系数的步骤如下：

① 将数据输入 Excel 工作表中。

② 依次单击：工具→数据分析→相关系数→确定。

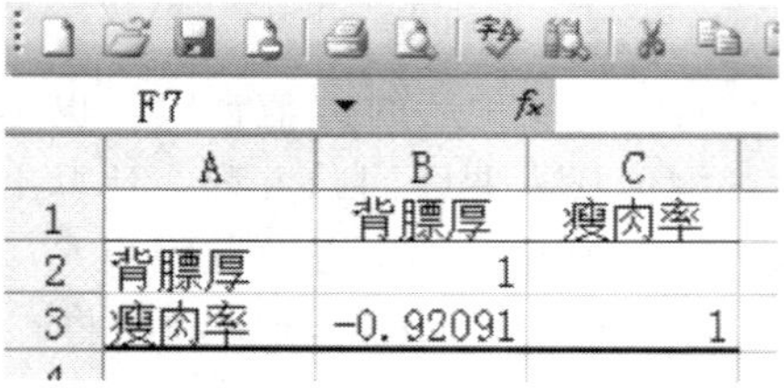

	A	B	C
1		背膘厚	瘦肉率
2	背膘厚	1	
3	瘦肉率	-0.92091	1

图 8-13　【例 8.6】相关系数计算

③ 在“相关系数”对话框中，根据输入的数据选定“输入区域”(待分析数据)；根据输入数据的分组方式，选定“逐行”或“逐列”；根据输入区域是否包含变量名决定是否选取“标志”复选框；输入显著水平 0.05 或 0.01；选定“输出区域”。以上内容选择完成以后，单击“确定”按钮，即可先选出结果。

本例选定“逐行”，选取“标志”复选框，并选定“输出区域”，即显示出结果（如图 8-13 所示）。

由图 8-13 可知，育肥猪背膘厚度与瘦肉率的相关系数为－0.92091。根据 $df=n-2=8$，查 r 与 R 的显著数值表得 $r_{0.01(8)}=0.765$，$|r|=0.92091>r_{0.01(8)}$，$P<0.01$，差异极显著，说明育肥猪背膘厚度与瘦肉率呈直线关系。

二、回归分析

对【例 8.6】数据进行回归分析。

① 将表 8-13 数据按列输入工作表中。

② 依次单击：工具→数据分析→回归→确定。

③ 在“回归”对话框中，根据输入数据，选定“y 值输入区域”和“x 值输入区域”。根据输入区域是否包含变量名决定是否选取“标志”复选框；如果要强制回归直线通过原点，则选中“常数为零”复选框；选定“输出区域”。以上内容选择完成以后，单击“确定”按钮（见图 8-14），即显示出结果。本例以瘦肉率为 y 变量，背膘厚为 x 变量，图 8-15 为其中一部分分析结果。

由图 8-15 可以看出，两变量的回归关系极显著（$P=3.79\times10^{-9}$）；回归截距为 $a=75.20$，回归系数 $b=-5.47$，所以回归方程为 $\hat{y}=-5.47x+75.20$。

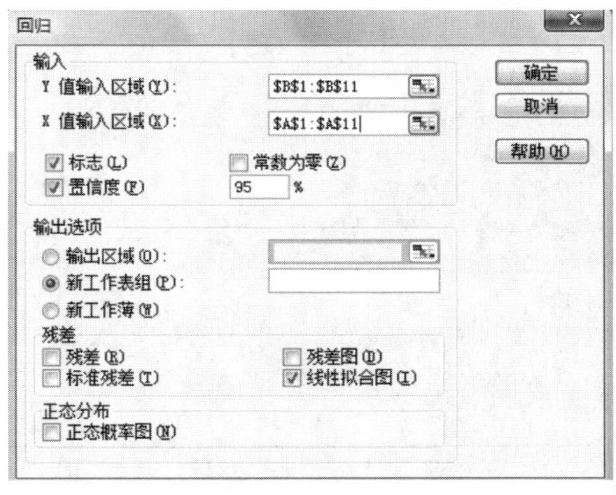

图 8-14　回归分析选项对话框

10	方差分析								
11		df	SS	MS	F	gnificance F			
12	回归分析	1	54.37276	54.37276	44.65601	0.000155			
13	残差	8	9.740729	1.217591					
14	总计	9	64.11349						
15									
16		Coefficien	标准误差	t Stat	P-value	Lower 95%	Upper 95%	下限 95.0%	上限 95.0%
17	Intercept	75.20219	2.783075	27.02125	3.79E-09	68.7844	81.61997	68.7844	81.61997
18	背膘厚	-5.47351	0.819079	-6.68252	0.000155	-7.3623	-3.58471	-7.3623	-3.58471
19									

图 8-15　【例 8.6】回归分析结果

【本章小结】

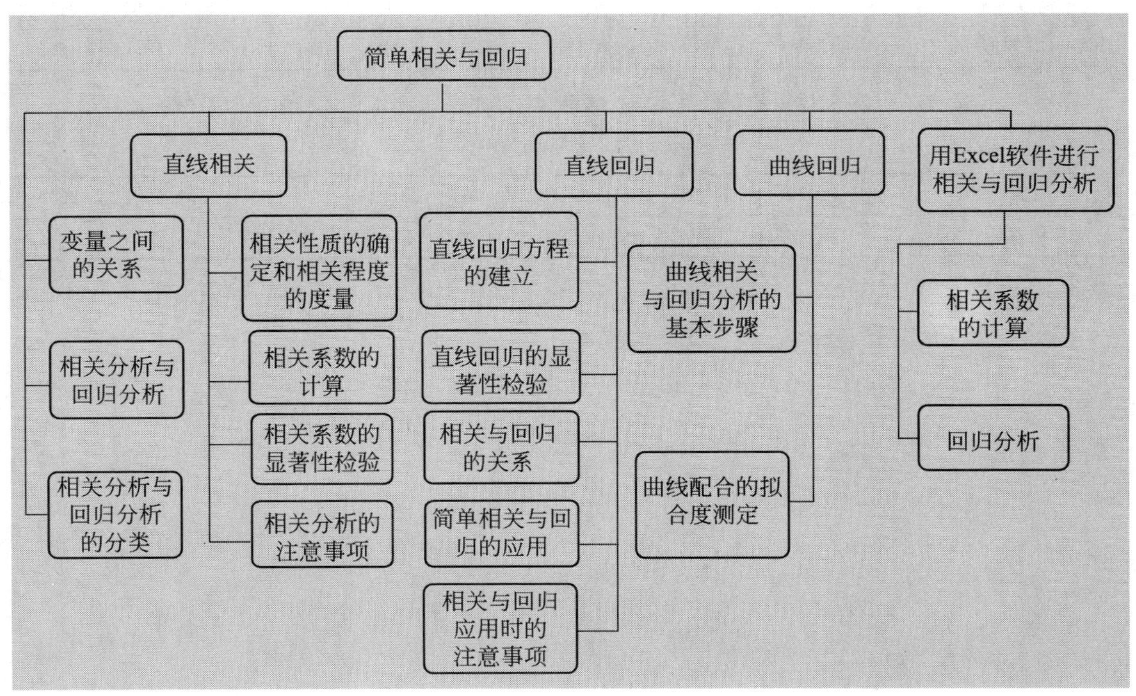

【习　　题】

1. 相关的性质？相关的强弱怎样判断？

2. 相关系数与回归系数的意义是什么？

3. 回归截距、回归估计值$\hat{y}$的统计意义是什么？

4. 相关系数与回归系数显著性检验的意义是什么？

5. 相关分析与回归分析的区别与联系是什么？

6. 怎样判断曲线的拟合度？

7. 8 头育肥猪的瘦肉率与后腿比率资料见表 1，试对其瘦肉率与后腿比率进行相关分析，并进行显著性检验。

表 1

后腿比率/%	30.48	38.32	29.73	29.32	35.68	26.55	30.96	31.24
瘦肉率/%	44.52	41.59	45.77	45.83	44.10	38.45	43.70	48.65

8. 试对表 2 资料进行直线相关与回归分析。

表 2

x	36	30	26	23	26	30	20	19	20	16
y	0.89	0.80	0.74	0.80	0.85	0.68	0.73	0.68	0.80	0.58

9. 给马注射不同剂量的 50% $NaHCO_3$，测定注射前后马的血清中 CO_2-CP 含量差值结果见表 3，试以注射前后马的血清中 CO_2-CP 含量为自变量，以 50% $NaHCO_3$ 的注射剂量为依变量进行回归分析，并对回归关系和回归系数进行显著性检验。

表 3

编　号	1	2	3	4	5	6	7	8	9	10
注射剂量/mL	500	500	1000	1000	1500	1500	2000	2000	2000	2000
CO_2-CP 差值/%	4.5	3.4	8.4	7.8	16.8	12.9	16.8	14.6	19.6	16.2

10. 8 尾某种鱼的体长和体重的资料见表 4。试对这种鱼的体长和体重进行曲线回归分析。

表 4

体长(x)/cm	70.70	98.25	112.57	122.48	138.46	148.00	152.00	162.00
体重(y)/kg	1.00	4.85	6.59	9.01	12.34	15.50	21.25	22.11

第九章　协方差分析

【知识目标】

- 掌握协方差的概念。
- 理解协方差分析应用的条件和基本思想。
- 掌握在试验单位的某一初始条件不一致情况下，对试验资料进行统计分析处理的能力。

【技能目标】

- 能熟练运用协方差分析。
- 能正确运用单因素协方差分析。

第一节　概　　述

一、协方差分析的概念

前面所介绍的方差分析法是就一种性状的变量进行分析。但在方差分析中，往往有时会遇到所分析的变量本身就是一个受到另一个或多个自变量影响的依变量。由于对这些自变量难以进行有效控制，但又要消除其对依变量的影响，以提高实验结论的可靠程度。这时就可以利用回归分析来消除自变量对依变量的影响，而后再对实验结果进行方差分析。这种把回归分析和方差分析结合起来的分析方法，就称协方差分析（analysis of covariance）。它是将离均差平方和、离均差乘积和以及自由度根据实验设计的特点进行剖分，并根据自变量（始重）与依变量（末重）间的回归关系，用回归方法对依变量（末重）进行校正，以消除自变量（始重）不等的影响，然后对校正后的依变量（末重）进行方差分析和多重比较。这种分析方法，由于消除或降低了实验开始时不可避免的误差，故能提高对实验结果分析的准确度。协方差分析有两个意义，一是对试验进行统计控制，二是对协方差组分进行估计，现分述如下。

二、协方差分析的意义

1. 对试验进行统计控制

为了提高试验的精密度和准确度，对处理以外的一切条件都需要采取有效措施严加控制，使它们在各处理间尽量一致，这叫试验控制。但在有些情况下，即使做出很大努力也难以使试验控制达到预期目的。例如，研究几种配合饲料对猪的增重效果，希望试验仔猪的初始重相同，因为仔猪的初始重不同，这样在试验一开始就有差异存在，而这种因素对以后猪的生长却有很大的影响。当这种不可避免因素的影响可以用统计方法估计出来时，那么就可对试验结果做某些校正，从而提高试验的精密度。经研究发现：增重与初始重之间存在线性回归关系，而在实际试验中恰恰很难满足试验仔猪初始重相同这一要求，这时可利用仔猪的初始重（记为 x）与其增重（记为 y）的回归关系，将仔猪增重都校正为初始重相同时的增重，以消除始重不等的影响。由于校正后的增重是应用统计方法将初始重控制一致而得到的，故叫统计控制。统计控制是试验控制的一种辅助手段。经过这种校正，试验误差将减小，对试验处理效应估计更为准确。若 y 的变异主要由 x 的不同造成（处理没有显著效应），则各校正后的 y'间将没有显著差异（但原 y 间的差异可能是显著的）。若 y 的变异除掉 x 不同的影响外，尚存在不同处理的显著效应，则可期望各 y'间将有显著差异（但原 y 间差异可能是不显著的）。此外，校正后的 y'和原 y 的大小次序也常不一致。所以，处理平均数的回归校正和校正平均数的显著性检验，能够提高试验的准确度和精密度，从而更真实地反映试验实际。

2. 估计协方差组分

在第八章曾介绍过表示两个相关变量线性相关性质与程度的相关系数的计算公式：

$$r=\frac{\sum(x-\bar{x})(y-\bar{y})}{\sum(x-\bar{x})^2\sum(y-y)^2}$$

若将公式右端的分子分母同除以自由度（$n-1$），得：

$$r=\frac{\sum(x-\bar{x})(y-\bar{y})/(n-1)}{\sqrt{\left[\sum(x-\bar{x})^2/(n-1)\right]\left[\sum(y-\bar{y})^2/(n-1)\right]}} \tag{9-1}$$

式中 $\frac{\sum(x-\bar{x})^2}{n-1}$——$x$ 的均方 MS_x，它是 x 的方差 σ_x^2 的无偏估计量；

$\frac{\sum(y-\bar{y})^2}{n-1}$——$y$ 的均方 MS_y，它是 y 的方差 σ_y^2 的无偏估计量；

$\frac{\sum(x-\bar{x})(y-\bar{y})}{n-1}$——$x$ 与 y 的平均离均差的乘积和，简称均积，记为 MP_{xy}，即：

$$MP_{xy}=\frac{\sum(x-\bar{x})(y-\bar{y})}{n-1}=\frac{\sum xy-\frac{(\sum x)(\sum y)}{n}}{n-1} \tag{9-2}$$

研究两个变量时，其总变异可以分一个变量的“自身变异”和两个变量的“协变异”两种。一个变量的“自身变异”是以其离均差平方和的平均数，即样本均方来表示，而两个变量的“协变异”是以其离均差乘积和的平均数，即以样本协方差均积来表示，其符号为 MP_{xy}。与均积相应的总体参数叫协方差（covariance），记为 $COV(x, y)$ 或 σ_{xy}。统计学证明了均积 MP_{xy} 是总体协方差 $COV(x, y)$ 的无偏估计量，即 $EMP_{xy}=COV(x, y)$。于是样本相关系数 r 可用均方 MS_x、MS_y，均积 MP_{xy} 表示为：

$$r=\frac{MP_{xy}}{\sqrt{MS_xMS_y}} \tag{9-3}$$

相应的总体相关系数 ρ 可用 x 与 y 的总体标准差 σ_x、σ_y，总体协方差 $COV(x, y)$ 或 σ_{xy} 表示如下：

$$\rho=\frac{COV(x,y)}{\sigma_x\sigma_y}=\frac{\sigma_{xy}}{\sigma_x\sigma_y} \tag{9-4}$$

均积与均方具有相似的形式，也有相似的性质。在方差分析中，一个变量的总平方和与自由度可按变异来源进行剖分，从而求得相应的均方。统计学已证明：两个变量的总乘积和与自由度也可按变异来源进行剖分而获得相应的均积。这种把两个变量的总乘积和与自由度按变异来源进行剖分并获得相应均积的方法亦称为协方差分析。

在随机模型的方差分析中，根据均方 MS 和期望均方 EMS 的关系，可以得到不同变异来源的方差组分的估计值。同样，在随机模型的协方差分析中，根据均积 MP 和期望均积 EMP 的关系，可得到不同变异来源的协方差组分的估计值。有了这些估计值，就可进行相应的总体相关分析。这些分析在遗传、育种和生态、环保的研究上是很有用处的。

第二节　单因素试验资料的协方差分析

协方差分析同方差分析一样，按其实验因素数目和实验设计的不同而有多种类型。现仅介绍对试验进行统计控制的单因素试验资料的协方差分析。

设有 k 个处理、n 次重复的双变量试验资料，每处理组内皆有 n 对观测值 x、y，则该资料为具 kn 对 x、y 观测值的单向分组资料，其数据一般模式如表 9-1 所示。

表 9-1　kn 对观测值 x、y 的单向分组资料的一般形式

处理	处理 1		处理 2		…	处理 i		…	处理 k	
观测指标	x	y	x	y	…	x	y	…	x	y
观测值	x_{11}	y_{11}	x_{21}	y_{21}	…	x_{i1}	y_{i1}		x_{k1}	y_{k1}
	x_{12}	y_{12}	x_{22}	y_{22}	…	x_{i2}	y_{i2}	…	x_{k2}	y_{k2}
x_{ij}、y_{ij}	…	…	…	…	…	…	…	…	⋮	⋮
$(i=1,2,\cdots,k;$	x_{1j}	y_{1j}	x_{2j}	y_{2j}	…	x_{ij}	y_{ij}	…	x_{kj}	y_{kj}
$j=1,2,\cdots,n)$	…	…	…	…	…	…	…	…	⋮	⋮
	x_{1n}	y_{1n}	x_{2n}	y_{2n}	…	x_{in}	y_{in}	…	x_{kn}	y_{kn}
总和	$x_{1\cdot}$	$y_{1\cdot}$	$x_{2\cdot}$	$y_{2\cdot}$	…	$x_{i\cdot}$	$y_{i\cdot}$	…	$x_{k\cdot}$	$y_{k\cdot}$
平均数	$\overline{x}_{1\cdot}$	$\overline{y}_{1\cdot}$	$\overline{x}_{2\cdot}$	$\overline{y}_{2\cdot}$	…	$\overline{x}_{i\cdot}$	$\overline{y}_{i\cdot}$	…	$\overline{x}_{k\cdot}$	$\overline{y}_{k\cdot}$

表 9-1 的 x 和 y 变量的自由度和平方和的剖分参见单因素试验资料的方差分析方法一节。其乘积和的剖分如下。

总变异的乘积和 SP_{T} 是 x_{ij} 与 $\overline{x}_{\cdot\cdot}$ 和 $\overline{y}_{ij}$ 与 $\overline{y}_{\cdot\cdot}$ 的离均差乘积之和，即：

$$SP_{\mathrm{T}}=\sum_{i=1}^{k}\sum_{j=1}^{n}(x_{ij}-\overline{x}_{\cdot\cdot})(y_{ij}-\overline{y}_{\cdot\cdot})=\sum_{i=1}^{k}\sum_{j=1}^{n}x_{ij}y_{ij}-\frac{x_{\cdot\cdot}y_{\cdot\cdot}}{kn}\tag{9-5}$$

$$df_{\mathrm{T}}=kn-1$$

其中，$x_{\cdot\cdot}=\sum_{i=1}^{k}x_{i\cdot}$，$y_{\cdot\cdot}=\sum_{i=1}^{k}y_{i\cdot}$，$\overline{x}_{\cdot\cdot}=x_{\cdot\cdot}/kn$，$\overline{y}_{\cdot\cdot}=y_{\cdot\cdot}/kn$

处理间的乘积和 SP_{t} 是 $\overline{x}_{i\cdot}$ 与 $\overline{x}_{\cdot\cdot}$ 和 $\overline{y}_{i\cdot}$ 与 $\overline{y}_{\cdot\cdot}$ 的离均差乘积之和乘以 n，即：

$$SP_{\mathrm{t}}=n\sum_{i=1}^{k}(\overline{x}_{i\cdot}-\overline{x}_{\cdot\cdot})(\overline{y}_{i\cdot}-\overline{y}_{\cdot\cdot})=\frac{1}{n}\sum_{i=1}^{k}x_{i\cdot}y_{i\cdot}-\frac{x_{\cdot\cdot}y_{\cdot\cdot}}{kn}\tag{9-6}$$

$$df_{\mathrm{t}}=k-1$$

处理内的乘积和 SP_{e} 是 x_{ij} 与 $\overline{x}_{i\cdot}$ 和 y_{ij} 与 $\overline{y}_{i\cdot}$ 的离均差乘积之和，即：

$$SP_{\mathrm{e}}=\sum_{i=1}^{k}\sum_{j=1}^{n}(x_{ij}-\overline{x}_{i\cdot})(y_{ij}-\overline{y}_{i\cdot})=\sum_{i=1}^{k}\sum_{j=1}^{n}x_{ij}y_{ij}-\frac{1}{n}\sum_{i=1}^{k}x_{i\cdot}y_{i\cdot}=SP_{\mathrm{T}}-SP_{\mathrm{t}}\tag{9-7}$$

$$df_{\mathrm{e}}=k(n-1)$$

以上是各处理重复数 n 相等时的计算公式，若各处理重复数 n 不相等，分别为 n_1，n_2，$\cdots$，n_k，其和为 $\sum_{i=1}^{k}n_i$，则各项乘积和与自由度的计算公式为：

$$SP_T = \sum_{i=1}^{k}\sum_{j=1}^{n_i} x_{ij}y_{ij} - \frac{x_{i\cdot}y_{i\cdot}}{\sum_{i=1}^{k} n_i}$$

$$df_T = \sum_{i=1}^{k} n_i - 1 \tag{9-8}$$

$$SP_t = \frac{x_{1\cdot}y_{1\cdot}}{n_1} + \frac{x_{2\cdot}y_{2\cdot}}{n_2} + \cdots + \frac{x_{k\cdot}y_{k\cdot}}{n_k} - \frac{x_{\cdot\cdot}y_{\cdot\cdot}}{\sum_{i=1}^{k} n_i}$$

$$df_t = k-1$$

$$SP_e = \sum_{i=1}^{k}\sum_{j=1}^{n_i} x_{ij}y_{ij} - \left[\frac{x_{1\cdot}y_{1\cdot}}{n_1} + \frac{x_{2\cdot}y_{2\cdot}}{n_2} + \cdots + \frac{x_{k\cdot}y_{k\cdot}}{n_k}\right] = SP_T - SP_t$$

$$df_e = \sum_{i=1}^{k} n_i - k = df_T - df_t \tag{9-9}$$

有了上述 SP 和 df，再加上 x 和 y 的相应 SS，就可进行协方差分析。

【例 9.1】 为比较 4 种不同配合饲料的效应，选择了 40 头猪，随机分成四组（每组 10 头），分别喂给 4 种不同饲料，饲喂 50 天，现测得每头猪初始重及处理后日增重结果（见表 9-2），试作分析。

表 9-2　4 种资料喂猪的始重及日增重资料　　单位：kg

处　理	1 号饲料		2 号饲料		3 号饲料		4 号饲料	
观测指标	初始重（x）	日增重（y）	初始重（x）	日增重（y）	初始重（x）	日增重（y）	初始重（x）	日增重（y）
观察值 x_{ij}, y_{ij}	36	0.89	28	0.64	28	0.55	32	0.52
	30	0.80	27	0.81	33	0.62	27	0.58
	26	0.74	27	0.73	26	0.58	25	0.64
	23	0.80	24	0.67	22	0.58	23	0.62
	26	0.85	25	0.77	23	0.66	27	0.54
	30	0.68	23	0.67	20	0.55	28	0.54
	20	0.73	20	0.64	22	0.60	20	0.55
	19	0.68	18	0.65	23	0.71	24	0.44
	20	0.80	17	0.59	18	0.55	19	0.51
	16	0.58	20	0.57	17	0.48	17	0.51
总和 $x_{i\cdot}, y_{i\cdot}$	246	7.55	229	6.74	232	5.88	242	5.45
平均 $\bar{x}_{i\cdot}, \bar{y}_{i\cdot}$	24.6	0.755	22.9	0.674	23.2	0.588	24.2	0.545

解　此例中，

$$x_{\cdot\cdot} = x_{1\cdot} + x_{2\cdot} + x_{3\cdot} + x_{4\cdot} = 246+229+232+242=949$$

$$y_{\cdot\cdot} = y_{1\cdot} + y_{2\cdot} + y_{3\cdot} + y_{4\cdot} = 7.55+6.74+5.88+5.45=25.62$$

$$k=4, n=10, kn=4\times 10=40$$

从表 9-2 中可以看出，各组猪的初始重相差较大。一般初始重大的猪增重快。如果不考虑初始重不同的影响，势必将初始重与饲料对增重的效应混在一起，因此不能反映出饲料的真实效应。因此，必须用协方差分析的方法排除初始重不同对增重的影响，以知道饲料的真实效应。

协方差分析的计算步骤如下。

1. 求 x 变量的各项平方和与自由度

（1）总平方和及自由度

$$SS_{T(x)}=\sum\sum x_{ij}^2-\frac{x_{..}^2}{kn}=(36^2+30^2+\cdots+17^2)-\frac{949^2}{40}$$

$$=23413-22515.03=897.97$$

$$df_{T(x)}=kn-1=4\times10-1=39$$

（2）处理间平方和与自由度

$$SS_{t(x)}=\frac{1}{n}\sum_{i=1}^{k}x_{i.}^2-\frac{x_{..}^2}{kn}=\frac{1}{10}(246^2+229^2+232^2+242^2)-\frac{949^2}{40}$$

$$=22534.5-22515.03=19.47$$

$$df_{t(x)}=k-1=4-1=3$$

（3）处理内平方和与自由度

$$SS_{e(x)}=SS_{T(x)}-SS_{t(x)}=897.97-19.47=878.50$$

$$df_{e(x)}=df_{T(x)}-df_{t(x)}=39-3=36$$

2. 求 y 变量各项平方和与自由度

（1）总平方和与自由度

$$SS_{T(y)}=\sum\sum y_{ij}^2-\frac{y_{..}^2}{kn}=(0.89^2+0.80^2+\cdots+0.51^2+0.51^2)-\frac{25.62^2}{40}$$

$$=16.8658-16.4096=0.4562$$

$$df_{T(y)}=kn-1=4\times10-1=39$$

（2）处理间平方和与自由度

$$SS_{t(y)}=\frac{1}{n}\sum y_{i.}^2-\frac{y_{..}^2}{kn}=\frac{1}{10}(7.55^2+6.74^2+5.88^2+5.45^2)-\frac{25.62^2}{40}$$

$$=16.6707-16.4096=0.2611$$

$$df_{t(y)}=k-1=4-1=3$$

（3）处理内平方和与自由度

$$SS_{e(y)}=SS_{T(y)}-SS_{t(y)}=0.4562-0.2611=0.1951$$

$$df_{e(y)}=df_{T(y)}-df_{t(y)}=39-3=36$$

3. 求 x 和 y 两变量的各项离均差乘积和与自由度

（1）总乘积和与自由度

$$SP_T=\sum_{i=1}^{k}\sum_{j=1}^{n}x_{ij}y_{ij}-\frac{x_{..}y_{..}}{kn}$$

$$=36\times0.89+30\times0.8+\cdots+17\times0.51-\frac{949\times25.62}{4\times10}$$

$$=614.80-607.83=6.97$$

$$df_{T(x,y)}=kn-1=4\times10-1=39$$

（2）处理间乘积和与自由度

$$SP_t=\frac{1}{n}\sum_{i=1}^{k}x_{i.}y_{i.}-\frac{x_{..}y_{..}}{kn}$$

$$=\frac{1}{10}(246\times7.55+229\times6.74+232\times5.88+242\times5.45)-\frac{949\times25.62}{4\times10}$$

$$=608.38-607.83=0.55$$

$$df_{t(x,y)}=k-1=4-1=3$$

（3）处理内乘积和与自由度

$$SP_e=SP_T-SP_t=6.97-0.55=6.42$$

$$df_{e(x,y)}=df_{T(x,y)}-df_{t(x,y)}=39-3=36$$

平方和、乘积和与自由度的计算结果列于表 9-3。

表 9-3　x 与 y 的平方和、乘积和与自由度的计算结果

变异来源	df	SS_x	SS_y	SP_{xy}
处理间(t)	3	19.47	0.2611	0.55
处理内(误差)(e)	36	878.50	0.1951	6.42
总变异(T)	39	897.97	0.4562	6.97

4. 对 x 与 y 各作方差分析（表 9-4）

表 9-4　初始重与处理后日增重的方差分析

变异来源	df	x 变量			y 变量			F 值
		SS	MS	F	SS	MS	F	
处理间	3	19.47	6.49	0.266	0.2611	0.087	16.11**	$F_{0.05}=2.87$
处理内(误差)	36	878.50	24.40		0.1951	0.0054		$F_{0.01}=4.38$
总变异	39	897.97			0.4562			

分析结果表明，4 种处理的供试猪初始重差异不显著，但处理后的日增重差异极显著，即其 50 日龄平均重差异极显著，须进行协方差分析，消除初始重（x）不同对日增重（y）的影响，以提高试验的精密度，减小试验误差，揭示出可能被掩盖的处理间差异的显著性。

5. 协方差分析

（1）误差项回归关系的分析　误差项回归关系分析的意义是要从剔除处理间差异的影响的误差变异中找出处理后日增重（y）与初始重（x）之间是否存在线性回归关系。计算出误差项的回归系数并对线性回归关系进行显著性检验，若显著则说明两者间存在回归关系。这时就可应用线性回归关系来校正 y 值（处理后日增重）以消去初始重（x）不同对它的影响。然后根据校正后的 y 值（处理后日增重）来进行方差分析。如线性回归关系不显著，即初始重不同并不影响试验期的增重，则无需继续进行分析。回归分析的步骤如下。

① 计算误差项回归系数、回归平方和、离回归平方和与相应的自由度。

从误差项的平方和与乘积和求误差项回归系数

$$b_{yx(e)}=\frac{SP_e}{SS_{e(x)}}=\frac{6.42}{878.50}=0.0073 \tag{9-10}$$

误差项回归平方和与自由度

$$SS_{R(e)}=\frac{SP_e^2}{SS_{e(x)}}=\frac{6.42^2}{878.50}=0.047 \tag{9-11}$$

或

$$SS_{R(e)}=b_{yx(e)}\times SP_e=0.0073\times 6.42=0.047$$

$$df_{R(e)}=1$$

误差项离回归平方和与自由度

$$SS_{r(e)}=SS_{e(y)}-SS_{R(e)}=0.1951-0.047=0.1481 \tag{9-12}$$

$$df_{r(e)}=df_{e(y)}-df_{R(e)}=36-1=35$$

② 检验回归关系的显著性（表 9-5）。

表 9-5 初始重与日增重的回归关系显著性检验

变异来源	SS	df	MS	F	$F_{0.01}$
误差回归	0.047	1	0.047	11.2**	7.42
误差离回归	0.1481	35	0.0042		
误差总和	0.1951	36			

F 检验表明，误差项回归关系极显著，表明初始重与日增重间存在极显著的线性回归关系。因此，可以利用线性回归关系来校正 y 因初始重不同所产生的差异，并对校正后的 y 进行方差分析。

（2）对校正后的日增重作方差分析

① 求校正后的日增重的各项平方和及自由度。利用线性回归关系对处理后日增重作校正，对校正后的日增重作方差分析，也就是消除初始重（x）对日增重（y）影响后的单纯增重的方差分析。但由校正后的日增重计算各项平方和是相当麻烦的，统计学已证明，校正后的总平方和、误差平方和及自由度等于其相应变异项的离回归平方和及自由度，因此，其各项平方和及自由度可直接由下述公式计算。

a. 校正日增重的总平方和与自由度，即总离回归平方和与自由度

$$SS'_{\mathrm{T}}=SS_{\mathrm{T}(y)}-SS_{\mathrm{R}(y)}=SS_{\mathrm{T}(y)}-\frac{SP_{\mathrm{T}}^2}{SS_{\mathrm{T}(x)}}=0.4562-\frac{6.97^2}{897.97}$$
$$=0.4562-0.054=0.4022 \tag{9-13}$$
$$df'_{\mathrm{T}}=df_{\mathrm{T}(y)}-df_{\mathrm{R}(y)}=39-1=38$$

b. 校正日增重的误差项平方和与自由度，即误差离回归平方和与自由度

$$SS'_{\mathrm{e}}=SS_{\mathrm{e}(y)}-SS_{\mathrm{R}(\mathrm{e})}=SS_{\mathrm{e}(y)}-\frac{SP_{\mathrm{e}}^2}{SS_{\mathrm{e}(x)}}=0.1951-\frac{6.42^2}{878.5}$$
$$=0.1951-0.047=0.1481 \tag{9-14}$$
$$df'_{\mathrm{e}}=df_{\mathrm{e}(y)}-df_{\mathrm{e}(\mathrm{R})}=36-1=35$$

上述回归自由度均为 1，因仅有一个自变量 x。

c. 校正日增重处理间平方和与自由度

$$SS'_{\mathrm{t}}=SS'_{\mathrm{T}}-SS'_{\mathrm{e}}=0.4022-0.1481=0.2541 \tag{9-15}$$
$$df'_{\mathrm{t}}=df'_{\mathrm{T}}-df'_{\mathrm{e}}=k-1=4-1=3$$

② 列出协方差分析表，并对校正日增重进行方差分析（表 9-6）。

表 9-6 表 9-2 资料的协方差分析

变异来源	df	SS_x	SS_y	SP_{xy}		校正 50 日龄重的方差分析			F
						df'	SS'	MS	
处理间(t)	3	19.47	0.2611	0.55					
机误(e)	36	878.50	0.1951	6.42	0.0073	35	0.1481	0.0042	—
总和(T)	39	897.97	0.4562	6.97		38	0.4022		—
校正处理间						3	0.2541	0.085	20.24**

查 F 值表：$F_{0.01(3,35)}=4.40$（由线性内插法计算），由于 $F=20.24>F_{0.01(3,35)}$，$P<0.01$，表明各处理间的校正平均日增重存在极显著的差异，即 4 种饲料对猪日增重的影响确有真正差异。故须进一步检验不同处理间的差异显著性，即进行多重比较。

（3）根据线性回归关系计算各处理的校正 50 日龄平均日增重 误差项的回归系数 $b_{yx(\mathrm{e})}$ 表示初始重对各处理平均日增重影响的性质和程度，即日增重随初始重而转移的回归，且不

包含处理间差异的影响，于是可用 $b_{yx(e)}$ 来校正每一处理的平均日增重。按回归方程校正平均日增重可采用以下公式：

$$\overline{y}'_{i.}=\overline{y}_{i.}-b_{yx(e)}(\overline{x}_{i.}-\overline{x}_{..}) \tag{9-16}$$

式中 $\overline{y}'_{i.}$——各组第 i 处理校正平均日增重；

$\overline{y}_{i.}$——各组第 i 处理实际平均日增重（见表 9-2）；

$\overline{x}_{i.}$——各组第 i 处理实际平均初始重（见表 9-2）；

$\overline{x}_{..}$——全试验的平均数，$\overline{x}_{..}=\dfrac{x_{..}}{kn}=\dfrac{63.15}{48}=1.3156$；

$b_{yx(e)}$——误差回归系数，$b_{yx(e)}=0.0073$。

将所需要的各数值代入式(9-16) 中，即可计算出各处理的校正处理后平均日增重（见表 9-7）。

表 9-7 各处理的校正平均日增重计算

处理	$\overline{x}_{i.}-\overline{x}_{..}$	$b_{yx(e)}(\overline{x}_{i.}-\overline{x}_{..})$	实际平均日增重	校正平均日增重 $\overline{y}_{i.}-b_{yx(e)}(\overline{x}_{i.}-\overline{x}_{..})$
对照	24.6－23.7＝0.9	0.0073×0.9＝0.0066	0.755	0.755－0.0066＝0.7484
配方 1	22.9－23.7＝－0.8	0.0073×(－0.8)＝－0.0058	0.674	0.674＋0.0058＝0.6798
配方 2	23.2－23.7＝－0.5	0.0073×(－0.5)＝－0.0037	0.588	0.588＋0.0037＝0.5917
配方 3	24.2－23.7＝0.5	0.0073×0.5＝0.0037	0.545	0.545－0.0037＝0.5413

（4）各处理校正平均日增重间的多重比较 各处理校正平均日增重间的多重比较，即各种饲料配方的效果比较。

① t 检验 检验两个处理校正平均数间的差异显著性，可应用 t 检验法：

$$t=\frac{\overline{y}'_{i.}-y'_{j.}}{S_{y'_{i.}-\overline{y}'_{j.}}} \tag{9-17}$$

$$S_{\overline{y}'_{i.}-\overline{y}'_{j.}}=\sqrt{MS'_e\left[\frac{2}{n}+\frac{(\overline{x}_{i.}-\overline{x}_{j.})^2}{SS_{e(x)}}\right]} \tag{9-18}$$

式中 $\overline{y}'_{i.}-\overline{y}'_{j.}$——两个处理校正平均数间的差异；

$S_{\overline{y}'_{i.}-\overline{y}'_{j.}}$——两个处理校正平均数差数标准误；

MS'_e——误差离回归均方；

n——各处理的重复数；

$\overline{x}_{i.}$——处理 i 的 x 变量的平均数；

$\overline{x}_{j.}$——处理 j 的 x 变量的平均数；

$SS_{e(x)}$——x 变量的误差平方和。

例如，检验添加饲料配方 1 与饲料配方 3 两处理平均日增重间的差异显著性：

$$\overline{y}'_{1.}-y'_{3.}=0.7484-0.5917=-0.1567$$

$$MS'_e=0.1481/35=0.0042 \qquad n=10$$

$\overline{x}_{1.}=24.6$，$\overline{x}_{3.}=23.2$，$SS_{e(x)}=878.5$

将上面各数值代入式(9-18)，得：

$$S_{\overline{y}'_{1.}-\overline{y}'_{3.}}=\sqrt{0.0042\times\left[\frac{2}{10}+\frac{(24.6-23.2)^2}{878.5}\right]}=0.0289$$

于是

$$t=\frac{0.7484-0.5917}{0.0289}=5.4^{**}$$

查 t 值表，当自由度为 35 时（见表 9-6 误差自由度），$t_{0.01(35)}=2.724$，$|t|>t_{0.01(35)}$，

$P<0.01$，表明1号饲料和3号饲料校正平均日增重间存在着极显著的差异，这里表现为1号配方的平均日增重极显著高于3号饲料。其余的每两处理间的比较都须另行算出$S_{\bar{y}'_{i.}-\bar{y}'_{j.}}$，再进行$t$检验。

② 最小显著差数法　利用t检验法进行多重比较，每一次比较都要算出各自的$S_{\bar{y}'_{i.}-\bar{y}'_{j.}}$，比较麻烦。当误差项自由度在20或20以上，$x$变量的变异不甚大（即$x$变量各处理平均数间差异不显著），为简便起见，可计算一个平均的$\bar{S}_{\bar{y}'_{i.}-\bar{y}'_{j.}}$采用最小显著差数法进行多重比较。$\bar{S}_{\bar{y}'_{i.}-\bar{y}'_{j.}}$的计算公式如下：

$$\bar{S}_{\bar{y}'_{i.}-\bar{y}'_{j.}}=\sqrt{\frac{2MS'_{e}}{n}\left[1+\frac{SS_{t(x)}}{SS_{e(x)}(k-1)}\right]} \tag{9-19}$$

式中　$SS_{t(x)}$——x变量的处理间平方和。

然后按误差自由度查临界t值，计算出最小显著差数：

$$LSD_{\alpha}=t_{\alpha(df_{e})}\bar{S}_{\bar{y}'_{i.}-\bar{y}'_{j.}} \tag{9-20}$$

本例x变量处理平均数间差异不显著，满足“x变量的变异不甚大”这一条件，可采用最小显著差数法进行多重比较。此时：

$$\bar{S}_{\bar{y}'_{i.}-\bar{y}'_{j.}}=\sqrt{\frac{2\times0.0042}{10}\left[1+\frac{19.47}{878.5\times(4-1)}\right]}=0.029$$

由$df'_{e}=35$，查临界t值得：$t_{0.05(35)}=2.030$，$t_{0.01(35)}=2.724$

于是

$$LSD_{0.05}=2.030\times0.029=0.0589$$

$$LSD_{0.01}=2.724\times0.029=0.0790$$

不同饲料处理后校正平均日增重与最小平均日增重（4号饲料）比较结果见表9-8。

表9-8　不同配方饲料与4号饲料的效果比较

饲料种类	校正平均日增重	最小值4号料校正平均日增重	差　数
1号饲料	0.7484	0.5413	0.2071**
2号饲料	0.6798	0.5413	0.1385**
3号饲料	0.5917	0.5413	0.0504

多重比较结果表明：1、2号饲料与4号饲料比较，其校正平均日增重间均存在极显著的差异，这里表现为1、2号饲料的校正平均日增重均极显著高于4号饲料，而3号饲料和4号饲料间差异不显著。

③ 最小显著极差法　当误差自由度在20以上，x变量的变异不甚大，还可以计算出平均的平均数校正标准误$\bar{S}_{\bar{y}}$，利用LSR法进行多重比较。$\bar{S}_{\bar{y}}$的计算公式如下：

$$\bar{S}_{\bar{y}}=\sqrt{\frac{MS'_{e}}{n}\left[1+\frac{SS_{t(x)}}{SS_{e(x)}(k-1)}\right]} \tag{9-21}$$

然后由误差自由df'_{e}和秩次距k查SSR表（或q表），计算最小显著极差：

$$LSR_{\alpha}=SSR_{\alpha}\bar{S}_{\bar{y}} \tag{9-22}$$

此时，$MS'_{e}=0.0042$，$n=10$，$SS_{t(x)}=19.47$，$SS_{e(x)}=878.5$，$k=4$，代入式(9-21)可计算，得：

$$\bar{S}_{\bar{y}}=\sqrt{\frac{0.0042}{10}\left[1+\frac{19.47}{878.5\times(4-1)}\right]}=0.02$$

SSR值与LSR值见表9-9。

表 9-9 SSR 值与 LSR 值

秩次距 k	2	3	4	秩次距 k	2	3	4
$SSR_{0.05}$	2.88	3.47	3.82	$LSR_{0.05}$	0.0576	0.0694	0.0764
$SSR_{0.01}$	3.86	4.41	4.75	$LSR_{0.01}$	0.0772	0.0882	0.0950

各处理校正平均日增重多重比较结果见表 9-10。

表 9-10 各处理校正平均日增重多重比较（SSR 法）

处 理	$\overline{y}'_{i.}$	$\overline{y}'_{i.}-0.5413$	$\overline{y}'_{i.}-0.5917$	$\overline{y}'_{i.}-0.6798$
1 号饲料	0.7484	0.2071**	0.1567**	0.0686*
2 号饲料	0.6798	0.1385**	0.0881**	
3 号饲料	0.5917	0.0504		
4 号饲料	0.5413			

表 9-10 中 0.0686＞0.0576 达到 5％显著水平，0.0881＞0.0772 达到了 1％显著水平。0.1385 和 0.1567＞0.0882 都达到了 1％显著水平。0.2071＞0.0950 亦达到了 1％显著水平。

多重比较结果表明：1 号饲料和 3 号、4 号饲料的差异极显著；而和 2 号饲料的差异显著。2 号饲料和 3 号、4 号饲料的差异极显著。3 号饲料和 4 号饲料的差异为不显著。以上 4 种饲料以 1 号最好，其次是 2 号饲料，3 号和 4 号饲料最差。

【本章小结】

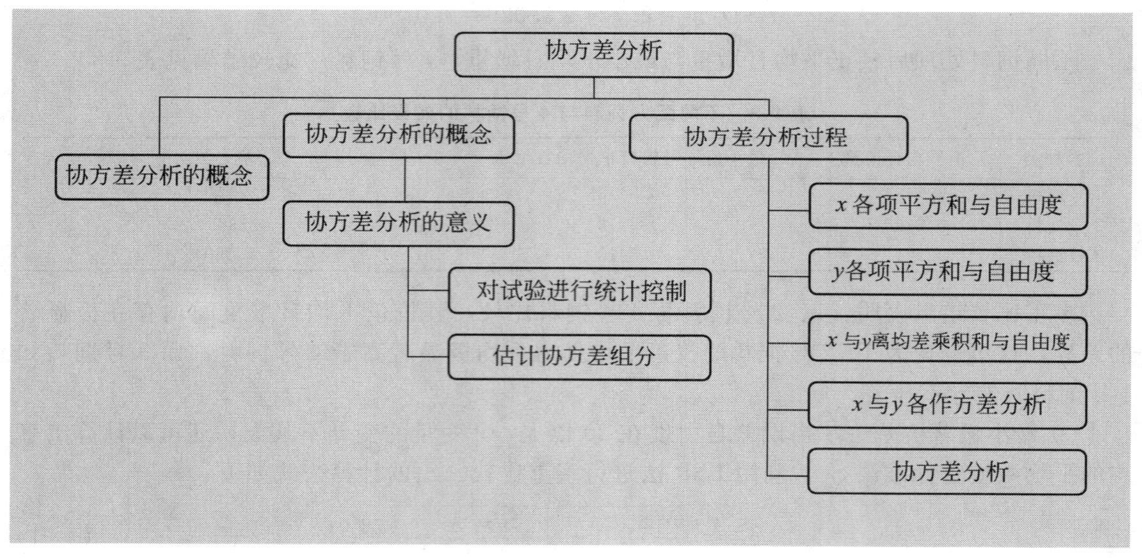

【习 题】

1. 什么是协方差分析？在何种情况下的试验需要采用协方差分析？
2. 什么是均积、协方差？均积与协方差有何关系？
3. 对试验进行统计控制的协方差分析的步骤有哪些？
4. 一饲养试验，设有两种中草药饲料添加剂和对照三处理，重复 9 次，共有 27 头猪参与试验，两个月增重资料如表 1 所示。由于各个处理供试猪只初始重差异较大，试对资料进行协方差分析。

表 1　中草药饲料添加剂对猪增重试验结果　　单位：kg

处理	2 号添加剂		1 号添加剂		对照组	
观测指标	初始重 x	增重 y	初始重 x	增重 y	初始重 x	增重 y
观测值	30.5	35.5	27.5	29.5	28.5	26.5
	24.5	25.0	21.5	19.5	22.5	18.5
	23.0	21.5	20.0	18.5	32.0	28.5
	20.5	20.5	22.5	24.5	19.0	18.0
	21.0	25.5	24.5	27.5	16.5	16.0
	28.5	31.5	26.0	28.5	35.0	30.5
	22.5	22.5	18.5	19.0	22.5	20.5
	18.5	20.5	28.5	31.5	15.5	16.0
	21.5	24.5	20.5	18.5	17.0	16.0

注：$b=0.9832$，线性回归关系极显著。

5. 为了寻找一种较好的哺乳仔猪食欲增进剂，以增进食欲，提高断奶重，对哺乳仔猪做了以下试验：试验设对照、配方 1、配方 2、配方 3 共 4 个处理，重复 12 次，选择初始条件尽量相近的长白种母猪的哺乳仔猪 48 头，完全随机分为 4 组进行试验，结果见表 2，试对实验结果进行协方差分析。

表 2　不同食欲增进剂对仔猪生长的影响　　单位：kg

处　理	对照		配方 1		配方 2		配方 3	
观测指标	初生重 x	50 日龄重 y	初生重 x	50 日龄重 y	初生重 x	50 日龄重 y	初生重 x	50 日龄重 y
观察值 x_{ij}, y_{ij}	1.50	12.40	1.35	10.20	1.15	10.00	1.20	12.40
	1.85	12.00	1.20	9.40	1.10	10.60	1.00	9.80
	1.35	10.80	1.45	12.20	1.10	10.40	1.15	11.60
	1.45	10.00	1.20	10.30	1.05	9.20	1.10	10.60
	1.40	11.00	1.40	11.30	1.40	13.00	1.00	9.20
	1.45	11.80	1.30	11.40	1.45	13.50	1.45	13.90
	1.50	12.50	1.15	12.80	1.30	13.00	1.35	12.80
	1.55	13.40	1.30	10.90	1.70	14.80	1.15	9.30
	1.40	11.20	1.35	11.60	1.40	12.30	1.10	9.60
	1.50	11.60	1.15	8.50	1.45	13.20	1.20	12.40
	1.60	12.60	1.35	12.20	1.25	12.00	1.05	11.20
	1.70	12.50	1.20	9.30	1.30	12.80	1.10	11.00
总和 $x_{i\cdot}, y_{i\cdot}$	18.25	141.80	15.40	130.80	15.65	144.80	13.85	133.80
平均 $\overline{x}_{i\cdot}, \overline{y}_{i\cdot}$	1.52	11.82	1.28	10.84	1.30	12.07	1.15	1.15

第十章　畜牧兽医试验设计

【知识目标】

- 了解试验计划书的内容。
- 理解试验设计的意义。
- 理解抽样的目的和要求。
- 掌握试验设计的三个基本原则。
- 掌握拟订试验方案的注意事项。

【技能目标】

- 学会根据研究目的拟订试验方案和调查设计的计划书。
- 学会根据实际情况选用适宜的试验设计方法，并进行正确的统计分析。
- 学会估计样本含量。

第一节　概　　述

一、试验设计的意义

试验设计从广义上讲指在科研工作开始之前，应用数理统计原理，对整个研究课题的设计。包括选题、试验方案的拟订、试验设计方法的选择以及相应的资料收集和统计分析方法等一整套内容。而从狭义上讲是指试验方案的拟订，也就是试验单位的选择与分组。

试验设计的目的是避免系统误差，控制、降低试验误差，无偏估计处理效应，从而对样本所在总体做出可靠、正确的推断。一个良好的设计是科学试验取得成果的重要因素之一，它可以用较少的人力、物力和时间获得正确而可靠的试验结论，明确回答科研所提出的问题。

试验设计是进行科学研究的重要工具。其任务是在科研工作开始之前，根据所研究的问题要求，应用统计原理，制定合理的试验方案，做好试验的周密安排。如果设计不合理，考虑不周，不仅得不到预期的结果，甚至导致整个试验失败的例子也是屡见不鲜的。因此，正确掌握试验设计技术，无论是在科研上，还是在生产上，都具有非常重要的意义。

二、试验的类型

1. 按试验的作用和规模分类

（1）小型试验　小型试验简称小试，常常是通过一些有代表性的试验动物，在一定的试验条件下进行带有探索性的研究。小试可以直接在畜禽体上进行，也可间接地通过试验动物等进行，待找到规律后再在畜禽体上复试。小试的处理组内试验单位数较少，试验条件易控制，因此，试验结果较准确。但小试得出的结论局限性较大，不宜直接应用于生产推广。

（2）中间试验　中间试验简称中试，是科研成果转向生产推广的过程中不可缺少的试验。中试在小试的基础上进行，试验动物数是小试 10 倍以上，试验处理组数可略少于小试，试验条件控制要接近实际生产。中试一方面检验小试结果的重演性，一方面检验进行生产推广的可能性。

（3）生产推广试验　生产推广试验一般选择生产与管理条件较好的现场进行多点试验，将试验结果与本场同期（或前一周期）的生产结果进行比较。通过生产推广试验。一则可以检验成果在生产条件下的重演性，更重要的是分析研究成果的经济效益和社会效益。对于中试时要求严格，特别是试验结果不会产生恶性影响的试验，也可在中试后不通过生产推广试验而直接投入生产应用。

2. 按试验考查的因素数目分类

（1）单因素试验　在一次试验中只研究一个试验因素的若干处理对试验结果的影响，称为单因素试验。这类试验方法较多，设计比较简单，目的明确，所得结果易于分析。

（2）多因素试验　指在一次试验中，同时研究两个或两个以上因素在不同水平条件下对试验结果的影响。这类试验不仅能分析比较各因素的单独效应，而且可以在不增加或少增加试验动物的条件下得到更加丰富的信息，从而进一步分析各因素的简单效应、主效应、交互作用等，寻求最优组合，使试验更全面地反映事物的内在规律性。

3. 按试验的性质分类

根据专业和试验研究目的的不同，按性质将试验分为引种试验、品种对比试验、饲养试验、药物疗效试验、新品种选育试验、环保试验、工艺配方试验等。

三、试验的基本要求

为了保证试验有较高的质量，使得所获取的结果能够应用在科研上和生产上，在进行试验时必须符合以下几点基本要求。

1. 试验的代表性

代表性是指试验条件应该能代表将来准备采用这个试验结果的地区的自然条件、生产条件及社会经济条件。这对于推广试验结果具有重要意义。试验结果既要符合当前需要，又不落后于生产发展的要求。

2. 试验的正确性

正确性包括准确度和精密度两个方面。一是试验要最大限度地准确，即试验结果要接近客观真值；二是试验要精确，即将试验误差控制在允许范围内，使处理间的差异能精确地表现出来。这就要求试验设计必须合理、完善。

3. 试验的重演性

重演性是指在同一条件下进行相同试验时，能获得相似的结果。一个好的技术措施如果只能在试验中表现出来而在生产上却不能重演出来，试验就失去其使用价值。为保证试验的重演性，必须严格要求试验中的各个环节，保证试验的正确性和代表性。

4. 试验的合理性

合理性是要求试验符合生物统计原理，以保证试验数据可以进行统计分析；试验误差可以估计；试验指标可比；试验结果可以统计推断。这对保证试验结果的有效性具有重要意义。为保证试验的合理性，就要求在试验设计时遵守数理统计学的原理和要求，对一系列技术性问题进行周密考虑。

第二节 试验计划与试验方案的拟订

一、试验计划的拟订

为了使试验工作有计划、有目的地顺利进行，在试验前必须详细地拟订出一个比较全面的试验计划，明确试验的目的、要求以及试验中所需要的各种条件，以保证试验任务的顺利完成。试验计划书一般包括以下内容。

1. 试验的名称或题目

试验研究的第一步是根据当前生产中所提出的要求、所需解决的问题或国家指定的攻关项目等慎重确定研究课题。所选题目应具有实用性、先进性、创新性和可行性。

2. 试验的依据及目的

阐明本课题国内外的进展情况及理论依据，并提出研究的最终目标、试验的预期效果及达到预期指标的可行性。

3. 试验方案及试验设计方法

试验方案的拟订是整个试验设计的关键。试验方案确定后，结合试验条件需进一步确立采用何种设计方法，是完全随机设计、随机单位组设计，还是正交试验设计等。

4. 试验动物的数量及要求

根据所确定的设计方法及试验目的，严格控制非试验因素，对试验动物应具备的条件提出要求。例如试验动物对试验因素必须敏感；有一定的特异性；对试验因素的反应要稳定；在兽医学研究上还要对试验动物的病情做出具体规定等。还要根据本章第五节“样本含量的估计”来确定所需试验动物的数量。

5. 试验记录的项目及结果分析

以表格的形式列出需要观察的主要指标和辅助指标。具体写出每项的观察测量方法、标准、时间、次数、记录方法与格式等。原始数据要实事求是，客观地记录，应该养成一次完成测试记录，事后不涂改、不重抄的良好习惯，对关键项目及重要数据应有核对、核算制度，确保原始记录完整、正确、可靠。明确试验结果所采用的恰当的统计分析方法。

6. 试验所需的条件

明确在整个试验期内除已有条件外，还需具备哪些条件，并制订相应计划，如饲料计划、药品计划、技术保证、仪器设备和经费等。

7. 试验的时间、地点和工作人员

列出整个试验的预计进程安排、完成时间。确定试验地点的数量和配置，以及对工作人员的要求。试验地点的各项条件要相对稳定，工作人员要固定，以免影响试验结果。

8. 成果检验与推广

试验成果是否进行推广试验，如何进行推广试验，如何进行生产实践与专家的检验与验收，如何建立试验成果的推广网络等。

以上是试验计划的大致内容。不同的试验课题，其内容可有所变动。

二、试验方案的拟订

试验方案是试验进行之前根据研究的目的和要求所拟订的整个试验处理的总称，包括试验因素、试验水平、所选用的试验设计方法等，是整个试验工作的依据。要拟订一个切实可行的试验方案，在拟订时必须注意以下几点。

1. 优选试验方案

对于同一个试验目的和任务，可以设计不同的试验方案，这些方案在规模、试验动物的要求、经费投入及成本、误差和预期效果方面均会有差别。一般地讲，研究问题较多时，试验方案应复杂些才能满足要求，反之则可以简单些。应该注意的是，能用简单试验方案的试验，决不采用复杂的试验方案。复杂方案不仅使试验的工作量大，成本高，工作过程中也易出现错误，而且统计分析时由于因素之间相互作用多，不容易解释，因而也不能圆满而精确地解决试验所提出的问题。对于复杂方案，若能合理地分为若干个较简单的试验方案，分期而又有联系地完成试验任务，也是设计试验的有效途径。

2. 正确选择试验指标、试验因素和试验水平

依据试验目的和试验对象的特点，选择的试验指标应能确切反映试验因素的作用，能客观记录，不易受主观因素影响，能精确测定、特异性高。对试验因素的选择，应注意抓住主要矛盾。先对影响试验指标的主要因素进行研究，待找到规律后再进行其他因素的研究。另外，应注意要使试验因素标准化，即要保证试验因素在整个试验过程中保持不变。各试验因素的水平要明确，差别要适当，这样才能使处理效应表现出来，试验水平的划分应依据不同课题的研究目的、试验因素和试验动物的反应能力来决定。有些因素在量上只需少量差异就能反映出不同效应，如饲料中加喂某种添加剂、抗生素或微量元素等，而有些需要较大的差异才能反映出来，如饲料中的消化能，组与组之间可相差 418～836J。通常在确定水平等级时采用等间距法或等比法，以便于综合分析。

3. 各处理之间必须遵循“唯一差异”原则

该原则是指进行试验时，各试验组之间的差异仅仅在于试验处理不同，其他所有条件必须一致。例如，比较不同的饲料配方对某品种鸡产蛋量的影响试验，各试验组的差别仅在于饲料配方的不同，其他一切条件如鸡的品种、日龄、管理等必须完全一致，只有这样各试验组之间才有可比性，也才能达到试验目的。

4. 设置对照

试验方案中，不仅要有多个试验组，一般地还应该有进行比较用的对照组，“有比较才能鉴别”。根据试验的具体内容，可采用不同的对照形式，常用的对照形式如下。

(1) 标准对照　试验时不另设对照组，以正常值或标准值作为对照组。如诊断某种疾病，所做的某些生化指标的测定，测定所得数据的高低，是以正常值为标准的。

(2) 相互对照　指各试验处理间相互对照比较，不单设对照组。

(3) 空白对照　指对照组在不加任何处理的“空白”条件下进行观察的对照。

(4) 自身对照　试验与对照在同一试验动物身上进行，即以试验动物本身作对照。以试验动物未实施处理时的数据作为对照组数据，再以实施处理后的数据为试验组数据，设置自身对照的试验就形成自身配对试验。

(5) 试验对照　在某种特定的试验条件下进行试验观察的对照。例如，研究中药烟熏剂的空气灭菌作用试验，因为任何烟雾都有一定程度的自然灭菌作用，为了除去这一因素的影响，可以设置不加中草药的单纯烟熏对照组代替空白对照，这就可以在结果分析时，排除烟熏的灭菌作用，突出中草药烟熏的灭菌作用。这种纯烟熏对照便是试验对照。

5. 设置预试期

试验正式开始前或试验的转换期间，按照正式试验的要求进行一定时期的预试，为正式试验或下阶段试验做准备。设置预试期的意义在于：

① 使试验动物习惯于试验期环境条件；

② 做好试验动物的驱虫、防疫、去势等必需的准备工作，以及健康观察工作；

③ 训练试验人员，熟练各种操作规程，了解试验设计的各项规定与要求；

④ 考核试验设计是否恰当和切实可行，对试验动物及其分组等方面进一步审查、调整，发现问题及时修正试验方案。

一般要求预试期的试验动物数应不少于正式试验的数目，各组的试验动物数应尽可能均衡一致。预试期的长短，应依试验动物的不同，可长可短，一般需 15～20 天。

6. 估计试验的预期效果

试验方案中应对预期效果能否达到要求进行估计，为了做到这一点，应该将相关的科研与实践方面的先进经验、文献进行搜集、研究与讨论，使方案内每一个处理的设置都有根据，都是必要的，可以节省人力、物力与时间，同时又可以正确地完成研究任务。

第三节　试验误差的来源和试验设计的基本原则

一、试验误差的来源

1. 供试动物固有的差异

指各处理的供试动物在遗传和生长发育上或多或少的差异性。如试验动物的遗传基础、性别、年龄、体重不同，生理状况、生产性能的不一致等，即使是全同胞间或同一个体不同时期间也会存在差异。

2. 饲养管理和操作技术上的不一致所引起的差异

指在试验过程中各个处理在饲养技术、管理方法及日粮配制等在质量上的不一致，以及在观测记载时由于工作人员的认真程度，掌握的标准不同或测量时间、仪器的不同等所引起的偏差。

3. 环境条件的差异

主要指那些不易控制的环境的差异，如栏舍温度、湿度、光照、通风不同所引起的差异等。

4. 由一些随机因素引起的偶然差异

如偶然疾病的侵袭、饲料的不稳定等引起的差异。

二、试验设计的基本原则

在动物试验中，针对误差的主要来源，应采取切实有效的措施，力求避免系统误差，降低随机误差。统计学上通过合理的试验设计既能获得试验处理效应与试验误差的无偏估计，也能控制和降低随机误差，提高试验的精密度。在试验设计时必须遵循以下三条基本原则。

1. 重复

重复是指试验中同一处理实施在两个或两个以上的试验单位上。在动物试验中，一头动物可以构成一个试验单位，有时一组动物也可构成一个试验单位。如果同一处理只实施在一个试验单位上，那么只能得到一个观测值，则无从看出差异，因而无法估计试验误差的大小。重复的主要作用在于：①估计试验误差，试验误差是通过同一处理内观察值的变异而估计的，如每个处理只有一个试验单位，即只有一个观察值，那就无法分析处理内的差异，因而也就无法估计误差；②降低试验误差，数理统计已经证明，误差的大小与重复数的平方根成反比，即 $S_{\bar{x}}=S/\sqrt{n}$，故增加重复次数，可以降低试验误差。在一个试验中，可根据试验条件和要求来确定重复数。一般讲，如供试对象间差异较小，重复数可少些；如差异较大，重复数则应多些。

2. 随机化

随机化是指在对试验动物进行分组时必须使用随机的方法，使供试动物进入各试验组的机会相等，以避免试验动物分组时试验人员主观倾向的影响。这是在试验中排除非试验因素干扰的重要手段，目的是为了获得无偏的误差估计量。因为各试验对象（样品、动物）之间始终存在着差异，为使其有同等的概率被抽出，并有同等的机会进入各处理组或对照组，就必须避免人为主观因素的影响，完全随机化地进行抽样和分组。当试验顺序对试验指标影响较大时，对试验顺序的安排也一定要注意采用随机原则。这一原则的主要作用是可以避免系统误差，保证无偏的试验误差估计值。

3. 局部控制——试验条件的局部一致性

在试验中，当试验环境或试验单位差异较大时，仅根据重复和随机化两原则进行设计不能将试验环境或试验单位差异所引起的变异从试验误差中分离出来，因而试验误差大，试验的精密度与检验的灵敏度低。为解决这一问题，在试验环境或试验单位差异大的情况下，可将整个试验环境或试验单位分成若干个小环境或小组，在小环境或小组内采用各种技术措施，使非处理因素尽可能一致，试验误差降低到最小，以保证试验结果的正确、可靠，这就是局部控制。每个比较一致的小环境或小组，称为单位组（或区组）。因为单位组之间的差异可在方差分析时从试验误差中分离出来，所以局部控制能较好地降低试验误差。

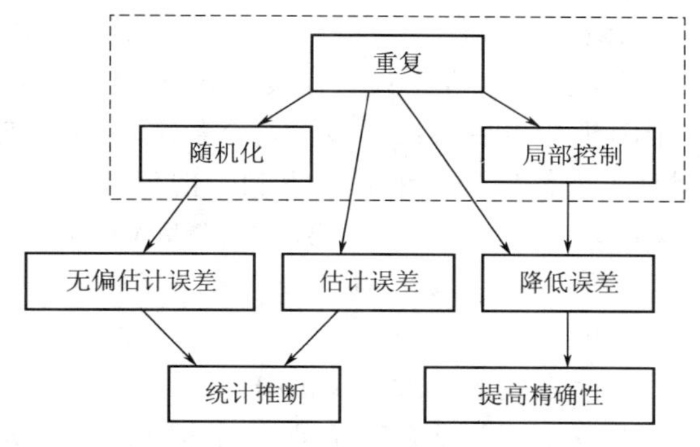

图 10-1　试验设计三原则的关系

重复、随机化、局部控制称为费雪(R. A. Fisher）三原则，是试验设计中必须遵循的原则。一个良好的试验设计，只有遵循这三大原则，才能获得真实的处理效应和无偏的试验误差，从而对各处理的比较得出可靠的结论。试验设计三原则的关系和作用可用图 10-1 来表示。

第四节　常用的试验设计方法

常用的试验设计方法有：完全随机设计、配对设计、随机单位组设计、拉丁方设计、交叉设计、正交设计以及调查设计。

一、完全随机设计

完全随机设计又称简单随机设计，是指每个试验单位都有相同的机会进入任何一个处理组中去，即每个试验动物都有同样的机会接受某一种处理，而不受试验人员主观因素的影响。完全随机设计的实质是对试验动物的随机分组问题。常用的随机方法有抽签、抓阄等形式，但科学且方便的方法是利用随机数字表（见附表 9 和附表 10）、随机排列表或利用电子计算器的随机数字发生功能等。应用随机数字表分组时，可以随机地从表中某一位置开始，向某一个方向查数字，可以顺查，也可间隔查，一次可以查二位，也可以查三位、四位。但一切都必须在查表前规定好，而不能主观地有选择地规定。

1. 完全随机设计的分组方法

① 两个处理比较的分组。

【例 10.1】 现有同品种、同性别、同年龄、体重相近的健康仔猪 16 头，试用完全随机的方法分成甲、乙两组。

解 首先给仔猪编号，然后从随机数字表的任意位置开始，向任意方向连续抄写 16 个（两位）随机数字，分别代表 16 头仔猪。如表 10-1 中第 2 行为从随机数字表（Ⅰ）（附表 9）第 3 行第 1 列开始向右连续抄写的 16 个（两位）随机数字。表中第 3 行是设奇数为甲组、偶数为乙组得到的初步分组结果。

表 10-1 两个处理的分组方法

仔猪编号	1	2	3	4	5	6	7	8	9	10	11	12	13	14	15	16
随机数字	16	76	62	27	66	56	50	26	71	07	32	90	79	78	53	13
组别	乙	乙	乙	甲	乙	乙	乙	乙	甲	甲	乙	乙	甲	乙	甲	甲
调整组别		甲				甲										

甲组仔猪编号：4 9 10 13 15 16

乙组仔猪编号：1 2 3 5 6 7 8 11 12 14

甲组比乙组少 4 只，需要从乙组调整 2 只到甲组。仍用随机的方法进行调整。在前面 16 个随机数字后再接着抄下两个数字：55、38，分别除以 10（调整时乙组的仔猪头数）、9（调整 1 头仔猪到甲组后乙组剩余的仔猪头数），余数为 5、2，则把分配于乙组的第 5 头仔猪（6 号）和余下 9 头的第 2 头仔猪（2 号）分到甲组。调整后的甲、乙两组仔猪编号如下。

甲组：4 9 10 13 15 16 2 6

乙组：1 3 5 7 8 11 12 14

② 两个以上处理比较的分组。

【例 10.2】 设有同品种、同性别、体重相近的健康绵羊 18 只，按体重大小依次编为 1，2，3，…，18 号，试用完全随机的方法，把它们等分成甲、乙、丙三组。

解 由随机数字表（Ⅱ）（附表 10）第 6 行第 5 列的 69 开始，向右依次抄下 18 个数，填入表 10-2 第 2 行。在将每个随机数字除以 3，所得余数为 1 分为甲组，余数为 2 乙组，余数或商为 0 分为丙组。

表 10-2 三个处理的分组方法

绵羊编号	1	2	3	4	5	6	7	8	9	10	11	12	13	14	15	16	17	18
随机数字	69	71	50	80	89	56	38	15	70	11	48	43	40	45	86	98	00	83
除以 3 后余数	0	2	2	2	1	2	2	0	1	2	0	1	1	0	2	2	0	2
组别	丙	乙	乙	乙	甲	乙	乙	丙	甲	乙	丙	甲	甲	丙	乙	乙	丙	乙
调整组别																		

初步分组结果：甲组 4 只，乙组 9 只，丙组 5 只。

应将乙组多余的 3 只调整 2 只给乙组、1 只给丙组。从随机数字 83 后面继续抄 3 个数 26、91、03，然后分别除以 9（乙组原有绵羊只数）、8（调整 1 只后乙组剩余绵羊只数）、7（调整 2 只后乙组剩余绵羊只数），得到余数分别为 8，3，3，则把原分配在乙组的第 8 只绵羊（16 号）和第 3 只绵羊（4 号）调到甲组；把乙组剩余 7 只中的第 3 只绵羊（6 号）调到丙组。调整后 3 个组的绵羊编号如下。

甲组：4 5 9 12 13 16

乙组：2 3 7 10 15 18

丙组：1 6 8 11 14 17

试验动物分为 3 个以上组时，方法相同。

2. 试验结果的统计分析

处理数为 2，采用非配对设计的 t 检验法分析；处理数大于 2，采用单因素试验资料方差分析法分析。

3. 完全随机设计的优点和缺点

（1）完全随机设计的主要优点

① 设计容易 处理数与重复数都不受限制，适用于试验条件、环境、试验动物差异较小的试验。

② 统计分析简单 无论所获得的试验资料各处理重复数相同与否，都可采用 t 检验或方差分析法进行统计分析。

（2）完全随机设计的主要缺点 由于未应用试验设计三原则中的局部控制原则，非试验因素的影响被归入试验误差，使得试验误差较大，精密度较低。因而要求试验过程中各种非试验因素都相当均匀一致，以提高试验的精密度。所以在试验条件、环境、试验动物差异较大时，不宜采用此种设计方法。

二、配对设计

配对设计即前面讲过的配对试验的设计，是将性质相同或相近的试验对象配成一对，然后将同一对内的两个试验对象完全随机地分到两个不同的处理中所进行的试验。配对试验要求同一对内的试验对象间差异尽量小，而不同对之间允许有差异，每一个对子就是试验处理的一个重复。试验时配成对的试验动物要有明显的标记。

1. 配对试验设计的分组方法

【例 10.3】 现有同一品种的供试家畜 16 头，分别将性别、年龄相同，体重相似的两头家畜配成对子，共 8 对，编号为 1～8 号。试用随机方法将每个对子中的两头家畜分到甲、乙两个处理组中。

解 由随机数字表（Ⅰ）（附表 9）的第 20 行、第 3 列 93 开始，向下依次抄下 8 个随机数字，将奇数组中配对的第一头家畜归入甲组，第二头家畜归入乙组；偶数组中配对的第一头家畜归入乙组，第二头家畜归入甲组，则 8 对家畜分组如表 10-3 所示。

表 10-3 配对设计的分组方法

配对编号	1	2	3	4	5	6	7	8
随机数字	93	30	25	37	68	98	82	94
配对中第一头家畜组别	甲	乙	甲	甲	乙	乙	乙	乙
配对中第二头家畜组别	乙	甲	乙	乙	甲	甲	甲	甲

2. 试验结果的统计分析

试验结果为计量资料时，采用配对设计 t 检验进行统计分析；试验结果为次数资料时，采用配对次数资料的 χ^2 检验法进行分析。

3. 配对试验设计的优点和缺点

配对设计的优点是分析简单，同时由于应用了局部控制原则，消除了试验单位不一致对试验结果的影响，所以试验误差较完全随机设计小，试验的精确度也高。其缺点是对试验动物的要求严格，有时难找到合适的动物，而且只适用于两个处理的试验。

当试验处理在两个以上时，可将配对的单位扩大，使之形成一组，每一组内所包含的试验动物数等于处理数。这个组在农业的田间试验上叫做区组，而在动物的试验上可称为窝组或单位组。对同一单位组内各试验动物采用随机的方法分配不同处理。这种设计方法称为随机单位组设计，在医学上也称配伍设计。

三、随机单位组设计

随机单位组设计和配对设计的要求相同，即要求同一单位组内的试验单位条件要尽可能一致，不同单位组间可以有差异。完全随机单位组设计的分组要求是：各处理在同一单位组内是完整的，排列是随机的；不同单位组间试验是独立进行的。随机单位组设计的应用范围极其广泛。在畜牧试验中，可以作为单位组划分的有以下几种情况。①组织几个畜牧场共同进行相同的试验时，以一个畜牧场作为一个单位组。在同一畜牧场内还可把每栋畜舍或每栋畜舍内的南侧与北侧划为一个单位组。也可在一个村庄内确定几个专业户为单位组。要注意单位组内的差异必须明显地小于单位组间的差异。②在不同时间内进行试验，把“时间”划分为单位组，加以重复，最后取得试验结果。③用大家畜做试验时，畜群小，不宜随机抽样，可以把生理阶段、年龄、性别以及生产性能记录等方面比较一致的个体选为一个“单位组”。

1. 随机单位组设计分组方法

【例 10.4】 为了比较 5 种饲料添加剂对猪增重的效果，从 4 头母猪所产的仔猪中，每窝选出性别相同、体重相近的仔猪各 5 头，共 20 头，组成 4 个单位组。5 种中草药饲料添加剂分别以 A_1、A_2、A_3、A_4、A_5 表示，试按随机单位组设计将试验仔猪分组。

解 这是处理数为 5，单位组数为 4 的随机单位组设计。设计时每一单位组有仔猪 5 头，每头仔猪随机地喂给不同的饲料添加剂。

首先给四窝仔猪分别编号，见表 10-4 第 2 行。再从随机数字表（Ⅱ）（附表 10）第 15 行、第 11 列 15 开始，向下依次抄下 16 个随机数字（舍弃 00），每抄 4 个数字留一空位，见表 10-4 第 3 行。然后将同一单位组内前 4 个随机数字依次除以 5、4、3、2（最大数 5 为处理数），余数（余数为 0 者，以除数代之）即为每种添加剂的位数。如第一单位组中，第一个余数为 5，即 1 号仔猪喂给排在第 5 位的 A_5 添加剂，第二个余数为 2，即 2 号仔猪喂给去除 A_5 后仍排在第 2 位的 A_2，第三个余数为 3，即 3 号仔猪喂给去除 A_5 和 A_2 后排在第 3 位的 A_4，依此类推即可将不同添加剂分配给各头仔猪。见表 10-4 第 6 行。分组结果见表 10-5。

表 10-4 5 种饲料添加剂试验随机单位组设计

窝 别	Ⅰ					Ⅱ					Ⅲ					Ⅳ				
仔猪编号	1	2	3	4	5	6	7	8	9	10	11	12	13	14	15	16	17	18	19	20
随机数字	15	50	75	25	—	71	38	63	58	—	95	98	56	85	—	99	83	21	62	—
除数	5	4	3	2	—	5	4	3	2	—	5	4	3	2	—	5	4	3	2	—
余数	5	2	3	1	—	1	2	2	2	—	5	2	2	1	—	4	3	3	2	—
添加剂	A_5	A_2	A_4	A_1	A_3	A_1	A_3	A_4	A_5	A_2	A_5	A_2	A_3	A_1	A_4	A_4	A_3	A_5	A_2	A_1

表 10-5 5种饲料添加剂试验随机单位组设计试验动物分组

添加剂	单位组			
	Ⅰ	Ⅱ	Ⅲ	Ⅳ
A_1	4	6	14	20
A_2	2	10	12	19
A_3	5	7	13	17
A_4	3	8	15	16
A_5	1	9	11	18

2. 随机单位组试验结果的统计分析

随机单位组试验结果的统计分析采用方差分析法。分析时将单位组也看成一个因素，连同试验因素一起，按两因素单独观测值的方差分析法进行。这里需要说明的是，假定单位组因素与试验因素不存在交互作用。

若记试验处理因素为A，处理因素水平数为a；单位组因素为B，单位组数为b，平方和与自由度的划分式为：

$$SS_T = SS_A + SS_B + SS_e$$
$$df_T = df_A + df_B + df_e$$

对于【例10.4】，通过按表10-5试验动物分组结果进行试验后，各号仔猪增重结果列于表10-6。

表 10-6 5种添加剂对仔猪的增重效果 单位：g

处理(A)	单位组(B)				处理合计 $x_{i.}$	处理平均 $\bar{x}_{i.}$
	$B_Ⅰ$	$B_Ⅱ$	$B_Ⅲ$	$B_Ⅳ$		
A_1	203	165	220	230	818	204.50
A_2	232	196	252	263	943	235.75
A_3	250	245	305	260	1060	265.00
A_4	200	160	180	185	725	181.25
A_5	263	272	320	293	1148	287.00
单位组合计 $x_{.j}$	1148	1038	1277	1231	4694($x_{..}$)	—

进行方差分析。

① 计算各项平方和与自由度。

$C = x^2_{..}/(ab) = 4694^2/(5\times4) = 1101681.80$

$SS_T = \sum x_{ij}^2 - C = (203^2 + 165^2 + \cdots + 293^2) - 1101681.80 = 39742.20$

$SS_A = \sum x_{i.}^2/b - C = (818^2 + 943^2 + \cdots + 1148^2)/4 - 1101681.80 = 29693.70$

$SS_B = \sum x_{.j}^2/a - C = (1148^2 + 1038^2 + \cdots + 1231^2)/5 - 1101681.80 = 6605.80$

$SS_e = SS_T - SS_A - SS_B = 39742.20 - 29693.70 - 6605.80 = 3442.70$

$df_T = ab - 1 = 5\times4 - 1 = 19$

$df_A = a - 1 = 5 - 1 = 4$

$df_B = b - 1 = 4 - 1 = 3$

$df_e = df_T - df_A - df_B = (a-1)(b-1) = (5-1)\times(4-1) = 12$

② 列出方差分析表，进行F检验（见表10-7） 方差分析结果表明饲料添加剂对仔猪增重影响极显著，因而还需要对各不同饲料添加剂平均数间差异的显著性进行多重比较。单位

组间的变异，虽然已达到 0.01 的显著水平，但它已经从误差中分离出来，达到了局部控制的目的。单位组间的变异即使显著，一般也不作单位组间的多重比较。

表 10-7　方差分析

原因	*SS*	*df*	*MS*	*F*	*F*
处理间	29693.70	4	7423.43	26.44**	5.41
单位组间	6605.80	3	2201.93	7.15**	5.95
误差	3442.70	2	286.89		
总变异	39742.20	9	—	—	—

③ 饲料添加剂间的多重比较（q 法）　列出饲料添加剂平均数间多重比较表（表 10-8）。

表 10-8　不同添加剂对仔猪增重的多重比较（q 法）

添加剂	平均数 $\bar{x}_{i.}$	$\bar{x}_{i.}-181.25$	$\bar{x}_{i.}-204.50$	$\bar{x}_{i.}-235.75$	$\bar{x}_{i.}-265.00$
A_5	287.00	105.75**	82.5**	51.25**	22
A_3	265.00	83.75**	60.5**	29.25*	
A_2	235.75	54.5**	31.25*		
A_1	204.50	23.25			
A_4	181.25				

均数标准误为：$S_{\bar{x}}=\sqrt{MS_e/n}=\sqrt{286.89/4}=8.469$

列表计算 LSR 值，见表 10-9。

表 10-9　表 10-6 资料 q 检验的 LSR 值（$df_e=12$）

k	2	3	4	5
$q_{0.05}$	3.08	3.77	4.20	4.51
$q_{0.01}$	4.32	5.05	5.50	5.84
$LSR_{0.05}$	26.08	31.93	35.57	38.19
$LSR_{0.01}$	36.59	42.77	46.58	49.46

由表 10-8 看出，除 A_5 与 A_3、A_1 与 A_4 之间差异不显著，A_2 与 A_1、A_3 与 A_2 间差异显著外，其余平均数间均差异极显著。采用 A_5 添加剂仔猪平均增重极显著高于 A_2、A_1、A_4 添加剂；A_3 极显著地高于 A_1、A_4，A_2 显著高于 A_1、极显著高于 A_4；A_4 添加剂对仔猪增重效果最差。

3. 随机单位组设计的优点和缺点

（1）随机单位组设计的主要优点

① 设计与分析方法简单易行。

② 遵循了试验设计的三原则，在对试验结果进行分析时，能将单位组间的变异从试验误差中分离出来，有效地降低了试验误差，精密度较高。

③ 把条件一致的供试动物分在同一单位组，再将同一单位组的供试动物随机分配到不同处理组内，加大了处理组之间的可比性。

④ 对试验的处理数及重复数没有严格限制，处理数一般从 2～20 个，但以 15 个以下为适宜；重复数可有 4～6 次，如个体差异较大或处理数较少时，重复数可增加到 8～10 次。

（2）随机单位组设计的主要缺点

① 当处理数目过多时，各单位组内的供试动物数目也过多，要使各单位组内供试动物的初始条件一致将有一定难度，因而在随机单位组设计中，处理数以不超过 20 为宜。

② 当处理因素和单位组有交互作用时，则不能采用此设计方法。

四、拉丁方设计

拉丁方设计是从行和列两个方向进行双重局部控制，使得行和列两向皆成单位组的设计。在拉丁方设计中，每一行或每一列都成为一个完全单位组，而每一处理在每一行或每一列都只出现一次，也就是说，试验处理数＝行单位组数＝列单位组数＝试验处理的重复数。在对试验结果进行统计分析时，由于能将行、列两个单位组间的变异从试验误差中分离出来，因而拉丁方设计的试验误差比随机单位组设计小，试验精密度比随机单位组设计高。

1. 拉丁方简介

拉丁方以 n 个拉丁字母 A，B，C…为元素，列出一个 n 阶方阵，若这 n 个拉丁方字母在这 n 阶方阵的每一行、每一列都出现，且只出现一次，则称该 n 阶方阵为 $n\times n$ 阶拉丁方。

A B　　　B A

B A　　　A B

为 2×2 阶拉丁方，且 2×2 阶拉丁方只有这两个；

A B C

B C A

C A B

为 3×3 阶拉丁方。

标准型拉丁方：第一行与第一列的拉丁字母按自然顺序排列的拉丁方，叫标准型拉丁方。3×3 阶标准型拉丁方只有上面介绍的 1 种，4×4 阶标准型拉丁方有 4 种，5×5 阶标准型拉丁方有 56 种。若变换标准型的行或列，可得到更多种的拉丁方。在进行拉丁方设计时，可从上述多种拉丁方中随机选择一种；或选择一种标准型，随机改变其行列顺序后再使用。

常用拉丁方：在动物试验中，最常用的有 3×3，4×4，5×5，6×6 阶拉丁方。下面列出部分标准型拉丁方，供进行拉丁方设计时选用。

3×3	4×4 (1)	4×4 (2)	4×4 (3)	4×4 (4)
A B C	A B C D	A B C D	A B C D	A B C D
B C A	B A D C	B C D A	B D A C	B A D C
C A B	C D B A	C D A B	C A D B	C D A B
	D C A B	D A B C	D C B A	D C B A

5×5 (1)	5×5 (2)	5×5 (3)	5×5 (4)	6×6
				A B C D E F
A B C D E	A B C D E	A B C D E	A B C D E	B F D C A E
B A E D C	B A D E C	B A E D C	B A D E C	C D E F B A
C D A E B	C E B A D	C E D B A	C D E A B	D A F E C B
D E B A C	D C E B A	D C B E A	D E B C A	E C A B F D
E C D A B	E D A C B	E D A B C	E C A B D	F E B A D C

2. 拉丁方设计概念

用拉丁方的不同字母代表不同处理，有行和列两个方向单位组，是比随机单位组设计多一个方向单位组的设计，即为拉丁方设计。拉丁方设计的特点是试验处理数＝行单位组数＝列单位组数＝试验处理的重复数＝拉丁方阶数。

3. 拉丁方设计方法

【例 10.5】 为了研究不同种类饲料对奶牛产奶量的影响，设置了 A、B、C、D、E5 种饲料，用 5 头奶牛进行试验，为了消除泌乳阶段和牛的个体差异对产奶量的影响，根据泌乳阶段分为 5 期，每期 4 周，将牛个体和泌乳期设置两个单位组，采用拉丁方设计。

解 基本步骤如下：

① 选择拉丁方 选择拉丁方时应根据试验的处理数和行、列单位组数先确定采用几阶拉丁方，再选择标准型拉丁方或非标准型拉丁方。

此例因试验处理因素为饲料，处理数为 5；将牛个体（编号）作为列单位组因素，列单位组数为 5；将泌乳期作为行单位组因素，行单位组数亦为 5，即试验处理数、列单位组数、行单位组数均为 5，则应选取 5×5 阶拉丁方。本例选取前面列出的第 2 个 5×5 标准型拉丁方，即：

A B C D E
B A D E C
C E B A D
D C E B A
E D A C B

② 随机排列 在选定拉丁方之后，若是非标准型，则可直接由拉丁方中的字母获得试验设计。若是标准型拉丁方，还应按下列要求对列、行和试验处理的顺序进行随机排列。

3×3 标准型拉丁方：列随机排列，再将第二和第三行随机排列；4×4 标准型拉丁方：先随机选择 4 个标准型拉丁方中的一个，然后将所有的列和第二、三、四行随机排列，或者将所有的列、行随机排列，最后将处理随机排列；5×5 标准型拉丁方：先随机选择 4 个标准型拉丁方中的一个，然后将所有的列、行及处理都随机排列。

下面对选定的 5×5 标准型拉丁方进行随机排列：从随机数字表（Ⅰ）的第 11 行第 7 列开始，连续抄写 3 组 5 个小于 6、不等于 0 且不重复的数，分别为：15324，52341，43125。对选定的 5×5 拉丁方的列、行及处理按这 3 个五位数的顺序重新随机排列。

第一，列随机。将拉丁方的各列顺序按 15324 顺序重排。

第二，行随机。再将列重排后的拉丁方的各行按 52341 顺序重排。

选择拉丁方

1	2	3	4	5
A	B	C	D	E
B	A	D	E	C
C	E	B	A	D
D	C	E	B	A
E	D	A	C	B

列随机

	1	5	3	2	4
1	A	E	C	B	D
2	B	C	D	A	E
3	C	D	B	E	A
4	D	A	E	C	B
5	E	B	A	D	C

行随机

5	E	B	A	D	C
2	B	C	D	A	E
3	C	D	B	E	A
4	D	A	E	C	B
1	A	E	C	B	D

第三，把 5 种不同饲料按第 3 个 5 位数 43125 顺序排列，即：A=4，B=3，C=1，D=2，E=5，也就是说，在拉丁方中的 A 表示第 4 种饲料，B 表示第 3 种饲料等，依此类推。

从而得出 5×5 拉丁方设计方案，如表 10-10 所示。

表 10-10 不同饲料对奶牛产奶量影响的拉丁方设计

牛号	泌乳期				
	一	二	三	四	五
Ⅰ	E(5)	B(3)	A(4)	D(2)	C(1)
Ⅱ	B(3)	C(1)	D(2)	A(4)	E(5)
Ⅲ	C(1)	D(2)	B(3)	E(5)	A(4)
Ⅳ	D(2)	A(4)	E(5)	C(1)	B(3)
Ⅴ	A(4)	E(5)	C(1)	B(3)	D(2)

4. 试验结果的统计分析

拉丁方设计试验结果的分析是将两个单位组因素与试验因素一起，按三因素试验单独观测值的方差分析法进行，但应假定 3 个因素之间不存在交互作用。将行单位组因素记为 A，列单位组因素记为 B，处理因素记为 C，行单位组数、列单位组数与处理数记为 r，对拉丁方试验结果进行方差分析。

平方和与自由度剖分式为：

$$SS_T=SS_A+SS_B+SS_C+SS_e$$
$$df_T=df_A+df_B+df_C+df_e$$

【例 10.5】的试验结果如表 10-11、表 10-12 所示。

表 10-11 不同饲料对奶牛产奶量影响的试验结果 单位：kg

牛号	时期					行总和 $x_{i.}$
	一	二	三	四	五	
Ⅰ	E(300)	A(320)	B(390)	C(390)	D(380)	1780
Ⅱ	D(420)	C(390)	E(280)	B(370)	A(270)	1730
Ⅲ	B(350)	E(360)	D(400)	A(260)	C(400)	1770
Ⅳ	A(280)	D(400)	C(390)	E(280)	B(370)	1720
Ⅴ	C(400)	B(380)	A(350)	D(430)	E(320)	1880
直列总和 $x_{.j}$	1750	1850	1810	1730	1740	8880

注：括号内数字为产奶量。

表 10-12 各种饲料（处理）的合计

饲料	A	B	C	D	E	总和
总和 x_k	1480	1860	1970	2030	1540	8880
平均值 $\bar{x}_k$	296	372	394	406	308	—

据此进行方差分析。

① 计算各项平方和与自由度。

$C=x_{..}^2/r^2=8880^2/5^2=3154176$

$SS_T=\Sigma x_{ijk}^2-C=300^2+320^2+\cdots+320^2-3154176=63224$

$SS_A=\Sigma x_{i.}^2/r-C=(1780^2+1730^2+\cdots+1880^2)/5-3154176=3224$

$SS_B=\Sigma x_{.j}^2/r-C=(1750^2+1850^2+\cdots+1740^2)/5-3154176=2144$

$SS_C=\Sigma x_k^2/r-C=(1480^2+1860^2+\cdots+1540^2)/5-3154176=50504$

$SS_e=SS_T-SS_A-SS_B-SS_C=63224-3224-2144-50504=7352$

$df_T=r^2-1=5^2-1=24$ $df_A=r-1=5-1=4$ $df_B=r-1=5-1=4$

$df_C=r-1=5-1=4$ $df_e=df_T-df_A-df_B-df_C=(r-1)(r-2)=(5-1)\times(5-2)=12$

② 列出方差分析表，进行 F 检验　见表 10-13。

表 10-13　方差分析

变异来源	SS	df	MS	F	$F_{0.05}$	$F_{0.01}$
行间	27.36	4	6.84	4.56*	3.26	5.41
列间	22.16	4	5.54	3.69*	3.26	5.41
处理间	33.36	4	8.34	5.56**	3.26	5.41
误差	18.08	12	1.50			
总变异	100.96	24	—	—	—	—

由表 10-13 可知，不同饲料对奶牛产奶量的影响差异极显著，需要进一步多重比较，分析差异的主要来源。而牛个体间的差异和泌乳期对产奶量的影响已经从试验误差中分离来，即使差异极显著，也不影响试验结果，因此，一般不进行多重比较。

5. 拉丁方设计的优点和缺点

(1) 拉丁方设计的主要优点

① 精密度高　拉丁方设计在不增加试验单位的情况下，比随机单位组设计多设置了一个单位组因素，能将行和列两个单位组间的变异从试验误差中分离出来，因而试验误差比随机单位组设计小，精密度比随机单位组设计高。

② 试验结果的分析简便。

(2) 拉丁方设计的主要缺点　因为在拉丁方设计中，行单位组数、列单位组数、试验处理数与试验处理的重复数必须相等，所以处理数受到一定限制。拉丁方设计一般用于 5～8 个处理的试验。在采用 4 个以下处理的拉丁方设计时，为使估计误差的自由度不少于 12，可采用“复拉丁方设计”，即同一个拉丁方试验重复进行数次，并将试验数据合并分析，以增加误差项的自由度。

应当注意，在进行拉丁方试验时，某些单位组因素，如奶牛的泌乳阶段，试验因素的各处理要逐个地在不同阶段实施，如果前一阶段有残效，在后一阶段的试验中，就会产生系统误差而影响试验的准确度。此时应根据实际情况，安排适当的试验间歇期以消除残效。另外，还要注意，行、列单位组因素与试验因素间不存在交互作用，否则不能采用拉丁方设计。

五、交叉设计

在配对设计或区组设计中，为了消除试验动物个体间差异，提高试验精确度，须选用在遗传上生理上相同或相似的动物，但这种要求在实践中有时不易做到。例如在同一试验里，如要选择 10 头在品种、年龄、性别等方面完全相同的动物是很困难的，尤其是大动物。为克服这一缺点可采用交叉设计法。交叉设计亦称反转试验法，是指同一试验中，将试验单元分期进行交叉或反复两次以上的试验方法。常用的有 2×2 或 2×3 交叉设计，见表 10-14 和表 10-15。

表 10-14　2×2 交叉设计

群　别	时　期	
	Ⅰ	Ⅱ
1	处理	对照
2	对照	处理

表 10-15　2×3 交叉设计

群　别	时　期		
	Ⅰ	Ⅱ	Ⅲ
1	处理	对照	处理
2	对照	处理	对照

1. 2×2 交叉设计实例

【例 10.6】 研究奶牛日粮中添加微量元素的饲养试验。设置微量元素配制日粮 A_1 和对照日粮 A_2，选用 8 头奶牛随机分成两组，预试期一周。第一组按 A_1-A_2 顺序给料，第二组按 A_2-A_1 顺序给料，试验分成 C_1 和 C_2 两期，每期两周。各组奶牛平均日产奶量(kg)见表 10-16，试检验日粮中添加微量元素的效果。

表 10-16 添加微量元素对奶牛产奶量的影响试验 单位：kg/(天·头)

分期		C_1	C_2	$d=C_1-C_2$	
处理		A_1	A_2	d_1	d_2
B_1 组	B_{11}	13	7	6	
	B_{12}	19	13	6	
	B_{13}	18	18	0	
	B_{14}	13	9	4	
处理		A_2	A_1	—	
B_2 组	B_{21}	13	18		−5
	B_{22}	17	18		−1
	B_{23}	9	12		−3
	B_{24}	9	15		−6
合计		—		$T_1=\sum d_1=16$	$T_2=-\sum d_2=-15$

解 对于 2×2 交叉设计结果的统计分析采用单因素二水平差值 d 的方差分析。检验假设 H_0：$\mu_{d_1}=\mu_{d_2}$，H_A：$\mu_{d_1}\neq\mu_{d_2}$。

① 计算各项平方和与自由度。

$C=(T_1+T_2)^2/(kr)=[16+(-15)]^2/(2\times4)=0.125$

$SS_T=\sum\sum d_{ij}{}^2-C=6^2+6^2+\cdots+(-6)^2-0.125=158.875$

$SS_A=\sum T_i{}^2/r-C=[(16^2)+(-15)^2]/4-0.125=120.125$

$SS_e=SS_T-SS_A=158.875-120.125=38.75$

$df_T=kr-1=2\times4-1=7$ $df_A=k-1=2-1=1$

$df_e=df_T-df_A=k(r-1)=7-1=6$

② 列出方差分析表，进行 F 检验 见表 10-17。

表 10-17 方差分析

变异来源	SS	df	MS	F	$F_{0.01(1,6)}$
处理	120.125	1	120.125	18.6**	13.74
误差	38.75	6	6.458		
总变异	158.875	7	—	—	—

检验结果，$F>F_{0.01}$，因而否定 H_0：$\mu_{d_1}=\mu_{d_2}$，表明奶牛添加微量元素的日粮能极显著地提高日产奶量。

2. 2×3 交叉设计实例

【例 10.7】 为了研究尿素对奶牛的营养价值。设置对照饲料 A_1 和尿素配合饲料 A_2，预饲期一周。试验分为 C_1、C_2、C_3 三期（每期周）。用 6 头奶牛随机分成 B_1、B_2 两组。第一组按 $A_1-A_2-A_1$ 顺序给予饲料，第二组按 $A_2-A_1-A_2$ 顺序给予饲料。试验结果列于表 10-18。试检验尿素对产奶量的影响。

表 10-18 添加尿素对产奶量的影响试验 单位：kg/(天·头)

分期		C_1	C_2	C_3	$C_1-2C_2+C_3$	
处理		A_1	A_2	A_1	d_1	d_2
B_1 组	B_{11}	11.38	11.25	11.36	0.24	
	B_{12}	13.67	13.21	13.88	1.13	
	B_{13}	18.72	16.34	17.39	3.43	
处理		A_2	A_1	A_2		
B_2 组	B_{21}	11.55	11.28	11.14		0.13
	B_{22}	13.57	13.87	13.41		−0.76
	B_{23}	11.34	10.87	10.63		0.23
合计			—		$T_1=4.80$	$T_2=-0.40$

解 对于 2×3 交叉设计结果的统计分析采用单因子二水平差值 d 的方差分析。先按 $C_1-2C_2+C_3$ 公式分别计算第一组的差 d_1 和第二组的差 d_2，列于 2×3 交叉设计结果表格的右侧。检验假设 H_0：$\mu_{d_1}=\mu_{d_2}$，H_A：$\mu_{d_1}\neq\mu_{d_2}$。

① 计算各项平方和与自由度。

$C=(T_1+T_2)^2/(kr)=(4.80-0.40)^2/(2\times3)=3.2267$

$SS_T=\sum d^2-C=(0.24^2+1.13^2+\cdots+0.23^2)-3.2267=10.5201$

$SS_A=\sum T_i{}^2/r-C=(4.80^2+0.40^2)/3-3.2267=4.5067$

$SS_e=SS_T-SS_A=10.5201-4.5067=6.0134$

$df_T=kr-1=2\times3-1=5$ $df_A=k-1=2-1=1$

$df_e=df_T-df_A=k(r-1)=5-1=4$

② 列出方差分析表，进行 F 检验 见表 10-19。

表 10-19 添加尿素对产奶量影响试验的方差分析

变异来源	SS	df	MS	F	$F_{0.05(1,4)}$
处理	4.5067	1	4.5067	2.998^{ns}	7.71
误差	6.0134	4	1.5034		
总变异	10.5201	5	—	—	—

检验结果，$F<F_{0.05}$，因而接受 H_0：$\mu_{d_1}=\mu_{d_2}$，表明奶牛添加尿素对产奶量的影响效果不显著。

交叉设计由于处理间是同一个体上比较，因而避免了个体差异，提高了试验的精确度。所以交叉设计特别适用于个体差异较大的动物试验，尤其是奶牛和马等大动物。

采用交叉设计必须注意几点。一是要求试验处理与时期、个体间不存在交互作用。否则，由于这种互作存在于误差项中，将降低试验的精密度。二是注意试验是否有残效。如果前一种处理有残效则影响试验结果的准确度。为解决这一问题，可适当设置间隔期或预试期。三是各试验组动物头数要相等。

六、调查设计

在科学研究中，除了进行控制试验外，有时也要进行调查研究。调查研究是对已有的事实通过各种方式进行了解，然后用统计的方法对所得数据进行分析，从而找出其中的规律性。例如，了解畜禽品种及水产资源状况；探索和分析对某种疾病有效的防治规律、措施以及新的检验手段和方法等。由于现场调查立足于生产实际，所以它是研究和解决实际问题的一种重要方法。同时，控制试验的研究课题，往往是在调查研究的基础上确定的；试验研究的成果，又必须在其推广应用后经调查得以验证。为了使调查研究工作有目的、有计划、有步骤地顺利开展，必须事先拟订一个详细的调查计划。调查计划应包括以下几个内容。

1. 调查研究的目的

任何一项调查研究都要有明确的目的，即通过调查了解什么问题，解决什么问题。例如，家畜健康状况调查的目的是评定家畜健康水平；畜禽品种资源调查的目的是了解畜禽品种的数量、分布与品种特征特性等情况。同时，调查研究的目的还应该突出重点，一次调查应针对主要问题收集必要的数据，深入分析，为主要问题的解决提出相应的措施和办法。

2. 调查的对象与范围

根据调查的目的，确定调查的对象、地区和范围，划清调查总体的同质范围、时间范围和地区范围。

3. 调查的项目

调查项目的确定要紧紧围绕调查目的。调查项目确定的正确与否直接关系到调查的质量。因此，项目应尽量齐全，重要的项目不能漏掉；项目内容要具体、明确，不能模棱两可。应按不同的指标顺序以表格形式列示出来，以达到顺利完成搜集资料的目的。例如，家兔品种资源调查项目有种类（肉兔、皮兔等）、品种、数量、体重、生产性能等项目。调查项目有一般项目和重点项目之分。一般项目主要是指调查对象的一般情况，用于区分和查找，如畜主姓名、住址及编号等。重点项目是调查的核心内容，如品种资源调查中的品种、数量及生产性能等。调查表的形式分为一览表和卡片，当调查的指标较少时多采用一览表的形式，它可以填入许多调查动物情况。若调查的内容多而复杂时可采用卡片的形式，一张卡片只填一个对象，以便汇总和整理。

4. 调查方法

调查分为全面调查和抽样调查两种。全面调查就是对总体的每一个个体逐一调查，其涉及的范围广、时间长、工作量大，因而需耗费大量的人力、物力和时间。抽样调查是指在全体调查对象中，通过某种方法抽取部分的有代表性的对象作调查，并以样本去推断总体。在抽样调查研究时，样本含量的大小关系到调查结果的精密度。抽样的方法和样本含量的确定将在本章第五节介绍。

5. 调查的组织工作

调查研究是一项比较复杂的工作，要动员组织大量的人力、物力和时间。因此，应做好人员分工、经费预算、调查进程安排、调查表的准备及调查资料的整理等工作，以保证调查研究工作有计划、有步骤地完成。一般在正式调查前，需要通过预调查，检验调查设计的可行性，并培训参与调查的工作人员，以统一标准和方法。调查时若发现问题，应立即解决。特别要对资料进行检查，保证资料完整、正确，如发现遗漏、错误应及时补充、纠正。资料检查无误后，应妥善保存，避免丢失。

第五节　抽样技术

一、抽样的目的和要求

在畜牧科学研究中，人们总是希望对所研究的总体能做出全面的观察，得到客观真实的结论。但在实际工作中，由于人力、物力和时间的限制，不可能也没有必要对总体的每个个体进行研究，只能采取科学的抽样方法，从总体中抽取一部分样本加以研究，然后通过统计分析推断总体的特征。因此，要求抽取的样本必须具有代表性、随机性和独立性（每次抽取的结果不影响其他抽样结果），能够客观地反映总体。在抽样之前事先做好抽样方案，要求目的明确，通过选择合适的抽样方法，确定适宜的样本含量，规定所研究总体的范围和抽样单元，以及研究确定性状的标准值，以求达到在一定精确度下得出统计推断的目的。

二、抽样的方法

1. 完全随机抽样

首先将有限总体内的所有个体全部编号，然后用抽签或随机数字表的方法，按所需数量随机抽取若干个体作为样本。完全随机抽样适用于个体均匀程度较好的总体。

2. 顺序抽样

也称系统抽样或机械抽样。先将有限总体内的每个个体按其自然状态编号，然后根据调查所需的数量，按一定间隔顺序抽样。如对某牧场 600 只奶山羊进行传染性无乳症的调查，抽查 60 只。可按编号顺序每隔 10 只抽 1 只，但第一个调查号应从 1～10 中随机选取。此法简便易行，适用于个体分布均匀的总体。

3. 分等按比例随机抽样

分等按比例随机抽样又称分层按比例随机抽样。先按某些特征或变异原因将抽样总体分成若干等次（层次），在各等次（层次）内按其占总体的比例随机抽得各等次（层次）的样本，然后将各等次（层次）抽取的样本合并在一起即为整个调查样本。如对某地奶牛传染性支气管炎的调查，经初步了解得知，在调查范围内，该病感染率为 80%～90%的地区占 10%；感染率为 60%～80%的地区占 60%；感染率为 20%～50%的地区占 30%。若调查 300 头奶牛，则应采用按比例分等抽样法，在感染率为 80%～90%的地区随机抽取 30 头，感染率为 60%～80%的地区随机抽取 180 头，感染率为 20%～50%的地区随机抽取 90 头。分等按比例随机抽样法能有效地降低抽样误差，适用于总体分布不太均匀或个体差异较大的总体。但分等不正确，会影响抽样的精密度。

4. 随机群组抽样

此种抽样是把总体划分成若干个群组，然后以群组为单位随机抽样。即每次抽取的不是一个个体，而是一群动物。每次抽取的群体可大小不等，但应对被抽取群体的每一个个体逐一进行调查。随机群组抽样容易组织，节省人力、物力，适用于群体差异较大、分布不太均匀的总体。

5. 多级随机抽样

当调查的总体很大并可以系统分组时，常采用多级随机抽样的方法。例如，调查某城市黑白花奶牛第一胎 305 天产奶量，可采用三级抽样：农场为初级抽样单位，分场为二级抽样单位，奶牛个体为三级抽样单位。多级抽样可以估计各级的抽样误差和探讨合理的抽样方案。

三、样本含量的估计

样本含量的估计即确定一项调查或试验研究要用多少头试验动物，才能客观地反映总体。如果要求结果精密度高，则样本含量就要大，并且越大越好。但若样本太大，就会花费过多的人力、物力和时间。特别是破坏性试验，如畜牧试验中的屠宰试验。即使不是破坏性试验，如在农村进行活猪体重调查时，抓猪、拴猪也容易发生掉膘现象。所以在实际调查与试验研究中，却要求样本越小越好。但样本太小必然影响精密度。因此，需要研究在一次调查或试验中如何确定适宜样本含量的问题。

1. 调查研究中样本含量的估计

(1) 平均数抽样调查的样本含量估计　目前对调查研究所需样本含量，还没有一个精确的估计方法。根据以往研究，一般要求样本含量占抽样总体的5%为最小量，对变异较小的群体，则可低于5%。斯丹（Stein）认为，调查样本含量与调查要求的准确度高低及所研究对象的变异度大小有关。因此，需要提出能够接受的允许误差，并初步了解调查指标变异度的大小。由样本平均数与总体平均数差异显著性检验的 t 检验公式推出的样本含量计算公式为：

$$n=t_\alpha^2 S^2/d^2 \tag{10-1}$$

式中　n——样本含量；

t_α——自由度 $n-1$ 时两尾概率为 α 的临界 t 值；

S——标准差，由经验或小型调查估得；

d——允许误差（$\bar{x}-\mu$），可根据调查要求的准确度确定。

在首次计算时，可先用 $df=\infty$ 时 t_α（当置信度为95%时，$t_\alpha=t_{0.05}=1.96$；置信度为99%时，$t_\alpha=t_{0.01}=2.58$）值代入，若算得 $n<30$，再用 $df=n-1$ 的 t_α 代入计算，直到 n 稳定为止。

【例 10.8】 某猪场欲了解仔猪的断奶重，以95%的可靠性，要求误差不超过0.5kg，问需要抽取多少头仔猪组成样本？已知往年仔猪的断奶重的标准差 $S=2.5$kg。

解　已知：$S=2.5$kg，$d=0.5$kg，$1-\alpha=0.95$，先取 $t_{0.05}=1.96$，代入 $n=t_\alpha^2 S^2/d^2$ 公式得

$$n=t_\alpha^2 S^2/d^2=1.96^2\times 2.5^2/0.5^2\approx 96(\text{头})$$

结论：该猪场欲了解仔猪的断奶重，至少需要调查96头，才能以95%的置信度使调查所得样本平均数与总体平均数相差不超过0.5kg。

(2) 百分数抽样调查样本含量估计　调查的目的：对服从二项分布的总体百分数做出估计，样本含量计算公式如下。

$$n=u_\alpha^2 pq/d^2 \tag{10-2}$$

$$q=1-p$$

式中　n——样本含量；

p——总体的百分数，如果 p 未知，可先从总体中调查一个样本来估计，或令 $p=0.5$ 进行估算；

u_α——两尾概率为 α 的临界 u 值，$u_{0.05}=1.96$，$u_{0.01}=2.58$；

d——允许误差（$\hat{p}-p$）；

$\hat{p}$——样本百分率，可由经验得出。

当样本百分数接近0或100%时，分布呈偏态，应对 x 作 $\sin^{-1}\sqrt{x}$ 转换。此时估算公式为：

$$n=[57.3u_\alpha/\sin^{-1}(d/p\sqrt{1-p})]^2 \tag{10-3}$$

【例 10.9】 某传染病的以往死亡率16%，今欲了解该传染病的死亡率，若规定允许误差为3%，且置信度为95%，抽取的样本含量应为多大？

解 已知：$p=16\%$，$d=3\%$，$1-\alpha=0.95$，$u_{0.05}=1.96$，代入公式 $n=u_\alpha^2pq/d^2$ 得

$$n=u_\alpha^2pq/d^2=1.96^2\times0.16\times0.84/0.03^2\approx574(\text{头})$$

结论：欲了解该地区某传染病的死亡率，至少需要调查 574 头，才能以 95%的置信度使调查所得样本百分率与总体百分率相差不超过 3%。

2. 试验研究中样本含量的估计

(1) 配对设计中样本含量的估计由配对设计 t 检验公式导出：

$$n=t_\alpha^2S_d^2/\bar{d}^2 \tag{10-4}$$

式中 n——试验所需动物对子数，即重复数；

S_d——差数标准误，根据以往的试验或经验估计；

t_α——自由度 $n-1$、两尾概率为 α 的临界 t 值；

$\bar{d}$——要求预期达到差异显著的平均数差值 $(\bar{x}_1-\bar{x}_2)$。

首次计算时以 $df=\infty$ 的 t_α 值代入计算，若 $n\leqslant15$，则以 $df=n-1$ 的 t_α 值代入再计算，直到 n 稳定为止。

【例 10.10】 要通过配对设计研究添加剂对仔猪增重的影响，依据以往经验知道，仔猪增重的标准差 $S_d=2.0$kg，希望本次试验平均差值在 1.5kg 时，能有 95%的可靠度测出差异显著性，问需要多少对仔猪？

解 已知：$S_d=2.0$kg，$\bar{d}=1.5$kg，$1-\alpha=0.95$，先取 $t_{0.05}=1.96$，代入 $n=t_\alpha^2S_d^2/\bar{d}^2$ 公式得

$$n=t_\alpha^2S_d^2/\bar{d}^2=1.96^2\times2.0^2/1.5^2=7(\text{对})$$

因为 $n<15$，再以 $df=7-1=6$ 时，$t_{0.05}=2.447$ 代入 $n=t_\alpha^2S_d^2/\bar{d}^2$ 公式：

$$n=t_\alpha^2S_d^2/\bar{d}^2=2.447^2\times2.0^2/1.5^2=11(\text{对})$$

在以 $df=11-1=10$ 时，$t_{0.05}=2.228$ 代入 $n=t_\alpha^2S_d^2/\bar{d}^2$ 公式：

$$n=t_\alpha^2S_d^2/\bar{d}^2=2.228^2\times2.0^2/1.5^2=9(\text{对})$$

在以 $df=9-1=8$ 时，$t_{0.05}=2.306$ 代入 $n=t_\alpha^2S_d^2/\bar{d}^2$ 公式：

$$n=t_\alpha^2S_d^2/\bar{d}^2=2.306^2\times2.0^2/1.5^2=9(\text{对})$$

n 稳定为 9，因此，本试验需要 9 对仔猪。

(2) 非配对试验样本含量的估计 对于随机分为两组的试验，若 $n_1=n_2$，可由非配对 t 检验公式导出：

$$n=2t_\alpha^2S^2/(\bar{x}_1-\bar{x}_2)^2 \tag{10-5}$$

式中 n——每组试验动物头数，即重复数；

t_α——$df=2(n-1)$、两尾概率为 α 的临界 t 值；

S——标准差，根据以往的试验或经验估计；

$(\bar{x}_1-\bar{x}_2)$——预期达到差异显著的平均数差值。

首次计算时，以 $df=\infty$ 时的 t_α 值代入计算，若算出的 $n\leqslant15$，则以 $df=2(n-1)$ 的 t_α 值代入再计算，直到 n 稳定为止。

【例 10.11】 若【例 10.10】采用非配对试验设计，依据以往经验知道，仔猪增重的标准差 S=2.0kg，希望本次试验平均差值在 1.5kg 时，能有 95%的可靠度测出差异显著性，

问需要多少头仔猪？

解 已知：$S=2.0\text{kg}$，$\bar{x}_1-\bar{x}_2=1.5\text{kg}$，$1-\alpha=0.95$，先取 $t_{0.05}=1.96$，代入 $n=2t_\alpha^2S^2/(\bar{x}_1-\bar{x}_2)^2$ 公式得

$$n=2t_\alpha^2S^2/(\bar{x}_1-\bar{x}_2)^2=2\times1.96^2\times2.0^2/1.5^2=14(\text{头})$$

在以 $df=2\times(14-1)=26$ 时，$t_{0.05}=2.056$ 代入 $n=2t_\alpha^2S^2/(\bar{x}_1-\bar{x}_2)^2$ 公式：

$$n=2t_\alpha^2S^2/(\bar{x}_1-\bar{x}_2)^2=2\times2.056^2\times2.0^2/1.5^2=15(\text{对})$$

在以 $df=2\times(15-1)=28$ 时，$t_{0.05}=2.048$ 代入 $n=2t_\alpha^2S^2/(\bar{x}_1-\bar{x}_2)^2$ 公式：

$$n=2t_\alpha^2S^2/(\bar{x}_1-\bar{x}_2)^2=2\times2.048^2\times2.0^2/1.5^2=15(\text{对})$$

n 稳定为 15，因此，本试验需要 15 头仔猪。

(3) 两个百分数比较试验中样本含量估计　设两样本含量相等，$n_1=n_2=n$，n 的计算公式可由两个样本百分数差异显著性检验 u 检验公式推得：

$$n=2u_\alpha^2\bar{p}\bar{q}/\delta^2$$

式中　n——每组试验的动物头数；

$\bar{p}$——合并百分数，由样本百分数计算，$\bar{q}=1-\bar{p}$；

δ——预期达到差异显著的百分数差值；

u_α——自由度等于∞、两尾概率为 α 的临界 u 值，$u_{0.05}=1.96$，$u_{0.01}=2.58$。

【例 10.12】 两种痢疾菌苗对鸡白痢的免疫效果，初步试验表明，甲菌苗的有效率为 21/50=42%，乙菌苗的有效率为 29/50=58%，今欲以 95%的置信度在样本的百分数差值达 10%时两种痢疾菌苗对鸡白痢的免疫效果有显著差异，问试验时每组至少需要接种多少只鸡？

解 已知：$\hat{p}_1=22/50=44\%$，$\hat{p}_2=28/50=56\%$，则两个样本百分数的合并率为

$$\bar{p}=(21+29)/(50+50)=0.50,\ \bar{q}=1-\bar{p}=0.50$$

将 $u_{0.05}=1.96$，$\bar{p}=0.50$，$\bar{q}=1-\bar{p}=0.50$，$\delta=0.10$ 代入 $n=2u_\alpha^2\bar{p}\bar{q}/\delta^2$，得：

$$n=2u_\alpha^2\bar{p}\bar{q}/\delta^2=2\times1.96^2\times0.50\times0.50/0.10^2=193(\text{只})$$

所以，试验时每组至少需要接种 193 只鸡，才能以 95%的置信度在样本的百分数差值达 10%时，检验出两种痢疾菌苗对鸡白痢的免疫效果有显著差异。

(4) 多个处理比较试验中重复数的估计　当试验处理数 $k\geqslant3$ 时，各处理重复数可按误差自由度 $df_e\geqslant12$ 的原则来估计。因为当 df_e 超过 12 时，F 表中的 F 值减少的幅度已很小了。

① 完全随机设计由 $df_e=k(n-1)\geqslant12$，得重复数的估算公式为：

$$n\geqslant12/k+1$$

当处理数 $k>6$ 时，重复数仍应不少于 3。

② 随机单位组设计以 $df_e=(k-1)(n-1)\geqslant12$，得重复数的估算公式为：

$$n\geqslant12/(k-1)+1$$

当处理数 $k>7$ 时，重复数仍应不少于 3。

③ 拉丁方设计　若要求 $df_e=(k-1)(k-2)\geqslant12$，则重复数（此时等于处理数）$\geqslant5$。即进行 5×5 以上的拉丁方试验。当进行处理数为 3、4 的拉丁方试验时可将 3×3 拉丁方试验重复 6 次，4×4 拉丁方试验重复 2 次，以保证 $df_e=12$。

四、样本的采集及抽样试验

1. 目的要求

① 牢固树立随机概念，掌握随机抽样方法。

② 理清样本的几个统计数与其总体参数间的关系。

③ 明确试验误差的概念。

2. 试验材料

鸭蛋、蛋盘、托盘天平、游标卡尺、计算器、随机数字表。

3. 试验内容与方法

(1) 测量数据　两人一组，每组 10 个鸭蛋。将鸭蛋编号后测定蛋重、蛋长和蛋宽 3 个指标，将所测数据填入表 10-20。

表 10-20　样本鸭蛋各项指标测量数据

蛋号	1	2	3	4	5	6	7	8	9	10
蛋重										
蛋长										
蛋宽										

同一鸭蛋用游标卡尺重复测蛋宽 5 次，将其测量值填入表 10-21，观察其测量误差。

表 10-21　鸭蛋蛋宽重复测量数据

测量次数	1	2	3	4	5	$\bar{x}$	S
蛋宽							

(2) 随机抽样　本试验以 100 枚鸭蛋重组成有限总体（利用自己测量的蛋重数据或利用附表的蛋重数据），每人用随机数字法抽取 $n=5$，$n=10$ 的样本各一个。将其数据填入表 10-22 和表 10-23，并计算这两个样本的平均数和方差。

表 10-22　抽样样本鸭蛋的蛋重值和统计量（$n=5$）

随机数字						$\bar{x}$	S
蛋重							

表 10-23　抽样样本鸭蛋的蛋重值和统计量（$n=10$）

随机数字											$\bar{x}$	S
蛋重												

(3) 计算样本统计量并与相应参数比较　汇总全班各样本的平均数与方差（见表 10-24），计算样本平均数的平均数（$\bar{x}$）及其方差（$S_{\bar{x}}^2$），以及样本方差的平均数（S^2），再次与相应参数进行比较，说明它们之间的关系及造成差异的原因。

① 样本平均数的平均数 $\bar{x}$ 与总体平均数 μ 的比较。

② 平均数的（$S_{\bar{x}}^2$）方差与总体方差（σ^2）比较。

③ 平均数的标准差（$S_{\bar{x}}$）与总体标准差 σ 除与$\sqrt{n}$比较。

④ 样本方差的平均数（S^2）与总体方差（σ^2）比较。

4. 思考题

① 样本统计量与总体参数不一致的原因有哪些？

② 哪些统计量是对总体参数的无偏估计？

③ 什么样的样本才能准确地估计总体？

④ 根据每人抽得的样本平均数估计总体平均数 μ 的 95%置信区间，能否包括本试验有限总体的 μ？

表 10-24　100 枚鸭蛋重的资料（μ=57.88g，σ=4.35g，σ^2=18.91）

编　号	蛋重/g	编　号	蛋重/g	编　号	蛋重/g	编　号	蛋重/g
00	56.2	25	57.1	50	62.9	75	59.1
01	53.0	26	61.5	51	60.2	76	60.4
02	61.3	27	58.3	52	52.4	77	56.5
03	56.0	28	56.1	53	57.5	78	60.6
04	56.8	29	61.1	54	52.2	79	67.0
05	53.8	30	47.7	55	59.6	80	60.1
06	60.2	31	63.9	56	57.7	81	59.6
07	63.3	32	54.8	57	62.7	82	61.9
08	62.4	33	60.9	58	64.8	83	50.7
09	64.7	34	63.8	59	61.8	84	52.3
10	55.5	35	58.2	60	66.3	85	59.3
11	62.1	36	54.8	61	52.1	86	63.6
12	56.9	37	53.1	62	54.8	87	55.9
13	56.2	38	59.6	63	59.9	88	53.9
14	58.1	39	54.9	64	61.5	89	59.6
15	57.0	40	49.6	65	55.5	90	61.3
16	55.6	41	57.8	66	55.4	91	52.7
17	57.4	42	48.4	67	56.8	92	51.2
18	56.0	43	53.9	68	57.2	93	57.6
19	55.3	44	54.1	69	56.2	94	54.2
20	59.1	45	56.7	70	60.5	95	66.1
21	53.7	46	52.4	71	70.0	96	57.8
22	60.8	47	55.5	72	60.5	97	62.5
23	66.4	48	57.3	73	51.4	98	47.9
24	57.7	49	59.9	74	59.8	99	60.0

【本章小结】

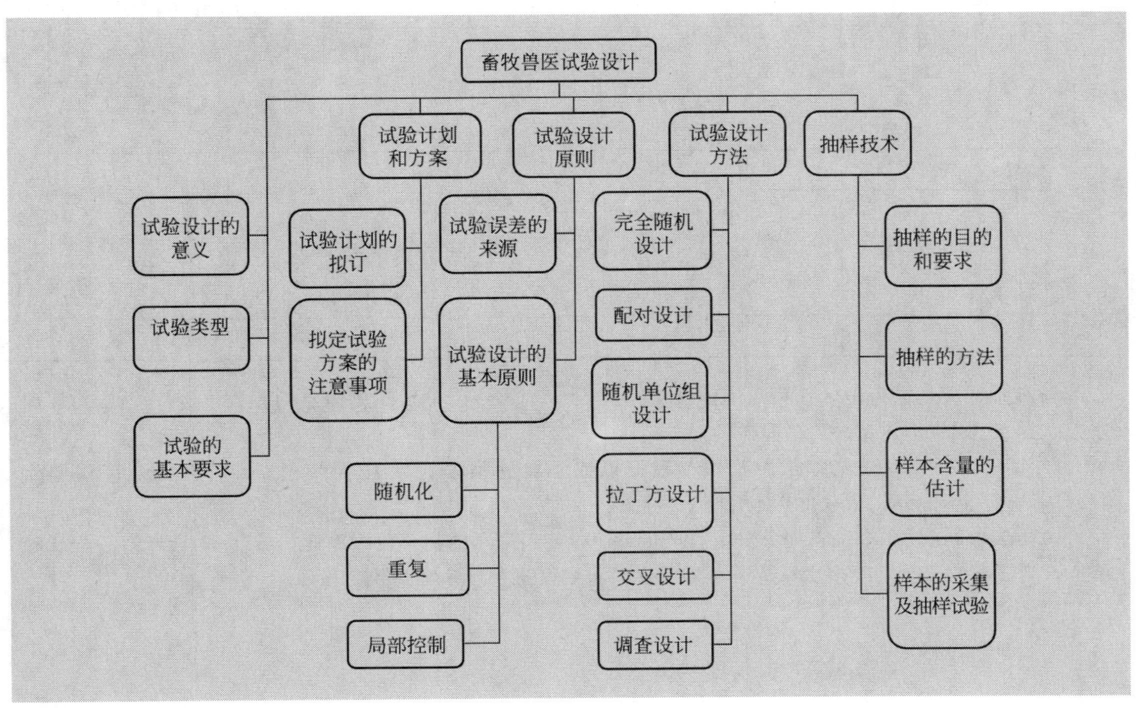

【习　　题】

1. 什么是试验设计和试验方案？如何拟订一个正确的试验方案？

2. 产生试验误差的主要原因是什么？试验设计时应如何避免系统误差、降低随机误差？

3. 试验设计应遵循哪三条基本原则？这三条基本原则的作用是什么？

4. 常用的试验设计方法有哪几种？各有何优点和缺点？各在什么情况下应用？

5. 调查研究中常用的抽样方法有哪几种？各适用于什么情况？

6. 为了研究 5 种不同温度对蛋鸡产蛋量的影响，将 5 栋鸡舍的温度设为 A、B、C、D、E，把各栋鸡舍鸡群的产蛋期分为 5 期，由于各鸡群和产蛋期的不同对产蛋量有较大的影响，因此采用拉丁方设计，把鸡群和产蛋期设为单位组。试验结果列于表 1，试对其进行方差分析。

表 1　不同温度对蛋鸡产蛋量影响的试验结果　　单位：个

产蛋期	鸡群				
	一	二	三	四	五
Ⅰ	D(23)	E(21)	A(24)	B(21)	C(19)
Ⅱ	A(22)	C(20)	E(20)	D(21)	B(22)
Ⅲ	E(20)	A(25)	B(26)	C(22)	D(23)
Ⅳ	B(25)	D(22)	C(25)	E(21)	A(23)
Ⅴ	C(19)	B(20)	D(24)	A(22)	E(19)

7. 研究降温对奶牛产奶量的影响试验。设置通风和洒水组 A_1 和对照组 A_2，选用 8 头奶牛随机分成 B_1、B_2 两组，预试期一周。第一组按 A_1-A_2 顺序试验，第二组按 A_2-A_1 顺序试验，试验分成 C_1 和 C_2 两期，每期一周。各组奶牛平均日产奶量（kg）见表 2，试检验通风和洒水对奶牛产奶量效果。

表 2　降温对奶牛产奶量的影响试验结果　　单位：kg/（天・头）

分　期		C_1	C_2	$d=C_1-C_2$	
处理		A_1	A_2	d_1	d_2
B_1 组	B_{11}	16.4	14.6	1.8	
	B_{12}	19.5	17.2	2.3	
	B_{13}	18.5	13.1	5.4	
	B_{14}	14.2	13.6	0.6	
处　理		A_2	A_1		
B_2 组	B_{21}	17.4	20.1		−2.7
	B_{22}	15.3	17.1		−1.8
	B_{23}	15.1	18.6		−3.5
	B_{24}	12.3	14.0		−1.7
合　计				$T_1=10.1$	$T_2=-9.7$

8. 欲抽样调查某一地区仔猪断奶体重，已知 S=3.4kg，若估计断奶体重的置信度为 99%，允许误差为 0.5kg，问样本含量多少为宜？

9. 某地需抽样调查猪蛔虫感染率。根据以往经验感染率一般为 45%左右。若规定允许误差为 3.2%，选定 $\alpha=0.05$，试求出样本含量。

10. 某试验比较 4 个饲料配方对蛋鸡产蛋量的影响，采用随机单位组设计，若以 20 只鸡为一个试验单位，问该试验至少需要多少只鸡方可满足误差自由度不小于 12 的要求？

附录　SAS软件与SPSS软件的使用方法

一、SAS软件的使用方法

1. SAS软件简介

SAS全称为Statistical Analysis System，最早由北卡罗来纳大学的两位生物统计学研究生编制，并于1976年成立了SAS软件研究所，正式推出了SAS软件。在数据处理和统计分析领域，SAS系统被誉为国际上的标准软件系统，堪称统计软件界的巨无霸。SAS系统具有统计分析方法丰富、信息存储简单、语言编程能力强、能对数据连续处理、使用简单等特点，它汇集了大量的统计分析方法，从简单的描述统计到复杂的多变量统计，编制了大量的使用简便的统计分析过程。SAS系统运行的几个重要前提条件：①SAS系统运行时要同时打开的文件较多，因此在微型计算机的系统配置文件CONFIG. SYS中应指定FILES=50或以上；②SAS系统软件有时间租期限制，因此只有机器时间（DATE）在软件有效期内才能运行，时间租期取决于SAS出售版本日期，即所谓的SAS诞生日（BIRTHDAY）；③SAS系统应全部安装到硬盘的SAS子目录下，硬盘应至少有10M空间。

（1）SAS系统的启动与关闭

① 启动　在WINDOWS操作系统中，直接用鼠标双击桌面上SAS系统的快捷键图标，即进入SAS系统。屏幕上出现3个窗口，依次是：OUTPUT（结果输出窗口，显示由SAS过程所输出的结果）、LOG（日志窗口，随着SAS语句的执行显示SAS系统的信息和已执行的语句）和PGM（程序编辑窗口，在此可以输入和编辑SAS语句）。

② 退出　在上述3个窗口的任一窗口的命令行上输入BYE或ENDSAS并按回车键即可退出SAS。

（2）SAS程序结构、程序的输入、修改调试和运行

① 程序结构　在SAS系统中任何一个完整的处理过程均可分为两大步——数据步和过程步来完成。

数据步：将不同来源的数据读入SAS系统建立起SAS数据集。每一个数据步均由DATA语句开始，以RUN语句结束。

过程步：调用SAS系统中已编好的各种过程来处理和分析数据集中的数据。每一个过程步均以PROC语句开始，RUN语句结束，并且每个语句后均以“;”结束。

② 程序的输入、修改调试和运行　SAS程序只能在PGM窗口输入、修改，并写在PGM窗口预先设置好的行号区的右边。SAS程序语句可以使用大写或小写字母或混合使用来输入，每个语句中的单词或数据项间应以空格隔开。每行输入完后加上“;”，但在数据步中CARDS语句后面的数据行不能加“;”，必须等到数据输入完后回行单独加“;”。在键入过程中可移动光标对错误进行修改。

SAS语句书写格式相当自由，可在各行的任何位置开始语句的书写。一个语句可以连续写在几行中，一行中也可以同时写上几个语句，但每个语句后面必须用“;”隔开。

当一个程序输入完后，是否能运行和结果是否正确，只有将其发送到SAS系统中心去执行后，在LOG窗口和OUTPUT窗口检查才能确定。发送程序的命令为F10功能键或SUBMIT。当程序发送到SAS系统后，PGM的程序语句全部自动清除，LOG窗口将逐步记下程序运行的过程和出现的错误信息（用红色提示错误）。如果过程步没有错误，运行完成后，通常会在OUTPUT窗口打印出结果；如果程序运行出错，则需要在PGM窗口用F9功能键或RECALL命令调回已发送的程序进行修改。

2. 常用生物统计方法的SAS程序

（1）*t*检验

① 样本平均数与总体平均数的差异显著性检验。

【例1】 母猪的妊娠期是114天，今调查了某猪场8头母猪，它们的妊娠期（天）分别是113、115、115、114、116、117、115、113，试检验这8头母猪的妊娠期与114天是否有显著的差异？

解 SAS程序检验如下：

```
DATAA;
INPUTy@@;
Y=y-114;
CARDS;
113  115  115  114  116  117  115  113
;
PROC MEANS N MEAN STDERR TPRT;
RUN;
```

程序说明：样本平均数与总体平均数的差异显著性检验可调用MEANS过程。DATA语句产生临时数据集*A*，表明数据步的开始；INPUT语句指明读取变量*y*，@@表示读入一条观测值后不换行，连续读入数据；CARDS语句表明以下为数据行，数据行下的“;”表示数据行结束；PROC MEANS语句表明调用MEANS过程对数据集*A*进行分析，输出样本含量*N*、平均数MEAN、平均数的标准误STDERR、学生*t*值和*t*值概率PRT；RUN语句表示过程步结束，开始运行过程步。

② 配对资料的*t*检验。

【例2】 一为加喂骨粉，一为加喂石灰石的两组猪肩胛骨灰分含量资料见表1，试用配对设计的测定方法比较结果是否存在差异。

表1 两组猪肩胛骨灰分含量 单位：%

石灰石组	49.2	53.3	50.6	52.0	46.8	50.5	52.1	53.0
骨粉组	51.5	54.9	52.5	53.3	51.6	54.1	54.2	53.3

解 程序如下：

```
DATAB;
INPUT  ID  X1  X2;
D=X1-X2;
CARDS;
1  49.2  51.5  2  53.3  54.9  3  50.6  52.5  4  52.0  53.3
5  46.8  51.6  6  50.5  54.1  7  52.1  54.2  8  53.0  53.3
```

```
;
PROC MEANS MEAN STDERR T PRT;
VAR D;
RUN;
```

程序说明：配对资料的 t 检验可调用 MEANS 过程。

③ 非配对资料的 t 检验。

对【例 2】的数据采用成组设计的测定方法进行结果的差异显著性比较。

```
DATA C;
INPUT SCAPULA Y@@;
CARDS;
1  49.2  2  51.5  1  53.3  2  54.9  1  50.6  2  52.5
1  52.0  2  53.3  1  46.8  2  51.6  1  50.5  2  54.1
1  52.1  2  54.2  1  53.0  2  53.3
;
PROC TTEST;
CLASSS CAPULA
VAR Y;
RUN;
```

程序说明：非配对资料的 t 检验需调用 TTEST 过程。INPUT 语句读入处理变量 SCAPULA（肩胛骨）和试验结果 Y（灰分含量）；CLASS 语句定义分类变量，TTEST 过程要求分类变量只能有两个水平，此处为 1（石灰石组）和 2（骨粉组）。

（2）方差分析　对于一般的方差分析，可用 ANOVA 过程。ANOVA 过程的程序格式如下：

```
PROC ANOVA 选项;
CLASS 变量;
MODEL 依变量=效应/选项;
MEANS 效应/选项;
```

程序说明：PROCANOVA 语句中的“选项”—DATA＝输入数据集，OUTSTAT＝输出数据集，用于存储方差分析结果；CLASS 语句指明分类变量，此语句一定要设定，并且应出现在 MODEL 语句之前；MODEL 语句定义分析所用的线性数学模型；MEANS 语句计算各处理效应的平均数，“选项”用于设定多重比较方法——常用的有 LSD 法和 DUNCAN（邓肯新复极差法），显著水平的确定采用如 ALPHA＝0.01（表示将显著水平设定为 0.01)，缺省为 0.05。

上述语句中，关键语句在于定义线性数学模型。同一试验资料，根据模型不同而异。常用的模型定义语句有：MODEL Y＝A（单因素试验资料的方差分析）、MODEL Y＝AB（两因素试验资料无互作模型）和 MODEL Y＝ABA ＊B（两因素试验资料有互作模型）。

结果输出包括分类变量信息表、方差分析表和多重比较表等。

（3）一元线性回归分析

【例 3】 对下列资料作相关和回归分析。

x	36	30	26	23	26	30	20	19	20	16
y	0.89	0.80	0.74	0.80	0.85	0.68	0.73	0.68	0.80	0.58

解　相关和回归分析的程序如下：

```
DATA G;
INPUT X Y@@;
CARDS;
36  0.89  30  0.80  26  0.74  23  0.80  26  0.85
30  0.68  20  0.73  19  0.68  20  0.80  16  0.58
;
PROC REG CORR;
MODEL Y=X/CLM CLI;
RUN;
```

程序说明：一元线性回归分析可调用 REG 过程。PROC 语句选项 CORR，要求输出简单相关系数；MODEL 语句指明输出 CLM——y 总体平均数的置信区间和 CLI——单个 y 值的置信区间。

二、SPSS 软件的使用方法

1. SPSS 软件简介

SPSS 是“社会科学统计软件包”（Statistical Package for the Social Science）的简称，是一种集成化的计算机数据处理应用软件。1968 年，美国斯坦福大学 H. Nie 等 3 位大学生开发了最早的 SPSS 统计软件，并于 1975 年在芝加哥成立了 SPSS 公司，已有 30 余年的成长历史，全球约有 25 万家产品用户，广泛分布于通讯、医疗、银行、证券、保险、制造、商业、市场研究、科研、教育等多个领域和行业。SPSS 公司于 2002 年将其全称更改为 Statistical Product and Service Solutions（统计产品与服务解决方案）。

SPSS 使用 Windows 的窗口方式展示各种管理和分析数据的方法，使用对话框展示出各种功能选择项，只要掌握一定的 Windows 操作技能，并了解统计分析原理，就可以使用该软件为特定的科研工作服务。SPSS 的基本功能包括数据管理、统计分析、图表分析、输出管理等。其过程包括描述性统计、均值比较、一般线性模型、相关分析、回归分析、对数线性模型、聚类分析、数据简化、生存分析、时间序列分析、多重响应等大类，每类中又分好几个统计过程。如回归分析中又分线性回归分析、曲线估计、数理逻辑回归等几个统计过程，并且每个过程中又允许用户选择不同的方法及参数。SPSS 中还有专门的绘图系统，可以根据数据绘制各种图形。

SPSS 17.0 是目前最新的版本，是多国语言版，可通过设置将其版面语言和帮助语言设置为中文简体。设置方式：“Edit”→“Options”→“General”复选框中，将“Output”区的“language”选择下拉菜单“Simplified Chinese”和“Userinterface”区的“language”选择下拉菜单“Simplified Chinese”，然后点击“OK”即可。

2. SPSS 软件的应用

（1）描述性统计

【例 4】 以 90 头某品种猪的血红蛋白含量（表 2）资料为例，进行描述性统计。

表 2　90 头某品种猪的血红蛋白含量资料　　（单位：g/100mL）

13.4	13.8	14.4	14.7	14.8	14.4	13.9	13.0	13.0	12.8	12.5	12.3	12.1	11.8	11.0	10.1	11.1	10.1	11.6
12.0	12.0	12.7	12.6	13.4	13.5	13.5	14.0	15.0	15.1	14.1	13.5	13.5	13.2	12.7	12.8	16.3	12.1	11.7
11.2	10.5	10.5	11.3	11.8	12.2	12.4	12.8	12.8	13.3	13.6	14.1	14.5	15.2	15.3	14.6	14.2	13.7	13.4
12.9	12.9	12.4	12.3	11.9	11.1	10.7	10.8	11.4	11.5	12.2	12.1	12.8	9.5	12.3	12.5	12.7	13.0	13.1
13.9	14.2	14.9	12.4	13.1	12.5	12.7	12.0	12.4	11.6	11.5	10.9	11.1	11.6					

解 步骤如下：

① 启动 SPSS，点击“变量视图”进入定义变量工作表，定义变量名称“猪的血红蛋白”，类型“数值”，宽度“4”，小数“1”。

② 点击工作表下方的“数据视图”，进入“数据视图”工作表，将 90 头某品种猪的血红蛋白含量数据分别输入到变量名为“猪的血红蛋白”的各个单元格内。

③ 点击“分析”→“描述统计”→“描述”，将变量名“猪的血红蛋白”点入到变量中，点击“选项”复选框，选择“均值”、“标准差”、“方差”、“最小值”、“最大值”等选项，然后点击“继续”按钮，返回“描述性”复选框，点击确定即可得如下结果。

描述统计量结果

	N	极小值	极大值	均值	标准差
猪的血红蛋白	90	9.5	16.3	12.720	1.3357
有效的 *N*(列表状态)	90				

④ 点击“分析”→“描述统计”→“频率”，将变量名“猪的血红蛋白”点入到变量中，点击“统计量”复选框、“图表”复选框、“格式”复选框，选择合适的选项，然后点击“继续”按钮，返回“频率”复选框，点击确定，即可得到按照分组资料制成的频率分布图(结果略)。

(2) t 检验　对【例 1】数据利用 SPSS 软件进行 t 检验。

① 建立数据库文件：设置变量“妊娠期”，输入 8 个数据。

② 单一样本 t 检验：点击“分析”→“比较均值”→“单样本 T 检验”，进入“单样本 T 检验”主对话框，将变量“妊娠期”选入“检验变量”框中，在“检验值”中输入 114，单击“确定”执行。结果如下：

单个样本统计量

	N	均值	标准差	均值的标准误
妊娠期	8	114.5000	1.51186	0.53452

单个样本检验

	检验值=114					
	t	*df*	Sig.(双侧)	均值差值	差分的 95%置信区间	
					下限	上限
妊娠期	0.935	7	0.381	0.50000	−0.7639	1.7639

检验结果：$t=0.935$，$df=7$，双侧检验 $P=0.381>0.05$，因此可以认为该猪场的母猪与正常母猪的妊娠期无显著差异。

对【例 2】数据进行配对检验。

① 建立无效假设：即 $X_1=X_2$。

② 建立数据库文件：设定变量“石灰石组”和“骨粉组”，小数位定义为 1，输入全部相应数据。

③ 配对 t 检验：点击“分析”→“比较均值”→“配对样本 T 检验”，进入“配对样本 T 检验”主对话框，将变量“石灰石组”和“骨粉组”选入“成对变量”框中，单击“确定”执行。结果如下：

成对样本统计量

组别		均值	N	标准差	均值的标准误
对 1	石灰石组	50.938	8	2.1633	0.7648
	骨粉组	53.175	8	1.2338	0.4362

成对样本相关系数

组别		N	相关系数	Sig.
对 1	石灰石组 & 骨粉组	8	0.798	0.018

成对样本检验

组别		成对差分					t	df	Sig.（双侧）
		均值	标准差	均值的标准误	差分的 95%置信区间				
					下限	上限			
对 1	石灰石组－骨粉组	−2.2375	1.3938	0.4928	−3.4027	−1.0723	−4.541	7	0.003

上述结果显示：$t=-4.541$，$df=7$，$P=0.003<0.05$，因此可以认为两组之间存在显著差异。

对【例 2】的数据采用非配对资料 t 检验的方法进行结果的差异显著性比较。

① 建立无效假设：即 $X_1=X_2$。

② 建立数据库文件：设定变量“组别”和“肩胛骨”，设置“组别”变量的“值”标签（1＝“石灰石组”，2＝“骨粉组”），在“组别”变量下输入“1”或“2”，“肩胛骨”变量下输入相应的增高数据。

③ 独立样本 t 检验：点击“分析”→“比较均值”→“独立样本 T 检验”，进入“独立样本 T 检验”主对话框，将变量“肩胛骨”选入“检验变量”框中，变量“组别”选入“分组变量”框中，单击“定义组”设置“组 1（1）”为 1，“组 2（2）”为 2，单击“继续”，然后单击“确定”执行。结果如下：

组统计量

组别		N	均值	标准差	均值的标准误
肩胛骨	石灰石组	8	50.938	2.1633	0.7648
	骨粉组	8	53.175	1.2338	0.4362

独立样本检验

组别		方差方程的 Levene 检验		均值方程的 t 检验					差分的 95%置信区间	
		F	Sig.	t	df	Sig.（双侧）	均值差值	标准误差值	下限	上限
肩胛骨	假设方差相等	1.911	0.189	−2.541	14	0.024	−2.2375	0.8805	−4.1259	−0.3491
	假设方差不相等			−2.541	11.118	0.027	−2.2375	0.8805	−4.1729	−0.3021

上述结果显示：Levene 方差齐性检验 $F=1.911$，$P=0.189>0.05$，无显著差异，故可认为两组方差相等。$t=-2.541$，$df=14$，$P=0.024<0.05$，说明两组平均值之间存在显著差异。

附　表

附表 1　正态分布表

$$\varphi(u)=\frac{1}{\sqrt{2\pi}}\int_{-\infty}^{u} e^{-\frac{u^2}{2}}\,du\,(u\leqslant 0)$$

u	0.00	0.01	0.02	0.03	0.04	0.05	0.06	0.07	0.08	0.09
−0.0	0.5000	0.4960	0.4920	0.4880	0.4840	0.4801	0.4761	0.4721	0.4681	0.4641
−0.1	0.4602	0.4562	0.4522	0.4483	0.4443	0.4404	0.4364	0.4325	0.4286	0.4247
−0.2	0.4207	0.4168	0.4129	0.4090	0.4052	0.4013	0.3974	0.3936	0.3897	0.3859
−0.3	0.3821	0.3783	0.3745	0.3707	0.3669	0.3632	0.3594	0.3557	0.3520	0.3483
−0.4	0.3446	0.3409	0.3372	0.3336	0.3300	0.3264	0.3228	0.3192	0.3156	0.3121
−0.5	0.3085	0.3050	0.3015	0.2981	0.2946	0.2912	0.2877	0.2843	0.2810	0.2776
−0.6	0.2743	0.2709	0.2676	0.2643	0.2611	0.2578	0.2546	0.2514	0.2483	0.2451
−0.7	0.2420	0.2389	0.2358	0.2327	0.2296	0.2266	0.2236	0.2206	0.2177	0.2148
−0.8	0.2119	0.2090	0.2061	0.2033	0.2005	0.1977	0.1946	0.1922	0.1894	0.1867
−0.9	0.1841	0.1814	0.1788	0.1762	0.1736	0.1711	0.1685	0.1660	0.1635	0.1611
−1.0	0.1587	0.1562	0.1539	0.1515	0.1492	0.1469	0.1446	0.1423	0.1401	0.1379
−1.1	0.1357	0.1335	0.1314	0.1292	0.1271	0.1251	0.1230	0.1210	0.1190	0.1170
−1.2	0.1151	0.1131	0.1112	0.1093	0.1075	0.1056	0.1038	0.1020	0.1003	0.0985
−1.3	0.0968	0.0951	0.0934	0.0918	0.0901	0.0885	0.0869	0.0853	0.0838	0.0823
−1.4	0.0808	0.0793	0.0778	0.0764	0.0749	0.0735	0.0721	0.0708	0.0694	0.0681
−1.5	0.0668	0.0655	0.0643	0.0630	0.0618	0.0606	0.0594	0.0582	0.0571	0.0559
−1.6	0.0548	0.0537	0.0526	0.0516	0.0505	0.0495	0.0485	0.0475	0.0465	0.0455
−1.7	0.0448	0.0436	0.0427	0.0418	0.0409	0.0401	0.0392	0.0384	0.0375	0.0367
−1.8	0.0359	0.0351	0.0344	0.0336	0.0329	0.0322	0.0314	0.0307	0.0301	0.0294
−1.9	0.0287	0.0281	0.0274	0.0268	0.0262	0.0256	0.0250	0.0244	0.0239	0.0233
−2.0	0.0228	0.0222	0.0217	0.0212	0.0207	0.0202	0.0197	0.0192	0.0188	0.0183
−2.1	0.0179	0.0174	0.0170	0.0166	0.0162	0.0158	0.0154	0.0150	0.0146	0.0143
−2.2	0.0139	0.0136	0.0132	0.0129	0.0125	0.0122	0.0119	0.0116	0.0113	0.0110
−2.3	0.0107	0.0104	0.0102	0.00990	0.00964	0.00939	0.00914	0.00889	0.00866	0.00842
−2.4	0.00820	0.00798	0.00776	0.00755	0.00734	0.00714	0.00695	0.00676	0.00657	0.00639
−2.5	0.00621	0.00604	0.00587	0.00570	0.00554	0.00539	0.00523	0.00508	0.00494	0.00480
−2.6	0.00466	0.00453	0.00440	0.00427	0.00415	0.00402	0.00391	0.00379	0.00368	0.00357
−2.7	0.00347	0.00336	0.00326	0.00317	0.00307	0.00298	0.00289	0.00280	0.00272	0.00264
−2.8	0.00256	0.00248	0.00240	0.00233	0.00226	0.00219	0.00212	0.00205	0.00199	0.00193
−2.9	0.00187	0.00181	0.00175	0.00169	0.00164	0.00159	0.00154	0.00149	0.00144	0.00139

u	0.0	0.1	0.2	0.3	0.4	0.5	0.6	0.7	0.8	0.9
−3	0.00135	$0.0^{3}968$	$0.0^{3}687$	$0.0^{3}483$	$0.0^{3}337$	$0.0^{3}233$	$0.0^{3}159$	$0.0^{3}108$	$0.0^{4}723$	$0.0^{4}481$
−4	$0.0^{4}317$	$0.0^{4}207$	$0.0^{4}133$	$0.0^{5}854$	$0.0^{5}541$	$0.0^{5}340$	$0.0^{5}211$	$0.0^{5}130$	$0.0^{6}793$	$0.0^{6}479$
−5	$0.0^{6}287$	$0.0^{6}170$	$0.0^{7}996$	$0.0^{7}579$	$0.0^{7}333$	$0.0^{7}190$	$0.0^{7}107$	$0.0^{8}599$	$0.0^{8}332$	$0.0^{8}182$
−6	$0.0^{9}987$	$0.0^{9}530$	$0.0^{9}282$	$0.0^{9}149$	$0.0^{10}777$	$0.0^{10}402$	$0.0^{10}206$	$0.0^{10}104$	$0.0^{11}523$	$0.0^{11}260$

续表

$\varphi(u)=\frac{1}{\sqrt{2\pi}}\int_{-\infty}^{u} e^{-\frac{u^2}{2}}du(u\geqslant 0)$										
u	0.00	0.01	0.02	0.03	0.04	0.05	0.06	0.07	0.08	0.09
0.0	0.5000	0.5040	0.5080	0.5120	0.5160	0.5199	0.5239	0.5279	0.5319	0.5359
0.1	0.5898	0.5438	0.5478	0.5517	0.5557	0.5596	0.5636	0.5675	0.5714	0.5753
0.2	0.5793	0.5832	0.5871	0.5910	0.5948	0.5987	0.6026	0.6064	0.6103	0.6141
0.3	0.6179	0.6217	0.6255	0.6293	0.6331	0.6368	0.6406	0.6443	0.6480	0.6517
0.4	0.6554	0.6591	0.6628	0.6664	0.6700	0.6736	0.6772	0.6808	0.6804	0.6879
0.5	0.6915	0.6950	0.6985	0.7019	0.7054	0.7088	0.7123	0.7157	0.7190	0.7224
0.6	0.7257	0.7291	0.7324	0.7357	0.7389	0.7422	0.7454	0.7486	0.7517	0.7549
0.7	0.7580	0.7611	0.7642	0.7673	0.7703	0.7734	0.7764	0.7794	0.7823	0.7852
0.8	0.7881	0.7910	0.7939	0.7967	0.7995	0.8023	0.8051	0.8078	0.8106	0.8133
0.9	0.8159	0.8186	0.8212	0.8238	0.8264	0.8289	0.8315	0.8340	0.8365	0.8389
1.0	0.8413	0.8438	0.8461	0.8485	0.8508	0.8531	0.8554	0.8577	0.8599	0.8621
1.1	0.8643	0.8665	0.8686	0.8708	0.8729	0.8749	0.8770	0.8790	0.8810	0.8830
1.2	0.8849	0.8869	0.8888	0.8907	0.8925	0.8944	0.8962	0.8980	0.8997	0.90147
1.3	0.90420	0.90490	0.90658	0.90824	0.90988	0.91149	0.91309	0.91466	0.91621	0.91774
1.4	0.91924	0.92073	0.92220	0.92364	0.92507	0.92647	0.92785	0.92922	0.93056	0.93189
1.5	0.93319	0.93448	0.93574	0.93699	0.93822	0.93943	0.94062	0.94179	0.94259	0.94408
1.6	0.94520	0.94630	0.94738	0.94845	0.94950	0.95053	0.95154	0.95254	0.95352	0.95449
1.7	0.95543	0.95637	0.95728	0.95818	0.95907	0.95994	0.96080	0.96164	0.96246	0.96327
1.8	0.96407	0.96485	0.96562	0.96638	0.96712	0.96784	0.96856	0.96926	0.96995	0.97062
1.9	0.97128	0.97193	0.97257	0.97320	0.97381	0.97441	0.97500	0.97558	0.97615	0.97670
2.0	0.97725	0.97778	0.97831	0.97882	0.97932	0.97982	0.98030	0.98077	0.98124	0.98169
2.1	0.98214	0.98257	0.98300	0.98341	0.98382	0.98422	0.98461	0.98500	0.98537	0.98574
2.2	0.98610	0.98645	0.98679	0.98713	0.98745	0.98778	0.98809	0.98840	0.98870	0.98899
2.3	0.98928	0.98956	0.98983	$0.9^{2}0097$	$0.9^{2}0358$	$0.9^{2}0613$	$0.9^{2}0863$	$0.9^{2}1106$	$0.9^{2}1344$	$0.9^{2}1576$
2.4	$0.9^{2}1802$	$0.9^{2}2024$	$0.9^{2}2240$	$0.9^{2}2451$	$0.9^{2}2656$	$0.9^{2}2857$	$0.9^{2}3053$	$0.9^{2}3244$	$0.9^{2}3431$	$0.9^{2}3613$
2.5	$0.9^{2}3790$	$0.9^{2}3963$	$0.9^{2}4132$	$0.9^{2}4297$	$0.9^{2}4457$	$0.9^{2}4614$	$0.9^{2}4766$	$0.9^{2}4915$	$0.9^{2}5060$	$0.9^{2}5201$
2.6	$0.9^{2}5339$	$0.9^{2}5473$	$0.9^{2}5604$	$0.9^{2}5731$	$0.9^{2}5855$	$0.9^{2}5975$	$0.9^{2}6093$	$0.9^{2}3207$	$0.9^{2}6319$	$0.9^{2}6427$
2.7	$0.9^{2}6533$	$0.9^{2}6636$	$0.9^{2}6736$	$0.9^{2}6833$	$0.9^{2}6928$	$0.9^{2}7020$	$0.9^{2}7110$	$0.9^{2}7197$	$0.9^{2}7282$	$0.9^{2}7365$
2.8	$0.9^{2}7445$	$0.9^{2}7523$	$0.9^{2}7599$	$0.9^{2}7673$	$0.9^{2}7774$	$0.9^{2}7814$	$0.9^{2}7882$	$0.9^{2}7948$	$0.9^{2}8012$	$0.9^{2}8074$
2.9	$0.9^{2}8134$	$0.9^{2}8193$	$0.9^{2}8250$	$0.9^{2}8305$	$0.9^{2}8359$	$0.9^{2}8411$	$0.9^{2}8462$	$0.9^{2}8511$	$0.9^{2}8559$	$0.9^{2}8605$
u	0.0	0.1	0.2	0.3	0.4	0.5	0.6	0.7	0.8	0.9
3	$0.9^{2}8650$	$0.9^{2}8694$	$0.9^{2}8736$	$0.9^{2}8777$	$0.9^{2}8817$	$0.9^{2}8856$	$0.9^{2}8893$	$0.9^{2}8930$	$0.9^{2}8965$	$0.9^{2}8999$
4	$0.9^{4}6833$	$0.9^{4}6964$	$0.9^{4}7090$	$0.9^{4}7211$	$0.9^{4}7327$	$0.9^{4}7439$	$0.9^{4}7546$	$0.9^{4}7649$	$0.9^{4}7748$	$0.9^{4}7843$
5	$0.9^{6}713$	$0.9^{6}830$	$0.9^{7}004$	$0.9^{7}421$	$0.9^{7}667$	$0.9^{7}810$	$0.9^{7}893$	$0.9^{8}401$	$0.9^{8}668$	$0.9^{8}818$
6	$0.9^{9}013$	$0.9^{9}470$	$0.9^{9}718$	$0.9^{9}851$	$0.9^{10}223$	$0.9^{10}598$	$0.9^{10}794$	$0.9^{10}896$	$0.9^{11}477$	$0.9^{11}740$

附表 2　正态分布的双侧分位数 u 值表

P	0.01	0.02	0.03	0.04	0.05	0.06	0.07	0.08	0.09	0.10
0.0	2.575829	2.326348	2.170090	2.053749	1.959964	1.880794	1.811911	1.750686	1.695398	1.644854
0.1	1.598193	1.554774	1.514102	1.475791	1.439531	1.405072	1.372204	1.340755	1.310579	1.231552
0.2	1.253565	1.226528	1.200359	1.174987	1.150349	1.126391	1.103063	1.080319	1.058122	1.036433
0.3	1.015222	0.994458	0.974114	0.954165	0.934589	0.915365	0.896473	0.877896	0.859617	0.841621
0.4	0.823894	0.806421	0.789192	0.772193	0.755415	0.738847	0.722479	0.706303	0.690309	0.674490
0.5	0.658838	0.643345	0.628006	0.612813	0.597760	0.582841	0.568051	0.553385	0.538836	0.524401
0.6	0.510073	0.495850	0.481727	0.467699	0.453762	0.439913	0.426148	0.412463	0.398855	0.385320
0.7	0.371856	0.358459	0.345125	0.331853	0.318639	0.305481	0.292375	0.279319	0.266311	0.253347
0.8	0.240426	0.227545	0.214702	0.201893	0.189118	0.176374	0.163658	0.150969	0.138304	0.125661
0.9	0.113039	0.100434	0.087845	0.075270	0.062707	0.050154	0.037608	0.025069	0.012533	0.000000

附表3　t 值表

自由度	P(2)	0.500	0.400	0.200	0.100	0.050	0.020	0.010	0.005	0.002	0.001
df	P(1)	0.250	0.200	0.100	0.05	0.025	0.01	0.005	0.0025	0.001	0.0005
1		1.000	1.376	3.078	6.314	12.706	31.821	63.675	127.321	318.309	636.619
2		0.816	1.061	1.886	2.920	4.303	6.965	9.925	14.089	22.327	31.598
3		0.765	0.978	1.638	2.353	3.182	4.541	5.841	7.453	10.215	12.941
4		0.741	0.941	1.533	2.132	2.776	3.747	4.604	5.598	7.713	8.610
5		0.727	0.920	1.476	2.015	2.571	3.365	4.032	4.773	5.893	6.859
6		0.718	0.906	1.440	1.943	2.447	3.143	3.707	4.317	5.208	5.959
7		0.711	0.896	1.415	1.895	2.365	2.998	3.499	4.029	4.785	5.405
8		0.706	0.889	1.397	1.860	2.306	2.896	3.355	3.832	4.501	5.041
9		0.703	0.883	1.383	1.833	2.262	2.821	3.250	3.090	4.297	4.781
10		0.700	0.879	1.372	1.812	2.228	2.764	3.169	3.581	4.144	4.587
11		0.697	0.876	1.363	1.796	2.201	2.718	3.106	3.497	1.025	4.437
12		0.695	0.873	1.356	1.782	2.179	2.681	3.055	3.428	3.930	4.318
13		0.694	0.870	1.350	1.771	2.160	2.650	3.012	3.372	3.852	4.221
14		0.692	0.868	1.345	1.761	2.145	2.624	2.977	3.326	3.787	4.140
15		0.691	0.866	1.341	1.753	2.131	2.602	2.947	3.286	3.733	4.073
16		0.690	0.865	1.337	1.746	2.120	2.583	2.921	3.252	3.686	4.015
17		0.689	0.863	1.333	1.740	2.110	2.567	2.898	3.222	3.646	3.965
18		0.688	0.862	1.330	1.734	2.101	2.552	2.878	3.197	3.610	3.922
19		0.688	0.861	1.328	1.729	2.093	2.539	2.861	3.174	3.579	3.883
20		0.687	0.860	1.325	1.725	2.086	2.528	2.845	3.153	3.552	3.850
21		0.686	0.859	1.323	1.721	2.080	2.518	2.831	3.135	3.527	3.819
22		0.686	0.858	1.321	1.717	2.074	2.508	2.819	3.119	3.505	3.792
23		0.685	0.858	1.319	1.714	2.069	2.500	2.807	3.104	3.485	3.767
24		0.685	0.857	1.318	1.711	2.064	2.492	2.797	3.090	3.467	3.745
25		0.684	0.856	1.316	1.708	2.060	2.485	2.787	3.078	3.450	3.725
26		0.684	0.856	1.315	1.706	2.056	2.479	2.779	3.067	3.435	3.707
27		0.684	0.855	1.314	1.703	2.052	2.473	2.771	3.056	3.421	3.690
28		0.683	0.855	1.313	1.701	2.048	2.467	2.763	3.047	3.408	3.674
29		0.683	0.854	1.311	1.699	2.045	2.462	2.756	3.038	3.396	3.659
30		0.683	0.854	1.310	1.697	2.042	2.457	2.750	3.030	3.385	3.646
35		0.682	0.852	1.306	1.690	2.030	2.438	2.724	2.996	3.340	3.591
40		0.681	0.851	1.303	1.684	2.021	2.423	2.704	2.971	3.307	3.551
50		0.680	0.849	1.299	1.676	2.008	2.403	2.678	2.937	3.261	3.496
60		0.679	0.848	1.296	1.671	2.000	2.390	2.660	2.915	3.232	3.460
70		0.678	0.847	1.294	1.667	1.994	2.381	2.648	2.899	3.211	3.435
80		0.678	0.847	1.293	1.665	1.989	2.374	2.638	2.887	3.195	3.416
90		0.678	0.846	1.291	1.662	1.986	2.368	2.631	2.878	3.183	3.402
100		0.677	0.846	1.290	1.661	1.982	2.364	2.625	2.871	3.174	3.390
200		0.676	0.843	1.286	1.653	1.972	2.345	2.601	2.839	3.131	3.340
500		0.675	0.842	1.283	1.648	1.965	2.334	2.586	2.820	3.107	3.310
1000		0.675	0.842	1.282	1.646	1.962	2.330	2.581	2.813	3.098	3.300
∞		0.6745	0.8416	1.2816	1.6448	1.9600	2.3263	2.5758	2.8070	3.0902	3.2905

注：P(2) 是双侧的概率，P(1) 是单侧的概率。

附表 4　F 值表（一）

df_2		df_1 分子均方值的自由度											
		1	2	3	4	5	6	7	8	9	10	11	12
分母均方值的自由度	1	161 4052	200 4999	216 5403	225 5625	230 5764	234 5859	237 5928	239 5981	241 6022	242 6056	243 6082	244 6106
	2	18.51 98.49	19.00 99.00	19.16 99.17	19.25 99.25	19.30 99.30	19.33 99.33	19.36 99.34	19.37 99.36	19.38 99.38	19.39 99.40	19.40 99.41	19.41 99.42
	3	10.13 34.12	9.55 30.82	9.28 29.46	9.12 28.71	9.01 28.24	8.94 27.91	8.88 27.67	8.84 27.49	8.81 27.34	8.78 27.23	8.76 27.13	8.74 27.05
	4	7.71 21.20	6.94 18.00	6.59 16.69	6.39 15.98	6.26 15.52	6.16 15.21	6.09 14.98	6.04 14.80	6.00 14.66	5.96 14.54	5.93 14.45	5.91 14.37
	5	6.61 16.26	5.79 13.27	5.41 12.06	5.19 11.39	5.05 10.97	4.95 10.67	4.88 10.45	4.82 10.27	4.78 10.15	4.74 10.05	4.70 9.96	4.68 9.89
	6	5.99 13.74	5.14 10.92	4.76 9.78	4.53 9.15	4.39 8.75	4.28 8.47	4.21 8.26	4.15 8.10	4.10 7.98	4.06 7.87	4.03 7.79	4.00 7.72
	7	5.59 12.25	4.74 9.55	4.35 8.45	4.12 7.85	3.97 7.46	3.87 7.19	3.79 7.00	3.73 6.84	3.68 6.71	3.63 6.62	3.60 6.54	3.57 6.47
	8	5.32 11.3	4.46 8.65	4.07 7.59	3.84 7.01	3.69 6.63	3.58 6.37	3.50 6.18	3.44 6.03	3.39 5.91	3.35 5.81	3.31 5.74	3.28 5.67
	9	5.12 10.6	4.26 8.02	3.86 6.99	3.63 6.42	3.48 6.06	3.37 5.80	3.29 5.61	3.23 5.47	3.18 5.35	3.14 5.26	3.10 5.18	3.07 5.11
	10	4.96 10.0	4.10 7.56	3.71 6.55	3.48 5.99	3.33 5.64	3.22 5.39	3.14 5.20	3.07 5.06	3.02 4.94	2.98 4.85	2.94 4.78	2.91 4.71
	11	4.84 9.65	3.98 7.21	3.59 6.22	3.36 5.67	3.20 5.32	3.09 5.07	3.01 4.89	2.95 4.74	2.90 4.63	2.85 4.54	2.82 4.46	2.79 4.40
	12	4.75 9.33	3.89 6.93	3.49 5.95	3.26 5.41	3.11 5.06	3.00 4.82	2.91 4.64	2.85 4.50	2.80 4.39	2.75 4.30	2.72 4.22	2.69 4.16
	13	4.67 9.07	3.81 6.70	3.41 5.74	3.18 5.21	3.03 4.86	2.92 4.62	2.83 4.44	2.77 4.30	2.71 4.19	2.67 4.10	2.63 4.02	2.60 2.96
	14	4.60 8.86	3.74 6.51	3.34 5.56	3.11 5.04	2.96 4.70	2.85 4.46	2.76 4.23	2.70 4.14	2.65 4.03	2.60 3.94	2.56 3.86	2.53 3.80
	15	4.54 8.68	3.68 6.36	3.29 5.42	3.06 4.89	2.90 4.56	2.79 4.32	2.71 4.14	2.64 4.00	2.59 3.89	2.54 3.80	2.51 3.73	2.48 3.67
	16	4.49 8.53	3.63 6.23	3.24 5.29	3.01 4.77	2.85 4.44	2.74 4.20	2.66 4.03	2.59 3.89	2.54 3.78	2.49 3.69	2.45 3.61	2.42 3.55
	17	4.45 8.40	3.59 6.11	3.20 5.18	2.96 4.67	2.81 4.34	2.70 4.10	2.61 3.93	2.55 3.79	2.49 3.68	2.45 3.59	2.41 3.52	2.38 3.46
	18	4.41 8.29	3.55 6.01	3.16 5.39	2.93 4.58	2.77 4.25	2.66 4.01	2.58 3.84	2.51 3.71	2.46 3.60	2.41 3.51	2.37 3.44	2.34 3.37
	19	4.38 8.18	3.52 5.93	3.13 5.01	2.90 4.50	2.74 4.17	2.63 3.94	2.54 3.77	2.48 3.63	2.42 3.52	2.38 3.43	2.34 3.36	2.31 3.30

附表4　F 值表（二）

df_2 分母均方值的自由度	df_1 分子均方值的自由度											
	14	16	20	24	30	40	50	75	100	200	500	∞
1	245 6142	246 6169	248 6208	249 6234	250 6258	251 6286	252 6302	253 6323	253 6334	254 6352	254 6361	254 6366
2	19.42 99.43	19.43 99.44	19.44 99.45	19.45 99.46	19.46 99.47	19.47 99.48	19.47 99.48	19.48 99.49	19.49 99.49	19.49 99.49	19.50 99.50	19.5 99.50
3	8.71 26.92	8.69 26.83	8.66 26.69	8.64 26.60	8.62 26.50	8.59 26.41	8.58 26.35	8.57 26.27	8.55 26.23	8.54 26.18	8.54 26.14	8.53 26.12
4	5.87 14.24	5.84 14.15	5.80 14.02	5.77 13.93	5.75 13.85	5.72 13.74	5.70 13.69	5.68 13.61	5.66 13.57	5.65 13.52	5.64 13.48	5.63 13.46
5	4.64 9.77	4.60 9.68	4.56 9.55	4.53 9.47	4.50 9.38	4.46 9.29	4.44 9.24	4.42 9.17	4.41 9.13	4.38 9.07	4.37 9.04	4.37 4.02
6	3.96 7.60	3.92 7.52	3.87 7.39	3.84 7.31	3.81 7.23	3.77 7.14	3.75 7.09	3.72 7.02	3.71 6.99	3.69 6.94	3.68 6.90	3.67 6.88
7	3.53 6.35	3.49 6.27	3.44 6.15	3.41 6.07	3.38 5.98	3.34 5.90	3.32 5.85	3.29 5.78	3.27 5.75	3.25 5.70	3.24 5.67	3.23 5.65
8	3.24 5.56	3.20 5.48	3.15 5.36	3.12 5.28	3.08 5.20	3.04 5.11	3.02 5.06	3.00 5.00	2.97 4.96	2.96 4.91	2.94 4.88	2.93 4.86
9	3.03 5.00	2.99 4.92	2.94 4.80	2.90 4.73	2.83 4.64	2.83 4.56	2.80 4.51	2.77 4.45	2.76 4.41	2.73 4.36	2.72 4.33	2.71 4.31
10	2.86 4.60	2.83 4.52	2.77 4.41	2.74 4.33	2.70 4.25	2.66 4.17	2.64 4.12	2.61 4.05	2.59 4.01	2.56 3.96	2.55 3.93	0.54 3.91
11	2.74 4.29	2.70 4.21	2.65 4.06	2.61 4.02	2.57 3.94	2.53 3.86	2.51 3.80	2.47 3.74	2.46 3.70	2.42 3.66	2.41 3.62	2.40 3.60
12	2.64 4.05	2.60 3.98	2.54 3.86	2.51 3.78	2.47 3.70	2.43 3.61	2.40 3.56	2.36 3.49	2.35 3.46	2.32 3.41	2.31 3.38	2.30 3.36
13	2.55 3.85	2.51 3.78	2.46 3.36	2.42 3.59	2.38 3.51	2.34 3.42	2.31 3.37	2.28 3.30	2.26 3.27	2.24 3.21	2.22 3.18	2.21 3.16
14	2.48 3.70	2.44 3.62	2.39 3.51	2.35 3.43	2.31 3.34	2.27 3.26	2.24 3.21	2.21 3.14	2.19 3.11	2.16 3.06	2.14 3.02	2.13 3.00
15	2.42 3.56	2.38 3.48	2.33 3.36	2.29 3.29	2.25 3.20	2.20 3.12	2.18 3.07	2.15 3.00	2.12 2.97	2.10 2.92	2.08 2.89	2.07 2.87
16	2.37 3.45	2.33 3.37	2.28 3.25	2.24 3.18	2.19 3.10	2.15 3.01	2.12 2.96	2.09 2.89	2.07 2.86	2.04 2.80	2.02 2.77	2.01 2.75
17	2.33 3.35	2.29 3.27	2.23 3.16	2.19 3.08	2.15 3.00	2.10 2.92	2.08 2.86	2.04 2.79	2.02 2.76	1.99 2.70	1.97 2.67	1.96 2.65
18	2.29 3.27	2.25 3.19	2.19 3.07	2.15 3.00	2.11 2.91	2.06 2.83	2.04 2.78	2.00 2.71	1.98 2.68	1.95 2.62	1.93 2.59	1.92 2.57
19	2.26 3.19	2.21 3.12	2.16 3.00	2.11 2.92	2.07 2.84	2.03 2.76	2.00 2.70	1.96 2.03	1.94 2.60	1.91 2.54	1.90 2.51	1.88 2.49

附表 4 *F* 值表（三）

df_2		df_1 分子均方值的自由度											
		1	2	3	4	5	6	7	8	9	10	11	12
分母均方值的自由度	20	4.35	3.49	3.10	2.87	2.71	2.60	2.51	2.45	2.39	2.35	2.31	2.28
		8.10	5.85	4.94	4.43	4.10	3.37	3.70	3.56	3.46	3.37	3.30	3.23
	22	4.30	3.44	3.05	2.82	2.66	2.55	2.46	2.40	2.34	2.30	2.26	2.23
		7.95	5.72	4.82	4.31	3.99	3.76	3.59	3.45	3.35	3.26	3.18	3.12
	24	4.26	3.40	3.01	2.78	2.62	2.51	2.42	2.36	2.30	2.25	2.22	2.18
		7.82	5.61	4.72	4.22	3.90	3.67	3.50	3.36	3.26	3.17	3.09	3.03
	26	4.23	3.37	2.98	2.74	2.59	2.47	2.39	2.32	2.27	2.22	2.18	2.15
		7.72	5.53	4.64	4.14	3.82	3.59	3.42	3.29	3.18	3.09	3.02	2.96
	28	4.20	3.34	2.95	2.71	2.56	2.45	2.36	2.29	2.24	2.19	2.15	2.12
		7.64	5.45	4.57	4.07	3.75	3.53	3.36	3.23	3.12	3.03	2.95	2.90
	30	4.17	3.32	2.92	2.69	2.53	2.42	2.33	2.27	2.21	2.16	2.17	2.09
		7.56	5.39	4.51	4.02	3.70	3.47	3.30	3.17	3.07	2.98	2.90	2.84
	36	4.11	3.26	2.87	2.63	2.48	2.36	2.28	2.21	2.15	2.11	2.06	2.03
		7.40	5.25	4.38	3.89	3.57	3.35	3.18	3.05	2.95	2.86	2.78	2.72
	42	4.07	3.22	2.83	2.59	2.44	2.32	2.24	2.17	2.11	2.06	2.02	1.99
		7.28	5.15	4.29	3.80	3.49	3.27	3.10	2.97	2.86	2.78	2.70	2.64
	50	4.03	3.18	2.79	2.56	2.40	2.29	2.20	2.13	2.07	2.03	1.98	1.95
		7.17	5.06	4.20	3.72	3.41	3.19	3.02	2.89	2.79	2.70	2.62	2.56
	60	4.00	3.15	2.76	2.53	2.37	2.25	2.17	2.10	2.04	1.99	1.95	1.92
		7.08	4.98	4.13	3.65	3.34	3.12	2.95	2.82	2.72	2.63	2.54	2.59
	70	3.98	3.13	2.74	2.50	2.35	2.23	2.14	2.07	2.01	1.97	1.93	1.89
		7.01	4.92	4.08	3.60	3.29	3.07	2.91	2.77	2.67	2.59	2.51	2.45
	80	3.96	3.11	2.72	2.49	2.33	2.21	2.13	2.06	2.00	1.95	1.91	1.88
		6.96	4.88	4.04	3.56	3.26	3.04	2.87	2.74	2.64	2.55	2.48	2.42
	100	3.94	3.09	2.70	2.46	2.31	2.19	2.10	2.03	1.97	1.93	1.83	1.85
		6.90	4.82	3.98	3.51	3.21	2.99	2.82	2.69	2.59	2.50	2.43	2.37
	150	3.90	3.06	2.66	2.43	2.27	2.16	2.07	2.00	1.94	1.89	1.85	1.82
		6.81	4.75	3.92	3.45	3.14	2.92	2.76	2.63	2.53	2.44	2.37	2.31
	200	3.89	3.04	2.65	2.42	2.26	2.14	2.06	1.98	1.93	1.88	1.83	1.80
		6.76	4.71	3.88	3.41	3.11	2.89	2.73	2.60	2.50	2.41	2.34	2.27
	400	3.86	3.02	2.62	2.39	2.23	2.12	2.03	1.96	1.90	1.85	1.81	1.78
		6.70	4.66	3.83	3.36	3.06	2.85	2.69	2.55	2.46	2.37	2.29	2.23
	1000	3.85	3.00	2.61	2.38	2.22	2.11	2.02	1.95	1.89	1.84	1.80	1.76
		6.66	4.63	3.80	3.34	3.04	2.82	2.66	2.53	2.43	2.34	2.25	2.20
	∞	3.84	3.00	2.60	2.37	2.21	2.10	2.01	1.94	1.88	1.83	1.70	1.75
		6.63	4.61	3.78	3.32	3.02	2.80	2.64	2.51	2.41	2.32	2.24	2.18

附表 4　*F* 值表（四）

df_2		df_1 分子均方值的自由度											
		14	16	20	24	30	40	50	75	100	200	500	∞
分母均方值的自由度	20	2.23	2.18	2.12	2.08	2.04	1.99	1.96	1.92	1.90	1.87	1.85	1.84
		3.13	3.05	2.94	2.86	2.77	2.69	2.63	2.56	2.53	2.47	2.44	2.42
	22	2.18	2.13	2.07	2.02	1.98	1.93	1.91	1.87	1.84	1.81	1.80	1.78
		3.02	2.94	2.83	2.75	2.67	2.58	2.53	2.46	2.42	2.37	2.33	2.31
	24	2.13	2.09	2.02	1.98	1.94	1.89	1.86	1.82	1.80	1.76	1.74	1.73
		2.93	2.85	2.74	2.66	2.58	2.49	2.44	2.36	2.33	2.27	2.23	2.21
	26	2.10	2.05	1.99	1.95	1.90	1.85	1.82	1.78	1.76	1.72	1.70	1.69
		2.85	2.77	2.66	2.58	2.50	2.41	2.36	2.28	2.25	2.19	2.15	2.13
	28	2.06	2.02	1.96	1.91	1.87	1.81	1.78	1.75	1.72	1.69	1.67	1.65
		2.80	2.71	2.60	2.52	2.44	2.35	2.30	2.22	2.18	2.13	2.09	2.06
	30	2.04	1.95	1.93	1.89	1.84	1.79	1.76	1.72	1.69	1.66	1.64	1.62
		2.73	2.66	2.55	2.47	2.38	2.29	2.24	2.16	2.13	2.07	2.03	2.01
	36	1.98	1.93	1.87	1.82	1.78	1.72	1.69	1.65	1.62	1.59	1.56	1.55
		2.62	2.54	2.43	2.35	2.26	2.17	2.12	2.04	2.00	1.94	1.90	1.87
	42	1.94	1.89	1.82	1.78	1.73	1.68	1.64	1.60	1.57	1.54	1.51	1.49
		2.54	2.46	2.35	2.26	2.17	2.08	2.02	1.94	1.91	1.85	1.80	1.78
	50	1.90	1.85	1.78	1.74	1.69	1.63	1.60	1.55	1.52	1.48	1.46	1.44
		2.46	2.39	2.26	2.18	2.10	2.00	1.94	1.86	1.82	1.76	1.71	1.68
	60	1.86	1.81	1.75	1.70	1.65	1.59	1.56	1.50	1.48	1.44	1.41	1.39
		2.40	2.30	2.20	2.12	2.03	1.93	1.87	1.79	1.74	1.68	1.63	1.60
	70	1.84	1.79	1.72	1.67	1.62	1.56	1.53	1.47	1.45	1.40	1.37	1.35
		2.35	2.28	2.15	2.07	1.98	1.88	1.82	1.74	1.69	1.62	1.56	1.53
	80	1.82	1.77	1.70	1.65	1.60	1.54	1.51	1.45	1.42	1.38	1.35	1.32
		2.32	2.24	2.11	2.03	1.94	1.84	1.78	1.70	1.65	1.57	1.52	1.49
	100	1.79	1.75	1.68	1.63	1.57	1.51	1.48	1.42	1.39	1.34	1.30	1.28
		2.26	2.19	2.06	1.98	1.89	1.79	1.73	1.64	1.59	1.51	1.46	1.43
	150	1.76	1.71	1.64	1.59	1.54	1.47	1.44	1.37	1.34	1.29	1.25	1.22
		2.20	2.12	2.00	1.91	1.83	1.72	1.66	1.56	1.51	1.43	1.37	1.33
	200	1.74	1.69	1.62	1.57	1.52	1.45	1.42	1.35	1.32	1.26	1.22	1.19
		2.17	2.09	1.97	1.88	1.79	1.69	1.62	1.53	1.48	1.39	1.33	1.28
	400	1.72	1.67	1.60	1.54	1.49	1.42	1.38	1.32	1.28	1.22	1.16	1.13
		2.12	2.04	1.92	1.84	1.74	1.64	1.57	1.47	1.42	1.32	1.24	1.19
	1000	1.70	1.65	1.58	1.53	1.47	1.41	1.36	1.30	1.26	1.19	1.13	1.08
		2.09	2.01	1.89	1.81	1.71	1.61	1.54	1.44	1.38	1.28	1.19	1.11
	∞	1.69	1.64	1.57	1.52	1.46	1.40	1.35	1.28	1.24	1.17	1.11	1.00
		2.07	1.99	1.87	1.79	1.69	1.59	1.52	1.41	1.36	1.25	1.15	1.00

附表5 q 值表

df	α	测验极差的平均数个数(k)																		
		2	3	4	5	6	7	8	9	10	11	12	13	14	15	16	17	18	19	20
1	0.05	18.0	26.7	32.8	37.2	40.5	43.1	45.4	47.3	49.1	50.6	51.9	53.2	54.3	55.4	56.3	57.2	58.0	58.8	59.6
	0.01	90.0	135	164	186	202	216	227	237	246	253	260	266	272	277	282	286	290	294	29.8
2	0.05	6.09	8.28	9.80	10.89	11.73	12.43	13.03	13.54	13.99	14.39	14.75	15.08	15.38	15.65	15.91	16.14	16.36	16.57	16.77
	0.01	14.0	19.0	22.3	24.7	26.6	28.2	29.5	30.7	31.7	32.6	33.4	34.1	34.8	35.4	36.0	36.5	37.0	37.5	37.9
3	0.05	4.50	5.88	6.83	7.51	8.04	8.47	8.85	9.18	9.46	9.72	9.95	10.16	10.35	10.72	10.69	10.84	10.98	11.12	11.24
	0.01	8.26	10.6	12.2	13.3	14.2	15.0	15.6	16.2	16.7	17.1	17.5	17.9	18.2	18.5	18.8	19.1	19.3	19.5	19.8
4	0.05	3.93	5.00	5.76	6.31	6.73	7.06	7.35	7.60	7.83	8.03	8.21	8.37	8.52	8.67	8.80	8.92	9.03	9.14	9.24
	0.01	6.51	8.12	9.17	9.96	10.6	11.1	11.5	11.9	12.3	12.6	12.8	13.1	13.3	13.5	13.7	13.9	14.1	14.2	14.4
5	0.05	3.61	4.54	5.18	5.64	5.99	6.28	6.52	6.74	6.93	7.10	7.25	7.39	7.52	7.64	7.75	7.86	7.95	8.04	8.13
	0.01	5.70	6.98	7.80	8.42	8.91	9.32	9.67	9.97	10.24	10.48	10.07	10.89	11.08	11.24	11.40	11.55	11.68	11.81	11.93
6	0.05	3.46	4.34	4.90	5.31	5.63	5.89	6.12	6.32	6.49	6.65	6.79	6.92	7.04	7.14	7.24	7.34	7.43	7.51	7.59
	0.01	5.24	6.33	7.03	7.56	7.97	8.32	8.61	8.87	9.10	9.30	9.48	9.65	9.81	9.95	10.08	12.21	10.32	10.43	10.54
7	0.05	3.34	4.16	4.68	5.06	5.35	5.59	5.80	5.99	6.15	6.29	6.42	6.54	6.65	6.75	6.84	6.93	7.01	7.08	7.16
	0.01	4.95	5.92	6.54	7.01	7.37	7.68	7.94	8.17	8.37	8.55	8.71	8.86	9.00	9.12	9.24	9.35	9.46	9.55	9.65
8	0.05	3.26	4.04	4.53	4.89	5.17	5.40	5.60	5.77	5.92	6.05	6.18	6.29	6.39	6.48	6.57	6.65	6.73	6.80	6.87
	0.01	4.75	5.64	6.20	6.62	6.96	7.24	7.47	7.68	7.86	8.03	8.18	8.31	8.44	8.55	8.66	8.76	8.85	8.94	9.03
9	0.05	3.20	3.95	4.42	4.76	5.02	5.24	5.43	5.60	5.74	5.87	5.98	6.09	6.19	6.28	6.36	6.44	6.51	6.58	6.65
	0.01	4.60	5.43	5.96	6.35	6.66	6.91	7.13	7.33	7.49	7.65	7.78	7.91	8.03	8.13	8.23	8.33	8.41	8.49	8.57
10	0.05	3.15	3.88	4.33	4.66	4.91	5.12	5.30	5.46	5.60	5.72	5.83	5.93	6.03	6.12	6.20	6.27	6.34	6.41	6.47
	0.01	4.48	5.27	5.77	6.14	6.43	6.67	6.87	7.05	7.21	7.36	7.48	7.60	7.71	7.81	7.91	7.99	8.08	8.15	8.23
11	0.05	3.11	3.82	4.26	4.58	4.82	5.03	5.20	5.35	5.49	5.61	5.71	5.81	5.90	5.98	6.06	6.14	6.20	6.27	6.33
	0.01	4.39	5.15	5.62	5.97	6.25	6.48	6.67	6.84	6.99	7.13	7.25	7.36	7.46	7.56	7.65	7.13	7.81	7.88	7.95
12	0.05	3.08	3.77	4.20	4.51	4.75	4.95	5.12	5.27	5.40	5.51	5.61	5.71	5.80	5.88	5.95	6.02	6.09	6.15	6.21
	0.01	4.32	5.05	5.50	5.84	6.10	6.32	6.51	6.67	6.81	6.94	7.06	7.17	7.26	7.36	7.44	7.52	7.59	7.66	7.73
13	0.05	3.06	3.73	4.15	4.46	4.69	4.88	5.05	5.19	5.32	5.43	5.53	5.63	5.71	5.79	5.86	5.93	6.00	6.06	6.11
	0.01	4.26	4.96	5.40	5.73	5.98	6.19	6.37	6.53	6.67	6.79	6.90	7.01	7.10	7.19	7.27	7.35	7.42	7.48	7.55

续表

df	α	测验极差的平均数个数(k)																		
		2	3	4	5	6	7	8	9	10	11	12	13	14	15	16	17	18	19	20
14	0.05	3.03	3.70	4.11	4.41	4.64	4.83	4.99	5.13	5.25	5.36	5.46	5.56	5.64	5.72	5.79	5.86	5.92	5.98	6.03
	0.01	4.21	4.89	5.32	5.63	5.88	6.08	6.26	6.41	6.54	6.66	6.77	6.87	6.96	7.05	7.13	7.20	7.27	7.33	7.39
15	0.05	3.01	3.67	4.08	4.37	4.59	4.78	4.94	5.08	5.20	5.31	5.40	5.49	5.57	5.65	5.72	5.79	5.85	5.91	5.96
	0.01	4.17	4.84	5.25	5.56	5.80	5.99	6.16	6.31	6.44	6.55	6.66	6.76	6.84	6.93	7.00	7.07	7.14	7.20	7.26
16	0.05	3.00	3.65	4.05	4.34	4.56	4.74	4.90	5.03	5.15	5.26	5.35	5.44	5.52	5.59	5.66	5.73	5.79	5.84	5.90
	0.01	4.13	4.79	5.19	5.49	5.72	5.92	6.08	6.22	6.35	6.46	6.56	6.66	6.74	6.82	6.90	6.97	7.03	7.09	7.15
17	0.05	2.98	3.62	4.02	4.31	4.52	4.70	4.86	4.99	5.11	5.21	5.31	5.39	5.47	5.55	5.61	5.68	5.74	5.79	5.84
	0.01	4.10	4.74	5.14	5.43	5.66	5.85	6.01	6.15	6.27	6.38	6.48	6.57	6.66	6.73	6.81	6.87	6.94	7.00	7.05
18	0.05	2.97	3.61	4.00	4.28	4.49	4.67	4.83	4.96	5.07	5.17	5.27	5.35	5.43	5.50	5.57	5.63	5.69	5.74	5.79
	0.01	4.07	4.70	5.09	5.38	5.60	5.79	5.94	6.08	6.20	6.31	6.41	6.50	6.58	6.65	6.73	6.79	6.85	6.91	6.97
19	0.05	2.96	3.59	3.98	4.26	4.47	4.64	4.79	4.92	5.04	5.14	5.23	5.32	5.39	5.46	5.53	5.59	5.65	5.70	5.75
	0.01	4.05	4.67	5.05	5.33	5.55	5.73	5.89	6.02	6.16	6.25	6.34	6.43	6.51	6.58	6.65	6.72	6.78	6.84	6.89
20	0.05	2.95	3.58	3.96	4.24	4.45	4.62	4.77	4.90	5.01	5.11	5.20	5.28	5.36	5.43	5.50	5.56	5.61	5.66	5.71
	0.01	4.02	4.64	5.02	5.29	5.51	5.69	5.84	5.97	6.09	6.19	6.28	6.37	6.45	6.52	6.59	6.65	6.71	6.77	6.82
24	0.05	2.92	3.53	3.90	4.17	4.37	4.54	4.68	4.81	4.92	5.01	5.10	5.18	5.25	5.32	5.38	5.44	5.50	5.55	5.59
	0.01	3.96	4.55	4.91	5.17	5.37	5.54	5.69	5.81	5.92	6.02	6.11	6.19	6.26	6.33	6.39	6.45	6.51	6.56	6.01
30	0.05	2.89	3.48	3.84	4.11	4.30	4.46	4.60	4.72	4.83	4.92	5.00	5.08	5.15	5.21	5.27	5.33	5.38	5.43	5.48
	0.01	3.89	4.45	4.80	5.05	5.24	5.40	5.54	5.65	5.76	5.85	5.93	6.01	6.08	6.14	6.20	6.26	6.31	6.36	6.41
40	0.05	2.86	3.44	3.79	4.04	4.23	4.39	4.52	4.63	4.74	4.62	4.90	5.98	5.05	5.11	5.17	5.22	5.27	5.32	5.36
	0.01	3.82	4.37	4.70	4.93	5.11	5.26	5.39	5.50	5.60	5.69	5.76	5.83	5.90	5.96	6.02	6.07	6.12	6.16	6.21
60	0.05	2.83	3.40	3.74	3.98	4.16	4.31	4.44	4.55	4.65	4.73	4.81	4.88	4.94	5.00	5.06	5.11	5.15	5.20	5.24
	0.01	3.76	4.28	4.59	4.82	4.99	5.13	5.25	5.36	5.45	5.53	5.60	5.67	5.73	5.78	5.84	5.89	5.93	5.97	6.01
120	0.05	2.80	3.36	3.69	3.92	4.10	4.24	4.36	4.47	4.56	4.64	4.71	4.78	4.84	4.90	4.95	5.00	5.04	5.09	5.13
	0.01	3.70	4.20	4.50	4.71	4.87	5.01	5.12	5.21	5.30	5.37	5.44	5.50	5.56	5.61	5.66	5.71	5.75	5.79	5.85
∞	0.05	2.77	3.32	3.63	3.86	4.03	4.17	4.29	4.39	4.47	4.55	4.62	4.68	4.74	4.80	4.84	4.89	4.93	4.97	5.01
	0.01	3.64	4.12	4.40	4.60	4.76	4.88	4.99	5.08	5.16	5.23	5.29	5.35	5.40	5.45	5.49	5.54	5.57	5.61	5.65

附表 6 SSR 表

df	α	测验极差的平均数个数(k)													
		2	3	4	5	6	7	8	9	10	12	14	16	18	20
1	0.05	18.0	18.0	18.0	18.0	18.0	18.0	18.0	18.0	18.0	18.0	18.0	18.0	18.0	18.0
	0.01	90.0	90.0	90.0	90.0	90.0	90.0	90.0	90.0	90.0	90.0	90.0	90.0	90.0	90.0
2	0.05	6.09	6.09	6.09	6.09	6.09	6.09	6.09	6.09	6.09	6.09	6.09	6.09	6.09	6.09
	0.01	14.0	14.0	14.0	14.0	14.0	14.0	14.0	14.0	14.0	14.0	14.0	14.0	14.0	14.0
3	0.05	4.5	4.5	4.5	4.5	4.5	4.5	4.5	4.5	4.5	4.5	4.5	4.5	4.5	4.5
	0.01	8.26	8.5	8.6	8.7	8.8	8.9	8.9	9.0	9.0	9.0	9.1	9.2	9.3	9.3
4	0.05	3.93	4.01	4.02	4.02	4.02	4.02	4.02	4.02	4.02	4.02	4.02	4.02	4.02	4.02
	0.01	6.51	6.8	6.9	7.0	7.1	7.1	7.2	7.2	7.3	7.3	7.4	7.4	7.5	7.5
5	0.05	3.64	3.74	3.79	3.83	3.83	3.83	3.83	3.83	3.83	3.83	3.83	3.83	3.83	3.83
	0.01	5.70	5.96	6.11	6.18	6.26	6.33	6.40	6.44	6.5	6.6	6.6	6.7	6.7	6.8
6	0.05	3.46	3.58	3.64	3.68	3.68	3.68	3.68	3.68	3.68	3.68	3.68	3.68	3.68	3.68
	0.01	5.24	5.51	5.65	5.73	5.81	5.88	5.95	6.00	6.0	6.1	6.2	6.2	6.3	6.3
7	0.05	3.35	3.47	3.54	3.58	3.60	3.61	3.61	3.61	3.61	3.61	3.61	3.61	3.61	3.61
	0.01	4.95	5.22	5.37	5.45	5.53	5.61	5.69	5.73	5.8	5.8	5.9	5.9	6.0	6.0
8	0.05	3.26	3.39	3.47	3.52	3.55	3.56	3.56	3.56	3.56	3.56	3.56	3.56	3.56	3.56
	0.01	4.74	5.00	5.14	5.23	5.32	5.40	5.47	5.51	5.5	5.6	5.7	5.7	5.8	5.8
9	0.05	3.20	3.34	3.41	3.47	3.50	3.51	3.52	3.52	3.52	3.52	3.52	3.52	3.52	3.52
	0.01	4.60	4.86	4.99	5.08	5.17	5.25	5.32	5.36	5.4	5.5	5.5	5.6	5.7	5.7
10	0.05	3.15	3.30	3.37	3.43	3.46	3.47	3.47	3.47	3.47	3.47	3.47	3.47	3.47	3.48
	0.01	4.48	4.73	4.88	4.96	5.06	5.12	5.20	5.24	5.28	5.36	5.42	5.48	5.54	5.55
11	0.05	3.11	3.27	3.35	3.39	3.43	3.44	3.45	3.46	3.46	3.46	3.46	3.46	3.47	3.48
	0.01	4.39	4.63	4.77	4.86	4.94	5.01	5.06	5.12	5.15	5.24	5.28	5.34	5.38	5.39
12	0.05	3.08	3.23	3.33	3.36	3.48	3.42	3.42	3.44	3.44	3.46	3.46	3.46	3.47	3.48
	0.01	4.32	4.55	4.68	4.76	4.84	4.92	4.96	5.02	5.07	5.13	5.17	5.22	5.24	5.26
13	0.05	3.06	3.21	3.30	3.36	3.38	3.41	3.42	3.44	3.45	3.45	3.46	3.46	3.47	3.47
	0.01	4.26	4.48	4.62	4.69	4.74	4.84	4.88	4.94	4.98	5.04	5.08	5.13	5.14	5.15
14	0.05	3.03	3.18	3.27	3.33	3.37	3.39	3.41	3.42	3.44	3.45	3.46	3.46	3.47	3.47
	0.01	4.21	4.42	4.55	4.63	4.70	4.78	4.83	4.87	4.91	4.96	5.00	5.04	5.06	5.07
15	0.05	3.01	3.16	3.25	3.31	3.36	3.38	3.40	3.42	3.43	3.44	3.45	3.46	3.47	3.47
	0.01	4.17	4.37	4.50	4.58	4.64	4.72	4.77	4.81	4.84	4.90	4.94	4.97	4.99	5.00
16	0.05	3.00	3.15	3.23	3.30	3.34	3.37	3.39	3.41	3.43	3.44	3.45	3.46	3.47	3.47
	0.01	4.13	4.34	4.45	4.54	4.60	4.67	4.72	4.76	4.79	4.84	4.88	4.91	4.93	4.94
17	0.05	2.98	3.13	3.22	3.28	3.33	3.36	3.38	3.40	3.42	3.44	3.45	3.46	3.47	3.47
	0.01	4.10	4.30	4.41	4.50	4.56	4.63	4.68	4.72	4.75	4.80	4.83	4.86	4.88	4.89
18	0.05	2.97	3.12	3.21	3.27	3.32	3.35	3.37	3.39	3.41	3.43	3.45	3.46	3.47	3.47
	0.01	4.07	4.27	4.38	4.46	4.53	4.59	4.64	4.68	4.71	4.76	4.79	4.82	4.84	4.85
19	0.05	2.96	3.11	3.19	3.26	3.31	3.35	3.37	3.39	3.41	3.43	3.44	3.46	3.47	3.47
	0.01	4.05	4.24	4.35	4.43	4.50	4.56	4.61	4.64	4.67	4.72	4.76	4.79	4.81	4.82
20	0.05	2.95	3.10	3.18	3.25	3.30	3.34	3.36	3.38	3.40	3.43	3.44	3.46	3.46	3.47
	0.01	4.02	4.22	4.33	4.40	4.47	4.53	4.58	4.61	4.65	4.69	4.73	4.76	4.78	4.79
22	0.05	2.93	3.08	3.17	3.24	3.29	3.32	3.35	3.37	3.39	3.42	3.44	3.45	3.46	3.47
	0.01	3.99	4.17	4.28	4.36	4.42	4.48	4.53	4.57	4.60	4.65	4.68	4.71	4.74	4.75
24	0.05	2.92	3.07	3.15	3.22	3.28	3.31	3.34	3.37	3.38	3.41	3.44	3.45	3.46	3.47
	0.01	3.96	4.14	4.24	4.33	4.39	4.44	4.49	4.53	4.57	4.62	4.64	4.67	4.70	4.72
26	0.05	2.91	3.06	3.14	3.21	3.27	3.30	3.34	3.36	3.38	3.41	3.43	3.45	3.46	3.47
	0.01	3.93	4.11	4.21	4.30	4.36	4.41	4.46	4.50	4.53	4.58	4.62	4.65	4.67	4.69
28	0.05	2.90	3.04	3.13	3.20	3.26	3.30	3.33	3.35	3.37	3.40	3.43	3.45	3.46	3.47
	0.01	3.91	4.08	4.18	4.28	4.34	4.39	4.43	4.47	4.51	4.56	4.60	4.62	4.65	4.67
30	0.05	2.89	3.04	3.12	3.20	3.25	3.29	3.32	3.35	3.37	3.40	3.43	3.44	3.46	3.47
	0.01	3.89	4.06	4.16	4.22	4.32	4.36	4.41	4.45	4.48	4.54	4.58	4.61	4.63	4.65

续表

df	α	测验极差的平均数个数(k)												
		2	3	4	5	6	7	8	9	10	12	14	16	18	20
40	0.05	2.86	3.01	3.10	3.17	3.22	3.27	3.30	3.33	3.35	3.39	3.42	3.44	3.46	3.47
	0.01	3.82	3.99	4.10	4.17	4.24	4.30	4.31	4.37	4.41	4.46	4.51	4.54	4.57	4.59
60	0.05	2.83	2.98	3.08	3.14	3.20	3.24	3.28	3.31	3.33	3.37	3.40	3.43	3.45	3.47
	0.01	3.76	3.92	4.03	4.12	4.17	4.23	4.27	4.31	4.34	4.39	4.44	4.47	4.50	4.53
100	0.05	2.80	2.95	3.05	3.12	3.18	3.22	3.26	3.29	3.32	3.36	3.40	3.42	3.45	3.47
	0.01	3.71	3.86	3.98	4.06	4.11	4.17	4.21	4.25	4.29	4.35	4.38	4.42	4.45	4.48
∞	0.05	2.77	2.92	3.02	3.09	3.15	3.19	3.23	3.26	3.29	3.34	3.38	3.41	3.44	3.47
	0.01	3.64	3.80	3.90	3.98	4.04	4.09	4.14	4.17	4.20	4.26	4.31	4.34	4.38	4.41

附表7 χ^2 值表

自由度 df	概率值												
	0.995	0.990	0.975	0.950	0.900	0.750	0.500	0.250	0.100	0.050	0.025	0.010	0.005
1	……	……	……	……	0.02	0.10	0.45	1.32	2.71	3.84	5.02	6.63	7.88
2	0.01	0.02	0.05	0.10	0.21	0.58	1.39	2.77	4.61	5.99	7.38	9.21	10.60
3	0.07	0.11	0.22	0.35	0.58	1.21	2.37	4.11	6.25	7.81	9.35	11.34	12.84
4	0.21	0.30	0.48	0.71	1.06	1.92	3.36	5.39	7.78	9.49	11.14	13.28	14.86
5	0.41	0.55	0.83	1.15	1.61	2.67	4.35	6.63	9.24	11.07	12.83	15.09	16.75
6	0.68	0.87	1.24	1.64	2.20	3.45	5.35	7.84	10.64	12.59	14.45	16.81	18.55
7	0.99	1.24	1.69	2.17	2.83	4.25	6.35	9.04	12.02	14.07	16.01	18.48	20.28
8	1.34	1.65	2.18	2.73	3.49	5.07	7.34	10.22	13.36	15.51	17.53	20.09	21.96
9	1.73	2.09	2.70	3.33	4.17	5.90	8.34	11.39	14.68	16.92	19.02	21.69	23.59
10	2.16	2.56	3.25	3.94	4.87	6.74	9.34	12.55	15.99	18.31	20.48	23.21	25.19
11	2.60	3.05	3.82	4.57	5.58	7.58	10.34	13.70	17.28	19.68	21.92	24.72	26.76
12	3.07	3.57	4.40	5.23	6.30	8.44	11.34	14.85	18.55	21.03	23.34	26.22	28.30
13	3.57	4.11	5.01	5.89	7.04	9.30	12.34	15.98	19.81	22.36	24.74	27.69	29.82
14	4.07	4.66	5.63	6.57	7.79	10.17	13.34	17.12	21.06	23.68	26.12	29.14	31.32
15	4.60	5.23	6.27	7.26	8.55	11.04	14.34	18.25	22.31	25.00	27.49	30.58	32.80
16	5.14	5.81	6.91	7.96	9.31	11.91	15.34	19.37	23.54	26.30	28.85	32.00	34.27
17	5.70	6.41	7.56	8.67	10.09	12.79	16.34	20.49	24.77	27.59	30.19	33.41	35.72
18	6.26	7.01	8.23	9.39	10.86	13.68	17.34	21.60	25.99	28.87	31.53	34.81	37.16
19	6.84	7.63	8.91	10.12	11.65	14.56	18.34	22.72	27.20	30.14	32.85	36.19	38.58
20	7.43	8.26	9.59	10.85	12.44	15.45	19.34	23.83	28.41	31.41	34.17	37.57	40.00
21	8.03	8.90	10.28	11.59	13.24	16.34	20.34	24.93	29.62	32.67	35.48	38.93	41.40
22	8.64	9.54	10.98	12.34	14.04	17.24	21.34	26.04	30.81	33.92	36.78	40.29	42.80
23	9.26	10.20	11.69	13.09	14.85	18.14	22.34	27.14	32.01	35.17	38.08	41.64	44.18
24	9.89	10.86	12.40	13.85	15.66	19.04	23.34	28.24	33.20	36.42	39.36	42.98	45.56
25	10.52	11.52	13.12	14.61	16.47	19.94	24.34	29.34	34.38	37.65	40.65	44.31	46.93
26	11.16	12.20	13.84	15.38	17.29	20.84	25.34	30.43	35.56	38.89	41.92	45.61	48.29
27	11.81	12.88	14.57	16.15	18.11	21.75	26.34	31.53	36.74	40.11	43.19	46.96	49.64
28	12.46	13.56	15.31	16.93	18.94	22.66	27.34	32.62	37.92	41.34	44.46	48.28	50.99
29	13.12	14.26	16.05	17.71	19.77	23.57	28.34	33.71	39.09	42.56	45.72	49.59	52.34
30	13.79	14.95	16.79	18.49	20.60	24.48	29.34	34.80	40.26	43.77	46.98	50.89	53.67
40	20.71	22.16	24.43	26.51	29.05	33.66	39.34	45.62	51.80	55.76	59.34	63.69	66.77
50	27.99	29.71	32.36	34.76	37.69	12.94	49.33	56.33	63.17	67.50	71.42	76.15	79.49
60	35.53	37.48	40.48	43.19	46.46	52.29	59.33	66.98	74.40	79.08	83.30	88.38	91.95
70	43.28	45.44	48.76	51.74	55.33	61.70	69.33	77.58	85.53	90.53	95.02	100.42	104.22
80	51.17	53.54	57.15	60.39	64.28	71.14	79.33	88.13	96.58	101.88	106.63	112.33	116.32
90	59.20	61.75	65.65	69.13	73.29	80.62	89.33	98.64	107.56	113.14	118.14	124.12	128.30
100	67.33	70.06	74.22	77.93	82.36	90.13	99.33	109.14	118.50	124.34	129.56	135.81	140.17

附表8 r的显著数值表

df	α	变数的个数(M)				df	α	变数的个数(M)			
		2	3	4	5			2	3	4	5
1	0.05	0.997	0.999	0.999	0.999	24	0.05	0.388	0.470	0.523	0.562
	0.01	1.000	1.000	1.000	1.000		0.01	0.496	0.565	0.609	0.642
2	0.05	0.950	0.975	0.983	0.987	25	0.05	0.381	0.462	0.514	0.553
	0.01	0.990	0.995	0.997	0.998		0.01	0.487	0.555	0.600	0.633
3	0.05	0.878	0.930	0.950	0.961	26	0.05	0.374	0.454	0.506	0.545
	0.01	0.59	0.976	0.982	0.987		0.01	0.478	0.546	0.590	0.624
4	0.05	0.811	0.881	0.912	0.930	27	0.05	0.367	0.446	0.498	0.536
	0.01	0.917	0.949	0.962	0.970		0.01	0.470	0.538	0.582	0.615
5	0.05	0.754	0.863	0.874	0.898	28	0.05	0.361	0.439	0.490	0.529
	0.01	0.874	0.917	0.937	0.949		0.01	0.463	0.530	0.573	0.606
6	0.05	0.707	0.795	0.839	0.867	29	0.05	0.355	0.432	0.482	0.521
	0.01	0.834	0.886	0.911	0.927		0.01	0.456	0.522	0.565	0.598
7	0.05	0.666	0.758	0.807	0.838	30	0.05	0.349	0.426	0.476	0.514
	0.01	0.798	0.855	0.885	0.904		0.01	0.449	0.514	0.558	0.519
8	0.05	0.632	0.726	0.777	0.811	35	0.05	0.325	0.397	0.445	0.482
	0.01	0.765	0.827	0.860	0.882		0.01	0.418	0.481	0.523	0.556
9	0.05	0.602	0.697	0.750	0.786	40	0.05	0.304	0.373	0.419	0.455
	0.01	0.735	0.800	0.836	0.861		0.01	0.393	0.454	0.494	0.526
10	0.05	0.576	0.671	0.726	0.763	45	0.05	0.288	0.353	0.397	0.432
	0.01	0.708	0.776	0.814	0.840		0.01	0.372	0.430	0.470	0.501
11	0.05	0.553	0.648	0.703	0.741	50	0.05	0.273	0.336	0.379	0.412
	0.01	0.684	0.753	0.793	0.821		0.01	0.354	0.410	0.449	0.479
12	0.05	0.532	0.627	0.683	0.772	60	0.05	0.250	0.308	0.348	0.380
	0.01	0.661	0.732	0.773	0.802		0.01	0.325	0.377	0.414	0.442
13	0.05	0.514	0.608	0.664	0.703	70	0.05	0.232	0.286	0.324	0.354
	0.01	0.641	0.712	0.755	0.785		0.01	0.302	0.351	0.386	0.413
14	0.05	0.497	0.590	0.646	0.686	80	0.05	0.217	0.269	0.304	0.332
	0.01	0.623	0.694	0.737	0.768		0.01	0.283	0.330	0.362	0.389
15	0.05	0.482	0.574	0.630	0.670	90	0.05	0.205	0.254	0.288	0.315
	0.01	0.606	0.677	0.721	0.752		0.01	0.267	0.312	0.343	0.368
16	0.05	0.468	0.559	0.615	0.655	100	0.05	0.195	0.241	0.274	0.300
	0.01	0.590	0.662	0.706	0.738		0.01	0.254	0.297	0.327	0.351
17	0.05	0.465	0.545	0.601	0.641	125	0.05	0.174	0.216	0.246	0.269
	0.01	0.575	0.647	0.691	0.724		0.01	0.228	0.266	0.294	0.316
18	0.05	0.444	0.532	0.587	0.628	150	0.05	0.159	0.198	0.225	0.247
	0.01	0.561	0.633	0.678	0.710		0.01	0.208	0.244	0.270	0.290
19	0.05	0.433	0.520	0.575	0.615	200	0.05	0.138	0.172	0.196	0.215
	0.01	0.549	0.620	0.665	0.698		0.01	0.181	0.212	0.234	0.253
20	0.05	0.423	0.509	0.563	0.604	300	0.05	0.113	0.141	0.160	0.176
	0.01	0.537	0.608	0.652	0.685		0.01	0.148	0.174	0.192	0.208
21	0.05	0.413	0.498	0.522	0.592	400	0.05	0.098	0.122	0.139	0.153
	0.01	0.526	0.596	0.641	0.674		0.01	0.128	0.151	0.167	0.180
22	0.05	0.404	0.488	0.542	0.582	500	0.05	0.088	0.109	0.124	0.137
	0.01	0.515	0.585	0.630	0.663		0.01	0.115	0.135	0.150	0.162
23	0.05	0.396	0.479	0.532	0.572	1000	0.05	0.062	0.077	0.088	0.097
	0.01	0.505	0.574	0.619	0.652		0.01	0.081	0.096	0.106	0.115

附表9　随机数字表（Ⅰ）

编号	1	2	3	4	5	6	7	8	9	10	11	12	13	14	15	16	17	18	19	20	21	22	23	24	25
1	03	47	43	73	86	36	96	47	36	61	46	98	63	71	62	33	26	16	80	45	60	11	14	10	95
2	97	74	24	67	62	42	81	14	57	20	42	53	32	37	32	27	07	36	07	51	24	51	79	89	73
3	16	76	62	27	66	56	50	26	71	07	32	90	79	78	53	13	55	38	58	59	88	97	54	14	10
4	12	56	85	99	26	96	96	68	27	31	05	03	72	93	15	57	12	10	14	21	88	26	49	81	76
5	55	59	56	35	64	38	54	82	46	22	31	62	43	09	90	06	18	44	32	53	23	83	01	30	30
6	16	22	77	94	39	49	54	43	54	82	17	37	93	23	78	87	35	20	96	43	84	26	34	91	64
7	84	42	17	53	31	57	24	55	06	88	77	04	74	47	67	21	76	33	50	25	83	92	12	06	76
8	63	01	63	78	59	16	95	55	67	19	98	10	50	71	75	12	86	73	58	07	44	39	52	38	79
9	33	21	12	34	29	78	64	56	07	82	52	42	07	44	38	15	51	00	13	42	99	66	02	79	54
10	57	60	86	32	44	09	47	27	96	54	49	17	46	09	62	90	52	84	77	27	08	02	73	43	28
11	18	18	07	92	46	44	17	16	58	09	79	83	86	19	62	06	76	50	03	10	55	23	64	05	05
12	26	62	38	97	75	84	16	07	44	99	83	11	46	32	24	20	14	85	88	45	10	93	72	88	71
13	23	42	40	64	74	82	97	77	77	81	07	45	32	14	08	32	98	94	07	72	93	85	79	10	75
14	52	36	28	19	95	50	92	26	11	97	00	56	76	31	38	80	22	02	53	53	86	60	42	04	53
15	37	85	94	35	12	83	39	50	08	30	42	34	07	96	88	54	42	06	87	98	35	85	29	48	39
16	70	29	17	12	13	40	33	20	38	26	13	89	51	03	74	17	76	37	13	04	07	74	21	19	30
17	56	62	18	37	35	96	83	50	87	75	97	12	25	93	47	70	33	24	03	54	97	77	46	44	80
18	99	49	57	22	77	88	42	95	45	72	16	64	36	16	00	04	43	18	66	79	94	77	24	21	90
19	16	08	15	04	72	33	27	14	34	09	45	59	34	68	49	12	72	07	34	45	99	27	72	95	14
20	31	16	93	32	43	50	27	89	87	19	20	15	37	00	49	52	85	66	60	44	38	68	88	11	80
21	68	34	30	13	70	55	74	30	77	40	44	22	78	84	26	04	33	46	09	52	68	07	97	06	57
22	74	57	25	65	76	59	29	97	68	60	71	91	38	67	54	13	58	18	24	76	15	54	55	95	52
23	27	42	37	86	53	48	55	90	65	72	96	57	69	36	10	96	46	92	42	45	97	60	49	04	91
24	00	39	68	29	61	66	37	32	20	30	77	84	57	03	29	10	45	65	04	26	11	04	96	67	24
25	29	94	98	94	24	68	49	69	10	82	53	75	91	93	30	34	25	20	57	27	40	48	73	51	92
26	16	90	82	66	59	83	62	64	11	12	67	19	00	71	74	60	47	21	29	68	02	02	37	03	31
27	11	27	94	75	06	06	09	19	74	66	02	94	37	34	02	76	70	90	30	86	38	45	94	30	38
28	35	24	10	16	20	33	32	51	26	38	79	78	45	04	91	16	92	53	56	16	02	75	50	95	98
29	38	23	16	86	38	42	38	97	01	50	87	75	66	81	41	40	01	74	91	62	48	51	84	08	32
30	31	96	25	91	47	96	44	33	49	13	34	86	82	53	91	00	52	43	48	85	27	55	26	89	62
31	66	67	40	67	14	64	05	71	95	86	11	05	65	09	68	76	83	20	37	90	57	16	00	11	66
32	14	90	84	45	11	75	73	88	05	90	52	27	41	14	86	22	98	12	22	08	07	52	74	95	80
33	68	05	51	18	00	33	96	02	75	19	07	60	62	93	55	59	33	82	43	90	49	37	38	44	59
34	20	46	78	73	90	97	51	40	14	02	04	02	33	31	08	39	54	16	49	36	47	95	93	13	30
35	64	19	58	97	79	15	06	15	93	20	01	90	10	75	06	40	78	73	89	62	02	67	74	17	33
36	05	26	93	70	60	22	35	85	15	13	92	03	51	59	77	59	56	78	06	83	52	91	05	70	74
37	07	97	10	88	23	09	98	42	99	64	61	71	62	99	15	06	51	29	16	93	58	05	77	09	51
38	68	71	86	85	85	54	87	66	47	54	73	32	08	11	12	44	95	92	63	16	29	56	24	29	48
39	26	99	61	65	53	58	37	78	80	70	42	10	50	67	42	32	17	55	85	74	94	44	67	16	94
40	14	65	52	68	75	87	59	36	22	41	26	78	63	06	55	13	08	27	01	50	15	29	39	39	43
41	17	53	77	58	71	71	41	61	50	72	12	41	94	96	26	44	95	27	36	99	02	96	74	30	83
42	90	26	59	21	19	23	52	23	33	12	96	93	02	18	39	07	02	18	36	07	25	99	32	70	23
43	41	23	52	55	99	31	04	49	69	96	10	47	48	45	88	13	41	43	89	20	97	17	14	49	17
44	90	20	50	81	69	31	99	73	68	68	35	81	33	03	76	24	30	12	48	60	18	99	10	72	34
45	91	25	38	05	90	94	58	28	41	36	45	37	59	03	09	90	35	57	29	12	82	62	54	65	60
46	34	50	57	74	37	98	80	33	00	91	09	77	93	19	82	74	94	80	04	04	45	07	31	66	49
47	85	22	04	39	43	73	81	53	94	79	33	62	46	86	28	08	31	54	46	31	53	94	13	38	47
48	09	79	13	77	48	73	82	97	22	21	05	03	27	24	83	72	89	44	05	60	35	80	39	94	88
49	88	75	80	18	14	22	95	75	42	49	39	32	82	22	49	02	48	07	70	37	16	04	61	67	87
50	60	96	23	70	00	39	00	03	06	90	55	85	78	38	36	94	37	30	69	32	90	89	00	76	33

附表 10　随机数字表（Ⅱ）

编号	1	2	3	4	5	6	7	8	9	10	11	12	13	14	15	16	17	18	19	20	21	22	23	24	25
1	53	74	23	99	67	61	32	28	69	84	94	62	67	86	24	98	33	41	19	95	47	53	53	38	09
2	63	38	06	86	54	99	00	65	26	94	02	82	90	23	07	79	62	67	80	60	75	91	12	81	19
3	35	30	58	21	46	06	72	17	10	94	25	21	31	75	96	49	28	24	00	49	55	65	79	78	07
4	63	43	36	82	69	65	51	18	37	88	61	38	44	12	45	32	92	85	88	65	54	34	81	85	35
5	98	25	37	55	26	01	91	82	81	46	74	71	12	94	97	24	02	71	37	07	03	92	18	66	75
6	02	63	21	17	69	71	50	80	89	56	38	15	70	11	48	43	40	45	86	98	00	83	26	91	03
7	64	55	22	21	82	48	22	28	06	00	61	54	13	43	91	82	78	12	23	29	06	66	24	12	27
8	85	07	26	13	89	01	10	07	82	04	59	63	69	36	03	69	11	15	83	80	13	29	54	19	28
9	58	54	16	24	15	51	54	44	82	00	62	61	65	04	69	38	18	65	18	97	85	72	13	49	21
10	34	85	27	84	87	61	48	64	56	26	90	18	48	13	26	37	70	15	42	57	65	65	80	39	07
11	03	92	18	27	46	57	99	16	96	56	30	33	72	85	22	84	64	38	56	98	99	01	30	98	64
12	62	95	30	27	59	37	75	41	66	48	86	97	80	61	45	23	53	04	01	63	45	76	08	64	27
13	08	45	93	15	22	60	21	75	46	91	98	77	27	85	42	28	88	61	08	84	69	62	03	42	73
14	07	08	55	18	40	45	44	75	13	90	24	94	96	61	02	57	55	66	83	15	73	42	37	11	61
15	01	85	89	95	66	51	10	19	34	88	15	84	97	19	75	12	76	39	43	78	64	63	91	08	25
16	72	84	71	14	35	19	11	58	49	26	50	11	17	17	76	86	31	57	20	18	95	60	78	46	75
17	88	78	28	16	84	13	52	53	94	53	75	45	69	30	96	73	89	65	70	31	99	17	43	48	76
18	45	17	75	65	57	28	40	19	72	12	25	12	74	75	67	60	40	60	81	19	24	62	01	61	16
19	96	76	28	12	54	22	01	11	94	25	71	96	16	16	88	68	64	36	74	45	19	59	60	88	92
20	43	31	67	72	30	24	02	94	08	63	38	32	36	66	02	69	36	38	25	39	48	03	45	15	22
21	50	44	66	44	21	66	06	58	05	62	63	15	54	35	02	42	35	48	96	32	14	52	41	52	48
22	22	66	22	15	86	26	63	75	41	99	58	42	36	72	24	58	37	52	18	51	03	37	18	39	11
23	96	24	40	14	51	23	22	30	88	57	95	67	47	29	83	94	69	40	06	07	18	16	36	78	86
24	31	73	91	61	19	60	20	72	93	48	98	57	07	23	69	65	95	39	69	58	56	80	30	19	44
25	78	60	73	99	84	43	89	94	36	45	56	69	47	07	41	90	22	91	07	12	78	35	34	08	72
26	84	37	90	61	56	70	10	23	98	05	85	11	34	76	60	76	48	45	34	60	01	64	18	39	96
27	36	67	10	08	23	98	93	35	08	86	99	29	76	29	81	33	34	91	58	93	63	14	52	32	52
28	07	28	59	07	48	89	64	58	89	75	83	85	62	27	89	30	14	78	56	27	86	63	59	80	02
29	10	15	83	87	60	79	24	31	66	56	21	48	24	06	93	91	98	94	05	49	01	47	59	38	00
30	55	19	68	97	65	03	73	52	16	56	00	53	55	90	27	33	42	29	38	87	22	13	88	83	34
31	53	81	29	13	39	35	01	20	71	34	62	33	74	82	14	53	73	19	09	03	56	54	29	56	93
32	51	86	32	68	92	33	98	74	66	99	40	14	71	94	58	45	94	19	38	81	14	44	99	81	07
33	35	91	70	29	13	80	03	54	07	27	96	94	78	32	66	50	95	52	74	33	13	80	55	62	54
34	37	71	67	95	13	20	02	44	95	94	64	85	04	05	72	01	32	90	76	14	53	89	74	60	41
35	93	66	13	83	27	92	79	64	64	72	28	54	96	53	84	48	14	52	98	94	56	07	93	89	30
36	02	96	08	45	65	13	05	00	41	84	93	07	54	72	59	21	45	57	09	77	19	48	56	27	44
37	49	83	43	48	35	82	88	33	69	96	72	36	04	19	76	47	45	15	18	60	82	11	08	95	97
38	84	60	71	62	46	40	80	81	30	37	34	39	23	05	38	25	15	35	71	30	88	12	57	21	77
39	18	17	30	88	71	44	91	14	88	47	89	23	30	63	15	56	34	20	47	89	99	82	93	24	98
40	79	69	10	61	78	71	32	76	95	62	87	00	22	58	40	92	54	01	75	25	43	11	71	99	31
41	75	93	36	57	83	56	20	14	82	11	74	21	97	90	65	96	42	68	63	86	74	54	13	26	94
42	38	30	92	29	03	06	28	81	39	38	62	25	06	84	63	61	29	08	93	67	04	32	92	08	09
43	51	29	50	10	34	31	57	75	95	80	51	97	02	74	77	76	15	48	49	44	18	55	63	77	09
44	21	31	38	86	24	37	79	81	53	74	73	24	16	10	33	52	83	90	94	76	70	47	14	54	36
45	29	01	23	87	82	58	02	39	37	67	42	10	14	20	92	16	55	23	42	45	54	96	09	11	06
46	95	33	95	22	00	18	74	72	00	18	38	79	58	69	32	81	76	80	26	92	82	80	84	25	39
47	90	84	60	79	80	24	36	59	87	38	82	07	53	89	35	96	35	23	79	18	05	98	90	07	35
48	46	40	62	98	82	54	97	20	56	95	15	74	80	08	32	16	46	70	50	80	67	72	16	42	79
49	20	31	89	03	43	38	46	82	68	72	32	14	82	99	70	80	60	47	18	97	63	49	30	21	30
50	71	59	73	05	50	08	22	23	71	77	91	01	93	20	49	82	96	59	26	94	66	39	67	98	60

附表 11　常用正交表

(1) $L_4(2^3)$

试验号	列号		
	1	2	3
1	1	1	1
2	1	2	2
3	2	1	2
4	2	2	1

(2) $L_8(2^7)$

试验号	列号						
	1	2	3	4	5	6	7
1	1	1	1	1	1	1	1
2	1	1	1	2	2	2	2
3	1	2	2	1	1	2	2
4	1	2	2	2	2	1	1
5	2	1	2	1	2	1	2
6	2	1	2	2	1	2	1
7	2	2	1	1	2	2	1
8	2	2	1	2	1	1	2

$L_8(2^7)$ 二列间的交互作用表

1	2	3	4	5	6	7	列号
(1)	3	2	5	4	7	6	1
	(2)	1	6	7	4	5	2
		(3)	7	6	5	4	3
			(4)	1	2	3	4
				(5)	3	2	5
					(6)	1	6
						(7)	7

$L_8(2^7)$ 表头设计

因素数	列号						
	1	2	3	4	5	6	7
3	A	B	A×B	C	A×C	B×C	
4	A	B	A×B C×D	C	A×C B×D	B×C A×D	D
4	A	BC×D	A×B	C B×D	A×C	DB×C	A×D
5	AD×E	B C×D	A×B C×E	C B×D	A×C B×D	DA×E B×C	E A×D

(3) $L_9(3^4)$

试验号	列号			
	1	2	4	3
1	1	1	1	1
2	1	2	2	2
3	1	3	3	3
4	2	1	2	3
5	2	2	3	1
6	2	3	1	2
7	3	1	3	2
8	3	2	1	3
9	3	3	2	1

(4) $L_{16}(4^5)$

试验号	列号				
	1	2	3	4	5
1	1	1	1	1	1
2	1	2	2	2	2
3	1	3	3	3	3
4	1	4	4	4	4
5	2	1	2	3	4
6	2	2	1	4	3
7	2	3	4	1	2
8	2	4	3	2	1
9	3	1	3	4	2
10	3	2	4	3	1
11	3	3	1	2	4
12	3	4	2	1	3
13	4	1	4	2	3
14	4	2	3	1	4
15	4	3	2	4	1
16	4	4	1	3	2

参 考 文 献

[1] 明道绪. 生物统计附试验设计. 第3版. 北京：中国农业出版社，2001.

[2] 宋代军. 生物统计附试验设计. 北京：中国农业出版社，2001.

[3] 宋素芳，秦豪荣，赵聘. 生物统计学. 北京：中国农业大学出版社，2008.

[4] 盖钧镒. 试验统计方法. 北京：中国农业出版社，2000.

[5] 王钦德，杨坚. 食品试验设计与统计分析. 北京：中国农业大学出版社，2003.

[6] 陆建身，赖麟. 生物统计学. 北京：高等教育出版社，2003.

[7] 李春喜，王志和等. 生物统计学. 第2版. 北京：科学出版社，2000.

[8] 俞渭江. 生物统计附试验设计. 第2版. 北京：中国农业出版社，2001.

[9] 徐继初. 生物统计及试验设计. 北京：农业出版社，1992.

[10] 周维武. 计算机应用基础教程. 北京：电子工业出版社，2007.

[11] 王颉. 试验设计与SPSS应用. 北京：化学工业出版社，2007.

[12] 薛薇. SPSS统计分析方法及应用. 北京：电子工业出版社，2009.

[13] 张瑛，雷毅雄. SAS软件实用教程. 北京：科学出版社，2009.

[14] 盛骤，谢式千. 概率论与数理统计. 北京：高等教育出版社，2008.

[15] 李春喜. 生物统计学. 第2版. 北京：科学出版社，2000.

[16] 袁志发，周静芋. 试验设计与分析. 北京：高等教育出版社，2000.

[17] 梅长林等. 实用统计方法. 北京：科学出版社，2002.

[18] 杜荣骞. 生物统计学. 北京：高等教育出版社，1999.

[19] 张勤，张启能. 生物统计学. 北京：中国农业大学出版社，2002.

[20] 吴占福. 生物统计学. 北京：科学出版社，2005.